D1831196

मातृसत्ता, पितृसत्ता और जारसत्ता

खण्ड–दो

तीन द्विज हिन्दू स्त्रीलिंगों का चिन्तन

'मातृसत्ता, पितृसत्ता और जारसत्ता'

पर

डॉ. धर्मवीर की

स्त्री-पुरुष के सम्बन्धों पर

पुस्तक-श्रृंखला

खण्ड-एक	:	कामसूत्र की औलाद
खण्डा-दो	:	तीन हिन्दू स्त्रीलिंगों का चिंतन
खण्ड-तीन-क	:	प्रेमचन्द : सामन्त का मुन्शी
खण्ड-तीन-ख	:	प्रेमचन्द की नीली आँखें
खण्ड-चार	:	थेरीगाथा की स्त्रियाँ और डॉ. अम्बेडकर
खण्ड-पाँच	:	दलित सिविल कानून
खण्ड-छह	:	दूसरों की जूतियाँ
खण्ड-सात	:	चमार की बेटी रूपा
सम्पादन	:	सीमन्तनी उपदेश

In English

Bijak Paternity

or

Back to the Ajivak Morals

वाणी प्रकाशन

21-ए, दरियागंज, नयी दिल्ली-110002

फ़ोन : 011-23273167, 23275710, 65456829, 65394966

फ़ैक्स : 011-23275710

e-mail : vani_prakashan@yahoo.com

vaniprakashan@gmail.com

website : vaniprakashan.com

मातृसत्ता, पितृसत्ता और जारसत्ता

खण्ड-दो

तीन द्विज हिन्दू स्त्रीलिंगों का चिन्तन

डॉ. धर्मवीर

वाणी प्रकाशन का लोगो
विख्यात चित्रकार मकबूल फिदा हुसेन
की कूची से

सर्वाधिकार सुरक्षित

प्रकाशक की लिखित अनुमति के बिना इस पुस्तक को पूरी तरह आंशिक तौर पर या किसी भी अंश को फ़ोटोकॉपी एवं रिकॉर्डिंग सहित इलेक्ट्रॉनिक अथवा मशीनी, किसी भी माध्यम से, अथवा ज्ञान के संग्रहण एवं पुनर्प्रयोग की प्रणाली द्वारा, किसी भी रूप में कहीं भी प्रेषित, प्रस्तुत अथवा पुनरुत्पादित न किया जाये।

ISBN : 978-81-8143-667-2

वाणी प्रकाशन
21-ए, दरियागंज, नयी दिल्ली-110002
द्वारा प्रकाशित

प्रथम संस्करण : 2007

© डॉ. धर्मवीर

आवरण : वाणी चित्रांकन

मूल्य : 200.00

जयभारत प्रिंटर्स, दिल्ली-110032
द्वारा मुद्रित

MATRASATTA, PITRASATTA AUR JARSATTA :
(Khand-Do)
TEEN DWIJ HINDU STRILINGO KA CHINTAN
by Dr. Dharam Veer

उन द्विज नारियों को

जो कह सकें कि वे इन तीन द्विज हिन्दू स्त्रीलिंगों में से नहीं हैं

—धर्मवीर

भूमिका

मातृसत्ता भी ठीक है, पितृसत्ता भी ठीक है और इन दोनों की आपसी होड़ और शिकायत भी ठीक है, पर यह तीसरी जारसत्ता कहाँ से आ धमकी है जो विवाह और परिवार को खोखले और राष्ट्र को कमजोर कर रही है? इस का भारतीय सन्दर्भ और इतिहास क्या है? हाँ, परिवार और विवाह के क्षेत्र में तीन डाइमेन्शनों का यह नया चिन्तन मैं विश्व के स्तर पर दे रहा हूँ, यह संसार के सभी समाजों पर कमोबेश लागू है, लेकिन इस पुस्तक के लिखने में मेरी प्रयोगशाला भारत के तीन हजार साल के इतिहास की और उस के वर्तमान की है।

अपना साम्राज्य बरकरार रखने के लिए जारसत्ता मातृसत्ता और पितृसत्ता को आपस में लड़ाने का भी काम करती है। इसे आश्चर्य ही कहा जाना चाहिए कि सन् 1860 से कानून में प्रावधान होने के बावजूद और घरों में विवाहेतर जारकर्म रोज-रोज घटित होने पर भी, मेरी जानकारी में आज तक भारत की किसी कोर्ट ने किसी जार को कोई सजा नहीं दी है। भारत के ब्राह्मण, बौद्ध और जैन धर्मों के महापुरुष संसार को मिथ्या और क्षणभंगुर कह कर संन्यास की सामाजिक मृत्यु और योग की मरीचिकाओं में मोक्ष, निर्वाण और कैवल्य की प्राप्ति के लिए भागे फिर रहे हैं। उन के इस घर छोड़ कर भाग जाने की वजह से उन के समाजों में जारकर्म शाश्वत बुराई बना हुआ है। इधर, मक्खलि महान, पवित्रतम रैदास, निष्कलंक कबीर और सदाचारी डा. अम्बेडकर का जारसत्ता के खिलाफ लड़ाई का बिगुल बजा हुआ है। ये सारे आजीवक महापुरुष 'संसार सुद्धि' और 'मंडल मोक्ष' के लिए जारसत्ता से हर स्तर पर टकरा रहे हैं।

भारत में सदाचार की यह ठण्डी और बुझी हुई परिभाषा ज्यादा काम की नहीं है कि मैं व्यभिचार नहीं करूँगा। आत्मशुद्धि से बड़ी एक सदाचारी व्यक्ति की पूरी कसम यह होनी चाहिए कि वह व्यभिचार करने भी नहीं देगा। इसलिए, जारसत्ता पर सीधा हल्ला बोल आक्रमण किया जाए। कानून वैसा बने जैसा मातृसत्ता और पितृसत्ता दोनों मिल कर चाहती हैं और कोर्ट के फैसले वैसे आएँ जिस प्रकार कि मोरलिस्ट डिक्टेट किया करते हैं।

'मातृसत्ता, पितृसत्ता और जारसत्ता' की इस पुस्तक-शृंखला के दूसरे खण्ड का शीर्षक 'तीन द्विज हिन्दू स्त्रीलिंगों का चिन्तन' है। इन तीन में रमणिका गुप्ता, प्रभा खेतान और मैत्रेयी पुष्पा हैं।

—धर्मवीर

10 जनवरी, 2007
तिरुवन्तपुरम

विषय सूची

तीन द्विज हिन्दू स्त्रीलिंगों का चिन्तन

अध्याय–1

रमणिका गुप्ता : ब्राह्म-विवाह की ब्रह्मचारिणी

क. कितनी स्वच्छन्दता? कितने 'वो'?
ख. स्वच्छन्दताओं का संग्राम
ग. मनोविज्ञान या हिन्दू घर?
घ. अम्बेडकर-विरोधी रमणिका गुप्ता
ङ. जारबुद्धि मार्क्सवाद के खिलाफ है
च. दोनों ओर स्त्री-राज कायम
छ. विवाह के कायदे-कानून होते हैं
ज. भोगी सम्मान चाहता है
झ. राष्ट्रभक्ति दुर्घटनाग्रस्त
ञ. दलित आन्दोलन और साहित्यिक नेतृत्व
ट. बड़ी फैमिली की छोटी औरत

क. कितनी स्वच्छन्दता? कितने 'वो'

मैंने यह सिद्ध करने के लिए कि कानून के हिसाब से हिन्दू जार होते हैं, जैनेन्द्र कुमार की पुस्तक 'प्रेम और विवाह'[1] को चुना था। लेकिन वह केवल हिन्दू पुरुष की बात होती जो मैं अलग से अन्य लेखकों के बरक्स कह चुका हूँ। यहाँ मुझे हिन्दू नारी की बात पर जोर देना था। तब मैंने रमणिका गुप्ता के 'हंस' में छपे 'आत्मकथ्य' शृंखला के अन्तर्गत 'एक महिला-राजनेता का जेल से लिखा पत्र' के शीर्षक से दो लेखों को चुना। यह पत्र दो शीर्षकों 'तुम्हारी और मेरी मुक्ति' तथा 'बन्द है मेरा कमरा...' से 'हंस' के क्रमशः जनवरी 2002 और फरवरी 2002 के अंकों में प्रकाशित हुआ है। आगे मैं बीच में आए बिना रमणिका गुप्ता के शब्द सूत्र रूप में रख रहा हूँ। एक इस विशेषण के सिवा मैं दूसरा कोई अधिकार नहीं लेना चाहता कि इन्हें मैं एक हिन्दू स्त्री के जारसूत्र कह रहा हूँ। ये इस प्रकार हैं :

1. "मैं स्वच्छंद शब्द को स्वतन्त्र से बेहतर मानती हूँ औरत के लिए। यह शब्द औरत के निजत्व को अधिक तूल देता है, "स्वतन्त्र" शब्द की बजाय।"[2]
2. "मैंने अपना रिश्ता 'इस से' भी नहीं तोड़ा था। 'इस के' बारे में 'उसे' मालूम था। पर उसे कोई एतराज नहीं था। औरत की स्वच्छंदता का मामला था। मैं भी जब 'उस के' साथ होती तो 'इसे' भूल जाती—'इस के' साथ होती तो 'उसे' भूल जाती। ....कभी दोनों की आपस में तुलना नहीं करती थी।"[3]
3. "....मेरा खिंचाव और अनुराग पूर्व मित्र से हट कर उस दूसरे मित्र के प्रति हो जाता था। लगाव का बिन्दु बदल जाता था। 'कृ' से मेरा रिश्ता ऐसे ही टूटा था।"[4]
4. "....कृ से हट कर मेरा लगाव 'र' से होने लगा था।"[5]
5. "मैं वकील मित्र को बता कर उस के फौजी कैम्प में गई। रात-भर रहने की नीयत से मैं बैग में नाइटी भी लेती गई थी। पुरुष के सान्निध्य से—वह भी अकेले में—और वह भी एक-दो पैग व्हिस्की ले लेने के बाद—एक भूख सी लग जाती है, पर लाजमी नहीं कि वह प्यार हो। उस रात वैसी ही भूख जगी थी। प्यार नहीं था शायद हम दोनों में। बाद में धीरे-धीरे हो गया था। एक समझौता—एक समझ पनप गई थी। शायद यही प्यार का स्वरूप था हम दोनों का।"[6]
6. "और फौजी दोस्त से मेरे मिलने का सिलसिला चलता रहा।"[7]
7. "पर अब तो सचमुच अगर प्यार से भी आगे कुछ हो सकता है, तो शायद वही हो गया था।"[8]
8. "हम दोनों गए माउंट आबू। रास्ते में लड़ते भी रहे और प्यार भी करते रहे। दरअसल उसने प्यार करना सीखा ही नहीं था। पहली बार मैंने सिखाया था उसे प्यार करना। एक दिन भुज में एक मकान की छत पर, चांदनी रात में जहाँ हम लोग सोते थे, औरत का वह वर्जित फल पहली बार मैंने उसे चखाया था। उस का पुरुष जो कभी जगने का अर्थ ही नहीं जानता था, जगा ही नहीं था कभी, जो संघर्षों में कहीं उपेक्षित-सा सुला दिया गया था—या सोया रह गया था—जगा था मेरे संसर्ग में आ कर। उस के लिए यह जगना नया-नया-सा था। इसलिए उस का मन भरता ही नहीं था। कई-कई बार वह जगता। मुझे लगता था कि मैं किसी बच्चे से प्यार कर रही हूँ। उस की हर जिद निभाती थी मैं। पर वह कभी मुझ पर हक नहीं जमाता था।"[9]

9. "....मुझे उस का इतना अधिक समर्पण भी अच्छा नहीं लगता था। उस की उदारता ही शायद मुझे सब से अधिक खलती थी। मैं खीज कर कह उठती थी—"कभी तो हक जमाओ—गुस्साओ! कभी तो मुझे अपने से छोटा करके आँको—इतना बड़ा क्यों बना देते हो तुम मुझे कि मैं कभी औरत होने के तुम्हारे आरोपित बड़प्पन के पैडेस्टल से नीचे उतर कर, तुमसे बात करने में लज्जित होने लगूं?" शायद यह पुरुषों का तरीका है, औरत को देवी बना कर बांध देने का।"[10]

10. "मैं....बंगलौर पहुँची। वहाँ मुझे मिला 'वो'। कैसे बयान करूँ कौन मिला? उस ने मेरे पूरे नारीत्व को झकझोर दिया।"[11]

11. "'वो' मुझे अपने घर ले गया।...पर उस ने कभी अपनी पत्नी के सामने ऐसी हरकत नहीं की जिस से औरत का अहं अपमानित हो। मेरे साथ रातें भी बितायीं पर वे मेरी ही रातें थीं। उस ने अपनी पत्नी की रातों को कभी बेचैन नहीं होने दिया।"[12]

12. "उसी! ने मुझे रात का सही प्रयोग सिखाया। वैसे युवावस्था में बहुत पहले 'आ' ने मुझे ऐसा ही सुख दिया था। असीम सुख! सहवास का सही और सच मतलब इन्हीं दोनों ने सिखाया था।"[13]

13. "मैंने सांझ से ही जो सिगरेट पीनी शुरू की उसे दिखा-दिखा कर, तो देर रात गए तक पीती ही रही।"[14]

14. "....औरत के स्वभाव के विपरीत जो एक खूंटे से ही बंधा रह कर सुरक्षित महसूस करती रहती है—मैं अगले ही दिन चल दी एक प्रेमी की तलाश में उसे चिढ़ाने की मंशा से। अभी तक मुझे तलाश नहीं करनी पड़ी थी प्यार करने वालों की। वह ही मेरे गिर्द स्वयं घूमते थे।"[15]

15. "कभी-कभी तो ऐसे रिश्तों के बाद यह भी अहसास होने लगता था कि—"देखो अमुक बड़ा नेता भी मेरा मोह संवरण नहीं कर सका," और ऐसे रिश्तों से लाज-शर्म नहीं, उल्टे गौरव का अहसास होता था।"[16]

16. "अब पुरुषों की तरह मेरे प्रसंगों की चर्चा होने लगी थी।"[17]

17. "ऐसे तो जिन्दगी की चित्रपटी बड़ी लम्बी है। इस पर अनेक प्यार के हादसे 'लीके' हुए हैं—कई चेहरे उकेरे हुए हैं....! बचपन से यौवन तक का समय धब्बों से पटा पड़ा है।"[18]

18. "मुझे याद नहीं है अपने प्रेम करने वालों की संख्या। वह सब अपने में एक-एक अनुभव थे मेरे।"[19]

ख. स्वच्छन्दताओं का संग्राम

पाठक देख सकेंगे कि पिछले भाग के जारसूत्र में इन हिन्दू स्त्री ने स्वच्छन्दता के रूप में अपनी खूब बगा ली। इतनी बगाई कि उन 'वोओं' के नाम और संख्याएँ याद नहीं रहीं। लेकिन सामना पुरुष की स्वच्छन्दता से पड़ गया। अगले जारसूत्रों में देखा जा सकता है कि पुरुष की स्वच्छन्दता के सामने कैसी बिलबिलाई और हारी हैं। पुनः रमणिका गुप्ता की लिखतों को ही सूत्र रूप में रखा जा रहा है। ये इस प्रकार हैं :

1. "पटना में तुम रहते थे मेरे पास। हजारी बाग में वह आता था। फिर तुमने हजारी बाग़ भी आना शुरू कर दिया। याद है एक बार तुम मेरे पास थे तो वह आ गया। तुम्हें भागना पड़ा था। रात भर तुम छटपटाते रहे थे बगल के कमरे में। उस के साथ मेरे सोए रहने के अहसास को सहते रहे थे।"[20]
2. "एक तुम हो कि....मेरा बड़प्पन दो कौड़ी का नहीं है तुम्हारे आगे। इतना हक जमाते हो कि तर्क भी सुन नहीं सकते। इतना छोटा कर देते हो कि मैं तुम से नफरत करने लगती हूँ।"[21]
3. "....उस में–जो तुम से ठीक पहले था, यह बात नहीं थी। वह मेरी इज्जत की चिन्ता करता था....।"[22]
4. "एक प्रयोग के तौर पर मैंने प्यार किया था तुम्हें। पर तुम ठहरे अनगढ़!....यह उम्मीद हमेशा थी कि मैं तुम्हें तराश लूंगी।"[23]
5. "....एक ऐसा विश्वास-सा जग गया था मेरे मन में तुम्हारे प्रति कि तुम भी किसी से नहीं जुड़ोगे बिना मुझे विश्वास में लिए। लेकिन मुझे मालूम हुआ कि परसों रात तुम उस के साथ मेरे कमरे में थे। इसलिए मैंने जेल से ही प्रा. कु. को मेरे कमरे का ताला लगाने का आदेश भिजवाया था।"[24]
6. "....जेल से छूटने के बाद अपने इसी स्वभाव के कारण तुम आज दिन के दस बजे तक सोये रहे थे उस के साथ–खुलेआम!"[25]
7. "कल रात मुझ से अलग होते ही, जेल से बाहर निकलते ही, पहला मौका मिलने पर तुमने खूब जी-भर कर खुले आम भोगा उसे। इतना तल्लीन थे तुम उस में कि भूल गए कि दिन भी चढ़ता है–दिन के दस भी बजते हैं–जेल से छूटने के बाद तुम्हें घर भी जाना है।"[26]
8. "देखो! शरीर के लिए सहारा कोई न कोई मिल ही जाएगा। मन के लिए कठिन है। तुम मेरी देह के लिए थे बस! अब तुम्हें दूसरी देह मिल गई, तुम चले गए। मुझमें जरूर एक असुरक्षा की, एक़

हीनता की भावना थी कि इस उम्र में कौन प्यार करना चाहेगा मुझे—वह भी तुम जैसा युवा? एक गुमान था और है भी कि अभी भी तुम जैसा एक युवा फिदा है। ये अहसास मेरी औरत की तुष्टि करता है।''[27]

9. ''देखो! यह सच मानो कि मैं दस लोगों के बीच तुम्हारा हाथ पकड़ कर तुम्हें उठा कर ले जा सकती हूँ, पर मेरी मर्जी के खिलाफ तुम अकेले में भी कुछ चाहो तो वह संभव नहीं होगा।....इसीलिए तो मैंने जाने दिया शायद तुम्हें उस लड़की के पास, ताकि तुम मुझे छोड़ दो। वरन् क्या मैं ऐसे तुम्हें मुझे छोड़ कर जाने देती?''[28]

10. ''मैं तो शायद तुम से पिंड छुड़ाना चाह रही थी।....तुम्हें रोका नहीं। नहीं तो मेरे जैसी अधिकार जमाने वाली (Possesive) औरत क्या तुम्हें जाने देती उस के पास?''[29]

11. ''शायद मैं तुम से ऊबी नहीं थी थक गई थी, तंग भी आ गई थी। शायद मेरी और तुम्हारी उम्र के तकाजे अलग-अलग हो रहे थे।''[30]

12. ''मैंने अपने पहले पत्र में तुम्हारी तुलना उस से की थी जो तुम से ठीक पहले मेरा मित्र था। वह भी अंत तक मुझ से एकनिष्ठ प्यार करता रहा। मेरा मन उसी में रमा रहा। जिस दिन मुझे लगा वह मुझ से ऊब रहा है मैंने अपने को समेटना शुरू कर दिया।''[31]

13. ''पर अब की बार तो तुम फिसले हो। मैं अगर तुम्हारे आचरण पर साफ-साफ रोक लगा रही हूँ, तो तुम्हें बुरा लगता है? आज मुझे लग रहा है कि कुछ कट-सा गया है—मेरे भीतर कुछ टूट कर अलग हो रहा है। बार-बार रुलाई आती है पर रोके रखती हूँ। नेता हूँ न। सब के सामने कैसे रोऊँ? वह भी अपने लिए?''[32]

14. ''तुम्हारे उस लड़की के प्रति प्रेम से मुझे ऐतराज नहीं, पर ऐतराज है प्रेम का समय चुनने पर।''[33]

15. ''मैंने कल अपने कमरे को ताला लगाने का आदेश दिया था प्राकु को। जहां उस बड़े आईने के सामने मैं और तुम प्यार करते देख चुके हैं एक दूसरे को, वहाँ अब तुम उस के साथ वही सब दोहरा रहे थे—यह मेरी सोच के बाहर है। मैं अपने सामने—अपनी आंखों के सामने बेपर्द होने लगती हूँ। मेरी नग्नता मुझ पर हँसने लगती है।''[34]

16. ''कभी लगता है तुम दोनों के साथ मैं भी लिपटी हूँ। तुम दोनों नग्न लिप्त हो प्यार में—मैं भाग उठती हूँ तुमसे छिटक कर।''[35]

17. ''कभी-कभी मैं कहीं कमरे की छत में सटी तुम दोनों को देख रही होती हूँ जैसे कि तुम मुझ से पूछ कर वहाँ हो?''[36]

18. "मेरे बिस्तर की चादर पर मेरा और तुम्हारा सम्मलित रस-स्वेद गिरा है। उस चादर की हर सिलवट हर शिकन मेरे दबाव के कारण पड़ी है और कोई जगह नहीं ले सकती मेरी। मेरा बिस्तर तो मेरा अपना रहने दिया होता तुमने कम से कम।"[37]

19. "उसे (उस लड़की को) समझना चाहिए था जब मैंने कहा था कि जब तक मैं न आऊँ मेरे घर पर मत सोना—अपने घर चली जाना, दिन भर काम-काज देखना। पर तुम तो दिन में भी कमरा बन्द कर उस के साथ बन्द हो सकते हो मैं यह जानती हूँ। इसीलिए मैंने अपना कमरा ही बन्द करवा दिया।"[38]

20. "क्या मुझे लगाव हो गया है उस लड़की से। पर मुझे तो बचपन के अपने इस्तेमाल किए जाने से लेस्बियनिज्म से घृणा हो गई थी। अब भी है। क्या मुझ में भी मेरी भाभी वाली प्रवृत्ति जमी है?"[39]

21. "हाँ! उस लड़की का ख्याल रखना।....वह लड़की मात्र देह नहीं है. ...केवल वर्जित फल भी नहीं है! उस फल से उसे पेट भरना है।... उसे प्यार करते हो तो करते रहो लेकिन उसे नौकरी जरूर दिलवा देना....उस की जिन्दगी प्रयोगशाला की चीज न बने।....उसी को फैसला करने देना।"[40]

22. "पर आज स्वयं मैं ही विचलित हो उठी हूँ। जलन से धधक उठी हूँ। ईर्ष्या में नहीं धधकना चाहिए था मुझे!"[41]

23. "देखो! वह कुंआरी है।"[42]

24. "....तुमने मेरा और मैंने तुम्हारा रास्ता कैसे अपना लिया? यानी तुमने खूंटे तोड़ दिए और मैं खूंटे में बंध गई, पर कब तक?....शायद ढलती उम्र की कमजोरी है यह।"[43]

25. "उम्र के बन्धनों को तोड़ कर तुमने मुझे प्यार किया—यही हीनभावना शायद मुझे तुम्हारा अपमान भरा व्यवहार सहने को बाध्य करती रही है।"[44]

26. "संभवतः ये सब नाटक था! शायद सुरक्षा पाने की उत्कट इच्छा मुझ से भी नाटक ही करवा रही हो प्रेम का!"[45]

27. "तुम्हारी उस छटपटाहट में शायद मुझे अपनी शक्ति का अहसास होता और सब अपमान भूल-बिसर कर मैं समर्पण कर देती। शायद घरों में औरतें भी मर्दों की मार खाने के बाद हर बार इसी कमजोरी के कारण या फिर बेमतलब की शक्ति के अहसास के कारण, समर्पण कर देती हैं। समझौते कर लेती हैं। यही कमजोरी उन की दासता और पिछड़ेपन की जड़ में है।"[46]

28. "....जब मैं फौजी मित्र के घर पहुँची तो उन के बच्चों ने मेरा स्वागत किया। पत्नी ने प्यार और आदर दिया इतना कि मैं एक अपराध-बोध से दब गई।"[47]

29. "दरअसल मुझे खुद ही मुक्त होना है अपने से। मैं अपनी ही कमजोरी का शिकार हो कर फिसल जाती रही हूँ, उन्हीं की शिकार मैं खुद भी होती रही हूँ। दरअसल औरत को खुद अपने को ही मुक्त करना है पुरुष से।"[48]

ग. मनोविज्ञान या हिन्दू घर?

रमणिका गुप्ता ने मुझ से संवाद करते हुए मनोविज्ञान का प्रश्न उठाया है। एक तरह से उन्होंने मनोविज्ञान की शरण लेनी चाही है। यह शरण देख ली जाती यदि केवल मनोविज्ञान की बात होती। भारत में भगवान के 'पतित-पावन' रूप की चर्चा बहुत दिनों से होती आ रही है। बौद्ध धर्म तो 'त्रिशरण' पर ही टिका हुआ है। पाप और प्रायश्चितों का भी खूब बखान है लेकिन वह सब ब्राह्मणों के हलक तक पेट भरने के लिए दिए जाने वाले दान में चुक जाता है। सेक्स को ले कर द्विजों के लिए अपराध और दण्ड की बात कोई नहीं करता। उस सब की चर्चा बाद में कर ली जाएगी पर यहाँ पहले रमणिका गुप्ता के 'आत्मकथ्य' से सारसूत्र इकट्ठे कर लिए जाएँ। ये सूत्र हिन्दू घरों का प्रतिनिधित्व करते हैं। इन्हें 'प्रतिनिधि सूत्र' कहा जा रहा है जो स्त्री के बिना राधा बने कभी पूरे नहीं होते। ये प्रामाणिक रूप से इस प्रकार हैं :

1. "....कहाँ से शुरू करूँ?....पचास बरस पहले—जब मैं पैदा हुई थी।"[49]
2. "मनोविज्ञान में वर्णित हर गुत्थी के सकार रूप-सी मैं परास्त नहीं हुई और जिन्दा रही।"[50]
3. "बचपन से प्यार से वंचित रही मैं—प्यार की न खत्म होने वाली तलाश में लगी रही।"[51]
4. "पिता भी बांहों में भर कर प्यार करते या बांहों में ले कर आलिंगन करते तो मेरा वक्ष दबने पर मुझे लगता जैसे वह दबाया जा रहा है।"[52]
5. "एक मास्टर तो मेरा यौवन ही नहीं, मेरा बचपन भी पी गया था। हालांकि मैंने उसे कभी स्वीकारा नहीं था।"[53]
6. "....मुझे तो बचपन के अपने इस्तेमाल किए जाने से लेस्बियनिज्म से घृणा हो गई थी।...क्या मुझ में भी मेरी भाभी वाली प्रवृत्ति जगी है?"[54]

7. "मुझे एक बड़े नामी वकील साहब से बहुत ही घनिष्ठता थी।....मैं चाहती थी कि उन से मुझे एक बच्चा हो....। पेट में बच्चा रह गया तो मैं परीक्षा के बाद अपने पति के घर लौट आई थी। मेरे पति को सन्देह हो गया था कि पेट का बच्चा उन का नहीं है।"[55]

8. "उन (मेरे पति) की भाभी, जिस से उन का बचपन से सम्बन्ध था और जिसे मेरे पति से एक बच्ची भी पैदा हुई थी....।"[56]

9. "जानते हो मेरा एक मित्र मुझे अणि कहता था। बहुत मधुर रिश्ता रहा मेरा उस के साथ। एक बार मैं उस के घर गई तो उस की पत्नी भी मिलने आई। एक कागज पर लिख कर उस मित्र ने मुझे दो पंक्तियां थमा दीं–"राधे आयी रुकमणी धाम!" मुझे बहुत प्रिय लगीं ये पंक्तियाँ और ऐसे सुख का एहसास हुआ जिसे मेरी आंखों ने उजागर भी कर दिया और मैं बड़ी गर्म-जोशी से उस की पत्नी को गले से लगा कर मिली।"[57]

10. "रात-भर बिना छुए ही वह मुझे उदित कर देता था।...कहीं अश्लीलता नहीं, कोई दबाव नहीं, तब कहीं भोर में जा कर वह मेरी उष्मा में अपने को डुबो देता था और मैं आनन्द के अन्तिम बिन्दु को छू आती थी। हम रात-भर धीरे-धीरे पीते भी रहते थे। पर कभी 'आउट' नहीं होते थे। मुझे याद नहीं कभी भी मैं प्यासी रही उस के साथ। शायद वह अपने शब्दों से, अपने प्यार और प्रणय के अंदाज से मेरी प्यास ही पी जाता था।"[58]

11. "जब तक वह रहा मेरे साथ, मैंने अपने सभी प्रेमी मित्रों के नाम अपनी सूची से काट दिए थे। जब तक वह रहा मैंने कोई समानान्तर रिश्ता नहीं रखा किसी भी मित्र के साथ।"[59]

12. "खतरे मोल लेना मेरी आदत हो गई थी, जिस के तहत मैं प्रेम का खतरा भी मोल लेती रहती थी।"[60]

इन सूत्रों को दर्ज करने के बाद अब मैं रमणिका गुप्ता को भूल जाना चाहता हूँ और सीधे हिन्दू घरों पर आना चाहता हूँ। हिन्दू घरों को भी पीछे छोड़ कर मैं द्विजों के उस पर्सनल कानून पर आना चाहता हूँ जिसे धर्मशास्त्रों ने ब्राह्म-विवाह, पवित्र और अटूट कहा है। मैं उसी पर टूट पड़ना चाहता हूँ जिस पर इस देश में पहली बार हिन्दू कोड बिल के द्वारा डा. अम्बेडकर टूट पड़े थे। और यहाँ मैं यह भी मान कर चल रहा हूँ कि यदि मैं रमणिका गुप्ता के विचारों का अध्ययन ठीक-ठीक कर लेता हूँ तो उस में उन तमाम नारियों के विचारों का अध्ययन हो जाएगा जो जारकर्म को प्रेम कहने के अंधेरे में रहती हैं।

यदि कामसूत्र में कोई शब्द सिरे से गायब है तो वह 'प्रेम' है, लेकिन रमणिका गुप्ता ने अपने आत्म-कथ्य में इस शब्द का बहुत बार प्रयोग किया है। तब 'प्रेम' शब्द का प्रयोग करके क्या उन्होंने इस शब्द की प्रतिष्ठा की है? इस प्रश्न का उत्तर 'हाँ' में नहीं है। प्रेम की पहचान यह है कि वह फलता है लेकिन रमणिका गुप्ता के मामले में वह फला नहीं है। हुआ यह है कि प्रेम उन के हाथ में नहीं आया। वे प्रेम के मामले में खाली हाथ बैठी हैं। लुटी-पिटी इसीलिए नहीं कही जा सकतीं क्योंकि वे अपने जीवन में प्रेम को आदर्श मान कर नहीं चली थीं। वे अपने लेख 'बन्द है मेरा कमरा...' में लिखती हैं–"दरअसल राजनीतिक कारणों से मैं उसे अपने साथ बांधे रखना चाह रही थी। वह भी इस बात को भांप गया था। एक बार उस ने मुझ से ऐसा कुछ कहा भी था। फिर तुम मिल गए थे मुझे। मुझे तुम से कोई प्यार-व्यार नहीं था। तुमने जबरन अपने को मुझ पर लादना शुरू किया था। इसीलिए तुम्हें विमुख करने के लिए मैंने तुम्हें उस के बारे में सब बता भी दिया था और मेरा तुम्हारे साथ-साथ उस के साथ भी समानान्तर सम्बन्ध चलता रहा था–तुम्हारी जानकारी में।"[6]

यदि प्रेम विवाह में तब्दील होने के लिए मंगलचार के गीत गाने को तैयार नहीं है तो वह प्रेम की बदनामी है। वह चोरी और जारी है। उस में जमींदार की बहू को माँ कहते हुए कमजोर की बहू को भाभी कहने की परम्परा चरितार्थ होती है। प्रेम के इस अपमान को कोई सभ्य समाज सहन नहीं कर सकता और अपराधियों को दण्ड देता है। यदि ऐसा नहीं है तो वह समाज सभ्य कहलाने के योग्य नहीं है। इस का मतलब है कि उस ने स्त्री-पुरुषों के यौन-सम्बन्धों के मामलों में कोई विकास नहीं किया है और वह अभी भी नंग-धड़ंग जंगलों में आदिम मानव बना फिरता है।

इसलिए, प्रेमियों और प्रेमिकाओं से समाज को कोई डर या परेशानी नहीं है क्योंकि वे एक के सिवा दूसरे की बात नहीं करते। प्रेमी और प्रेमिकाएँ यौन-सदाचार के असली हिमायती हैं। उन्हें एकनिष्ठता के लिए समझाने या उपदेश देने की जरूरत नहीं पड़ती। समाज की परेशानियाँ और दिक्कतें जारकर्मियों और बलात्कारियों की वजहों से पैदा होती हैं। जारकर्मी के लिए औरतों या पुरुषों की गिनती नहीं होती–यही अनैतिकता और मुश्किल है।

और प्रेम अपनी उम्र के साथ अच्छा लगता है। प्रेम अपनी उम्र के साथ बढ़ता और गहरा होता है। उम्र का खयाल न रखने की वजह से विवाह की तरह प्रेम भी बेमतलब हो जाता है। यह बदतमीजी है, बेशर्मी है, और अपराध है कि अपनी उम्र का जोड़ा न ढूँढ़ कर किसी भी उम्र के व्यक्ति से प्रेम करने की बात कही जाती है। प्रेम में उम्र सब से बड़ा तकाजा है। दोनों एक साथ बूढ़े हों और एक दूसरे के सिर के बालों में बराबर के सफेद बाल ढूँढ़ें।

एक जगह रमणिका गुप्ता ने 'मेरे पति' शब्द का इस्तेमाल किया है। लेकिन उन की लेखनी से 'पति' शब्द का प्रयोग अजीब-सा लगता है। एक रमणिका गुप्ता नहीं,

बल्कि समाज में इन तबकों की ऐसी पालित-पोषित स्त्रियों को 'पति' शब्द के अर्थ का बिलकुल ज्ञान नहीं है। इन के द्वारा 'पति' शब्द एक रूढ़ि की तरह इस्तेमाल होता है जिस का अर्थ इन के हृदय से खू गया है। इन के लिए पति एक रस्मी और बेजान चीज है।

घ. अम्बेडकर-विरोधी रमणिका गुप्ता

प्रश्न है–क्या वकील से अपने पेट में गर्भ धारण करने के दिन रमणिका गुप्ता को मालूम था कि उन के पति की अपनी भाभी से एक बच्ची पैदा है? यदि नहीं, तो रमणिका गुप्ता निर्दोष नहीं हैं? निर्दोष वे उस हालत में भी नहीं हैं जब उन्हें मालूम था क्योंकि तब उन्हें अपने ऐसे व्यभिचारी पति से तलाक ले लेना चाहिए था जो डा. अम्बेडकर ने बड़ी मुश्किल से कानून बनवा कर रास्ता सुझाया था कि उन के पति के अपनी भाभी से अवैध सम्बन्ध हैं। खुद रमणिका गुप्ता उन पर लागू होने वाले इस नए कानून से अनभिज्ञ नहीं हैं। वे अपने लेख 'दलित स्त्री का कब्जाकरण' में कानून से अपनी वाकफियत बताती हैं–"वे (धर्मवीर) अच्छी तरह जानते हैं कि आज के कानून में तलाक की यह सुविधा दलित स्त्री को सवर्ण स्त्री के समान ही प्राप्त है...।"[62]

ऐसा भी नहीं है कि वे तलाक के प्रावधान के बारे में केवल जानती ही हैं। पति से तलाक लेने का विचार उन के सामने दो बार आया था। पहले विचार का उल्लेख वे अपने लेख 'तुम्हारी और मेरी मुक्ति' में इन शब्दों में करती हैं–"....मैंने उन से शादी तक करने का निर्णय ले लिया था। मैंने अपने पति से तलाक लेने और उन्होंने अपनी पत्नी से तलाक लेने का आपस में वायदा भी किया।"[63] दूसरे विचार का उल्लेख वे अपने इन शब्दों में करती हैं–"हम दोनों शादी करने का फैसला करके लौटे थे। काफी तर्क-वितर्क भी हुआ इस पर। मैं अपने पति से तलाक ले लेना चाहती थी। इस से पहले ऐसी स्थिति एक बार 'कृ' को ले कर हुई थी। पर ऐन वक्त पर मैं रुक गई थी। इस बार भी सभी ओर से तलाक के प्रस्ताव को नकारा गया।"[64]

दूसरी स्थिति में तलाक न लेने का कारण उन्होंने इस तरह लिखा है–"लेकिन तलाक से ज्यादा नापसन्द किया गया 'उस का' विवाह सूत्र में बंधना। तय हुआ कि 'वह' आजाद है 'उसे' आजाद ही रहने दिया जाय।"[65] यह कारण सही नहीं है। यह हिन्दू मानसिकता की तह तक नहीं पहुँचता। असली कारण का पता पहली स्थिति में बताए गए शब्दों से मिलता है। उन्हीं के शब्द हैं–"एक दिन वे मुझे अपने घर ले गए और अपनी पत्नी के सामने ही अपनी दूसरी शादी का प्रस्ताव रखा।...वे तीसरा ब्याह भी कर सकते हैं, इसी तरह मुझे नकार कर। यह प्रश्न मुझे सालने लगा और मैंने उन से रिश्ता ही तोड़ लिया।"[66]

देखा जा सकता है कि यहाँ रमणिका गुप्ता के मन में विवाह को ले कर असुरक्षा की कितनी परेशानी घर कर गई है। पूरी जिन्दगी विवाह के खिलाफ लड़ी हैं लेकिन विवाह को ही नहीं छोड़ सकी हैं।

शोर मचा रखा है कि रमणिका गुप्ता नाम की एक द्विज औरत मार्क्सवादिनी बन गई हैं। सुन-सुन कर दलितों के कान पके जा रहे हैं कि वे प्रगतिशील महिला हैं। लेकिन पर्सनल कानून को ले कर उन का ब्राह्मणों के ब्राह्म-विवाह से कोई फर्क नहीं है। वे घिसे-पिटे हजार रूपों की परले सिरे की दकियानूसी बनी हुई हैं कि व्यभिचार के आधार पर और परपुरुषों और परनारियों से सन्तान पैदा करके भी तलाक नहीं लिया जाएगा। डा. अम्बेडकर के दलित प्रभाव की वजह से हिन्दू कानून में उन्हें अधिकार और मौका मिला था कि वे अपने पति से तलाक ले लेतीं लेकिन उन्होंने अधिकार और मौकों के दोनों विकल्प जान-बूझ कर खोए और गँवाए हैं। बात तो यह है कि सन् 1955 से पहले उन्हें यह अधिकार और मौका ही उपलब्ध नहीं था कि वे तलाक ले सकती थीं लेकिन अधिकार और मौका मिलने पर भी उन का निर्णय क्या रहा? ऊंट किस करवट बैठा? वह पवित्र और अटूट ब्राह्म विवाह है। इस से दलित विचारक की समझ में क्या आता है? समझ में यह आता है कि यदि वे तलाक लेतीं तो उन के सामने अगले दो रास्ते थे—या तो पुनर्विवाह करतीं या पुनर्विवाह नहीं करती। यदि वे पुनर्विवाह करतीं तो उन्हें नये पति के साथ एकनिष्ठ रहना होता जो उन के लिए 'ना बाबा' था। यदि वे पुनर्विवाह नहीं करतीं तो उन्हें एक संन्यासिनी का जीवन बिताना पड़ता जो उन के लिए सौ कोस की दूरी से 'राम-राम' थी। इसलिए ब्राह्म-विवाह नाम की इस 'राम नवमी' पहनने में ही उन की परनिष्ठाएँ भरपूर सध सकती थीं। एक मार्क्सवादिनी हो कर वही उन्होंने किया है। मैं कहूँगा कि उन्होंने मार्क्सवाद को गन्दा किया है। कहाँ मार्क्स और कहाँ ये मार्क्सवादिनी! कहाँ अम्बेडकर और कहाँ ये अम्बेडकरवादिनियाँ!!

ऐसी द्विज नारी दुश्चरित्र पति से तलाक ले कर अपने पुनर्विवाह के पक्ष में क्यों नहीं है? कारण साफ है, तब उसे दूसरे पति के साथ पतिनिष्ठा बन कर रहना पड़ेगा। यह उसकी फितरत में नहीं है कि वह पुनर्विवाह में किसी एक से बंधी रहे। इसलिए वह पहले विवाह को ही बरकरार रखती हुई पचासियों मर्दों से सम्बन्ध बनाने की स्वतंत्रता रखना चाहती है। विवाह और पुनर्विवाह के कानसेप्ट में ऐसी स्वच्छन्दता सम्भव नहीं है। इसलिए विवाह को नामचार के लिए बनाए रख कर वे परपुरुषों से मिलती और बिछुड़ती रहती हैं। इस मिलने और बिछुड़ने में प्रेम कहीं बीच में नहीं रहता, सब कुछ हवस और केवल हवस होती है।

खास बात यह भी है कि दुश्चरित्र पति से तलाक न ले कर पुनर्विवाह न करने की और जारकर्म तथा व्यभिचार में रहने की औरतों की जीवन शैली से हिन्दुओं के किसी ऋषि-मुनि को कोई आपत्ति नहीं है। तब उन की ऐसी पत्नी को आदर्श पत्नी क्यों न कहा जाए? पर कुछ भी हो जाए, दलित ऐसा कभी नहीं कहेंगे। तब यही कहा जाए कि रमणिका गुप्ता ने हिन्दू विवाह को ब्राह्म विवाह बना कर हिन्दू विवाह को फेल किया है। डा. अम्बेडकर के प्रयत्नों की वजह से विकल्प होने के बावजूद तलाक न ले कर उन्होंने सदाचार को बुरी तरह दुर्घटनाग्रस्त किया है। इतनी कोशिशों के बाद हिन्दू

कानून में यह प्रावधान जुड़ पाया था कि ऐसी स्थितियों में स्त्री तलाक ले सकती है। लेकिन रमणिका गुप्ता ने डा. अम्बेडकर के कानून की एक नहीं मानी और द्विज संस्कृति पर आधारित अपने 'ना-तलाक' के कानून पर कायम रहीं।

इन हिन्दू स्त्रियों का तर्क देखो–मेरा पति बिगड़ा हुआ है तो मैं क्यों न बिगड़ूँ? सुधरने की होड़ नहीं है, इन में, बिगड़ने की दौड़ लगी हुई है। इन के पति भी ऐसे और इन की पत्नियाँ भी ऐसी–नर नौ हाथ तो नारी दस हाथ। इन से क्या कहा जाए–केवल इन से अलग रहा जाए। इन से कोई संवाद नहीं किया जा सकता।

यदि जीवन में सुलह और समझौता ही किया जाना है तो वेश्याओं ने सब से ज्यादा सुलह और समझौता कर रखा है। वे रमणिका गुप्ता के जार दर्शन की आदर्श नारियाँ कही जानी चाहिए। मेरा मतलब यह है कि मुझे ऐसा कहने से कौन रोकेगा कि कोठे पर हर भाडू ने सुलह और समझौता ही कर रखा है। हाँ, हर वेश्या का एक पति होता है और हर भाडू की एक पत्नी होती है। उन के विवाह का सर्टिफिकेट उन के कमरे में टंगा रहता है। वे कभी तलाक नहीं लेते। तब, उन के लिए इस से बढ़िया दूसरा ब्राह्म-विवाह क्या है? उन्होंने इसे इस के आदर्श रूप में चरितार्थ कर रखा है। वे दुनिया में सब से बड़े सुलहवादी और सब से बड़े समझौतेवादी घोषित किए जा सकते हैं। ना-तलाक का कानून इसी रूप में पवित्र और उन के लिए अनुकरणीय है–अर्थात एकदम मूर्तिमान।

मैं अपने युग के हिन्दू साहित्यकारों में से एक ऐसे साहित्यकार को ढूंढ़ने में लगा हुआ हूँ जो जारकर्म का विरोध तो बहुत दूर, गृहस्थ जीवन में जारकर्म का पक्ष न लेता हो। पुराने द्विज कानून में इस की सम्भावना नहीं थी लेकिन मैं सन् 1955 से उस कानून के लागू होने के बाद की बात कर रहा हूँ जिस में दूसरे पक्षकार द्वारा स्वेच्छया मैथुन करने के कारण पहले पक्षकार को तलाक लेने का अधिकार मिला है। इन में से लोगों को कोई तलाक की सोच नहीं देगा चाहे घर व्यभिचार की कींच बन जाए। फिर, द्विज लेखिकाओं के बारे में क्या कहूँ?–उन के चिन्तन में भी मोरलिटी नाम की चीज सिरे से नदारद है। मोरलिटी इन में से किसी को सिखाए नहीं सिखाई जा सकती।

रमणिका गुप्ता से समझ ले लो, भारत की दलित और द्विज नारियो, इन के गुरुकुल में दाखिला ले लो कि गैर-मर्दों से बच्चे पैदा करो, पचास-पचास आदमियों के संग सोओ और पति से तलाक मत लो–अर्थात अपने लिए छूट ले कर उसे भी खूब व्यभिचार करने दो। क्या यही द्विजों का पिछले तीन हजार साल से चला आ रहा पवित्र और अटूट ब्राह्म-विवाह है?

'जारिणी' और 'वेश्यावृत्ति' में फर्क है। कोई स्त्री 'जारिणी' हो सकती है लेकिन वेश्यावृत्ति में संलग्न नहीं भी हो सकती। जारिणी का मतलब परपुरुषों से संभोग है लेकिन वेश्यावृत्ति तभी सिद्ध होती है जब वह संभोग धन के लिए किया जाए। आज के कानून में 'वेश्यावृत्ति' और तदनुसार अर्थ के 'वेश्या' शब्दों पर रोक है 'जारिणी' पर नहीं। इस बारे में ब्रह्मवैवर्त पुराण क्या कहता है? उस का कहना है, स्त्रियों में पतिव्रता

वह होती है जो एक पति वाली होती है। जो दो पुरुषों से संभोग करे वह 'कुलटा', जो तीन पुरुषों से संभोग करे वह धर्षिणी और जो चार पुरुषों से सम्भोग करे वह पुंश्चली कही जाती है। लेकिन पुरुषों की यह संख्या चार पर आ कर ही समाप्त नहीं हो जाती। 'पाँच से संभोग कराने वाली को 'वेश्या', छह से भोग कराने वाली को 'युग्मी' और इस से अधिक वाली को 'महावेश्या' कहते हैं...।[67]

ऐसे में लड़ाई केवल शब्दों से रह जाती है। कानून ने अब 'वेश्या' को 'वेश्यावृत्ति' से रूढ़ मान लिया है तभी कई औरतें ब्रह्मवैवर्त पुराण की परिभाषा की महावेश्या होने पर भी खुद को कुलटा और पुंश्चली तक नहीं कहलाने देतीं। वे 'जारिणी' और 'व्यभिचारिणी' के शब्द भी खुद के लिए पसन्द नहीं करतीं। लेकिन पहले ही कहा जा चुका है कि यह केवल शब्दों से और नामकरणों से झगड़ा है, वास्तविकता से नहीं। बात यह हो गई है कि बिना किसी भेद और वर्गीकरण के वेश्या और महावेश्या भी पतिव्रता स्त्री के बराबर का सम्मान चाहती हैं। पुरुषों की गिनती याद नहीं और महावेश्या कहलवाने से एतराज! ठीक है, महावेश्या न कह कर एक्स, वाई या जैड कह देंगे पर उस एक्स, वाई या जैड का अर्थ तो ज्यों का त्यों बिना पुरुषों की गिनती याद रखने का ही रहेगा। अजीब बात है, शब्दों से लड़ाई हो रही है, अर्थों से नहीं। यूँ, ब्रह्मवैवर्त पुराण से ले कर आज 21वीं सदी के पहले दशक की शुरूआत तक यह द्विजों का कुल जमा विकास है। दलितों का इस शाब्दिक विकास से कुछ लेना-देना नहीं है।

वेश्यावृत्ति और संन्यास पटरी से उतरे हुए रास्ते हैं। यदि घरों से जारकर्म और बलात्कार के अपराध समाप्त नहीं किए जा सकते तो यही होना है। जबकि संन्यास का रोना अलग से रोया जा सकता है, लेकिन वेश्यावृत्ति की पूरी संख्या को औरतों के साथ किए जा रहे बलात्कार की संज्ञा दी जा सकती है। और पिछले काल के हिन्दुओं के महापुरुषों का अलग से अध्ययन किया जा सकता है लेकिन इस युग की महास्त्री रमणिका गुप्ता बनी हुई हैं जिन के पास चरित्र के पक्ष में गुणगान करने के लिए एक धेला नहीं है।

घरों में जारकर्म वेश्यावृत्ति की एक्सटेंशन सर्विस है। यह कोठों से ज्यादा व्यापक और ज्यादा घातक है। यहाँ हिंसा को खुल कर खेलने के अधिक अवसर मिलते हैं। समाज की अनुलोम सत्ता विलोम के प्रयास को जान से मार देती है—स्त्री की हो या पुरुष की। दो जार मिल कर एक शरीफ की इहिलीला समाप्त कर देते हैं जिन की गिनती नहीं की जाती और रिकार्ड नहीं रखे जाते। सभ्यता के विकास की जरूरत है कि समाज से वेश्यावृत्ति समाप्त की जाए लेकिन इस जारसत्ता का कमाल देखो कि उलटे घरों को वेश्यावृत्ति में तब्दील कर रही है। लड़ने में मौत का खतरा इतना बड़ा कर दिया गया है कि संन्यास के सिवा कहीं त्राण नहीं मिलता। विशेषकर, हिन्दुओं में महानता घरों से बाहर खड़ी रो रही है, उन के घरों में जारसत्ता गूँछ पना कर ठट्ठे मार रही है।

मोहनदास नैमिशराय ने दिल्ली में 'जूठन' पर गोष्ठी के दौरान एक वाकये का

जिक्र कर दिया था कि विदेशों तक में भारतीय द्विजों का रुख क्या होता है। यदि किसी वेश्या से मैथुन करना है तो द्विज अपने साथ के दलित से कहेगा कि तू बाद में करना, पहले मैं उस के पास जाऊँगा। वे इस स्पष्टीकरण से ओम प्रकाश वाल्मीकि की पुस्तक 'जूठन' का पूरा अर्थ निकाल रहे थे। इधर, डा. श्यौराज सिंह 'बेचैन' को भी आरक्षण के अपने चिन्तन में सोचना पड़ जाएगा कि इन मामलों में उन के जनसंख्या के हिसाब से प्रतिशतवार का अर्थ क्या निकलेगा। चन्द्रभान प्रसाद अमरीकन पैटर्न की डाइवर्सिटी के हिसाब से आँकड़े निकालेंगे तो क्या होगा! लेकिन, इधर रमणिका गुप्ता लिख रही हैं–"मुझे याद नहीं है अपने प्रेम करने वालों की संख्या।"[68] यह गणित बेहिसाब है। खुदा ने लगाई है, उन के लिए, यह नुमाइश शराब की-सी है। इतनों से इश्क फरमाए कि संख्या याद नहीं रही लेकिन उन में से कोई दलित या आदिवासी नहीं रहा होगा। दूसरी बात यह भी हो सकती है कि दलितों या आदिवासियों में ऐसे व्यभिचारी लोग न मिले हों। कुछ भी हो, मोहन दास नैमिशराय को सेक्स में समानता चाहिए, डा. श्यौराज सिंह बेचैन को हर मामले में आरक्षण चाहिए और चन्द्रभान प्रसाद को हर क्षेत्र में अमरीकी टाइप की छितरी हुई डाइवर्सिटी चाहिए। पर किस-किस का हिसाब चुकता किया जाएगा जब यहाँ सब अनगिनत और बेहिसाब है? परसेन्टेज कैसे निकलेगी? रोस्टर लागू कैसे होगा? बैकलोग तो पूरा हो ही नहीं सकता। द्विज श्रेणी के लोग मेरिट–अर्थात् योग्यता का राग अलाप देंगे। योग्यवरों की पंक्ति है। दलितों में से क्रीमी लेयर वालों की भी पहुँच नहीं है। असल में, रमणिका गुप्ता ने जो किया है, वह सेक्स की काला बाजारी है। तभी उन्होंने उन लोगों के नाम नहीं दिए हैं, बस, उन्हें 'कृ', 'र' और 'वो' आदि कहा है। लेकिन हर काले बाजारी की अपनी शब्दावली और अपना एक अघोषित नियम होता है। मेरी शंका निर्मूल नहीं है कि उस नियम के तहत रहने की वजह से उन 'कृ', 'र' और 'वो' आदि में से कोई भी पुरुष आदिवासियों में से नहीं रहा होगा जबकि ये आदिवासी क्षेत्रों में ही काम करने का दम्भ भरती रही हैं।

उन्हें मालूम नहीं कि गाँव में औरतों की आपसी लड़ाई की शुरूआत कैसे होती है। सब से पहला गोला 'सतखस्मी' कह कर दागा जाता है। उस की औलाद के बारे में कहा जाता है कि 'सतबीजड़े' पैदा किए हैं। दूसरी उसे अपना सतखस्मीपन बिना नकारे 'दसखस्मी' कहती है। बड़ी खरी बनती है–तुझे लुगाइयों ने झुन्डों में पकड़ा–सारा जहान जाने है। पर रमणिका गुप्ता इस लड़ाई का मजा ही खराब कर रही हैं–'अनगिन खस्मी'–कर लो कोई क्या करो? गिनती ही खत्म है। यहाँ शहरों के मुकाबले में गाँव की औरतों की लड़ाई बहुत पीछे रह गई है। आम्रपाली के मामले में गनीमत थी कि वह मात्र नगर-वधू थी, यहाँ तो सामने साक्षात भारत-वधू विराजमान हैं–कच्छ से ले कर बिहार तक और शिमले से ले कर केरल तक। कौन जाने, उस के बाद विश्व-वधू हो गई हों–वियतनाम से लेकर अमरीका तक। 'हंस' में हिन्दी भाषियों के हिसाब से ही लिखा गया है, शायद अंग्रेजी में लिखने पर उनकी पूरी बात आ सकती है। तब तक उम्र पचास साल की थी।

और ये कमरे बन्द नहीं हुआ करते। कामसूत्र के अनुसार एक के लिए बन्द किए जाते हैं तो दूसरे के लिए तत्काल खोल दिऐ जाते हैं। कम से कम अधखुले हमेशा रहते हैं। इनका दूसरा साहित्यिक नाम चिलमन है। इन्हें कानून बना कर राज्य ही बन्द कर सकता है, ये कभी स्वयं बन्द नहीं होते। इसलिए, 'बन्द है मेरा कमरा...' शीर्षक भ्रामक है। शीर्षक होना चाहिए—'खुला है मेरा कमरा दूसरों के लिए।' बन्द किसी एक के लिए हुआ है। नाम वे खुद जानती हैं कि किस-किस के लिए खुला है—अ...ब...स...द...और...

ङ. जारबुद्धि मार्क्सवाद के खिलाफ है

रमणिका गुप्ता ने मुझसे कुछ और अपेक्षा रखी थी। वे चाहती थीं, मैं इस विषय को इसके ऐतिहासिक सन्दर्भ में समझता और समझाता। उन्होंने अपने लेख 'दलित स्त्री का कब्जाकरण' में लिखा है—"अच्छा होता यदि धर्मवीर व्यभिचारी प्रवृत्तियों पर पुरूष व स्त्री दोनों की कमजोरियों को मनोवैज्ञानिक और मनुष्य की आदिम प्रवृत्तियों के सन्दर्भ में खोज कर कोई समाधान पेश करते, न कि सामाजिक स्तर पर एक कठमुल्ला की मानिन्द फतवा देते।"[69]

सभ्यता 21वीं सदी में खड़ी है और रमणिका गुप्ता मुझे पुनः जंगलों की ओर तथा मनुष्य की आदिम अवस्था में ले जाना चाहती हैं। वे इतिहास से कुछ सीखना नहीं चाहतीं और हर बार खेल में रोटबानी करके उसे नए सिरे से चलाना चाहती हैं। दलित चिन्तन के साथ यह अभिशाप खास तौर से जुड़ा हुआ है कि उस का कोई इतिहास अनवरत नहीं है। हर व्यक्ति नए सिरे से चलता है और कहीं दूर तक नहीं पहुँच पाता। इतिहास की सतत चिन्तन प्रणाली और प्रक्रिया का उस के पास क्रमबद्ध रिकार्ड नहीं है। जहाँ तक मनोविज्ञान की बात है, तो हर अपराधी अपने बचाव में इसी शब्द का सहारा लेता है। मनोविज्ञान बालकों के विकास में लाभदायक होता है क्योंकि उसमें अनेक झूठ बोलने के मौके होते हैं। मनोविज्ञान की सहायता उन रोगियों के उपचार करने में भी ली जा सकती है जो मानसिक रूप से असामान्य व्यवहार करने लगते हैं। यहाँ सभ्यता और सदाचार का मामला है जिस में जारकर्म तथा बलात्कार करने वाले यौन-अपराधियों को पकड़ कर दण्ड दिया जाता है। इसलिए, उस अध्ययन से मानवता को कोई लाभ नहीं है जिस में 21वीं सदी की स्त्री या उस का पुरुष मनोविज्ञान और मनुष्य की आदिम प्रवृत्तियों के नाम पर किसी प्रकार के दण्ड का भागीदार बनने से बचना चाहता है। दण्ड भुगतने के बाद मनोविज्ञान और आदिम प्रवृत्तियों पर खूब बहस हो—कौन मना करता है? अपराध विकसित सभ्यता के खिलाफ किया जाए और बचाव आदिम प्रवृत्ति के नाम पर मांगा जाए—ये दोनों बातें एक साथ सम्भव नहीं हैं। इस में जो हिन्दुओं ने भगवानों के पतित-पावन रूपों की मूर्तियाँ घड़ रखी हैं—वह भी जंगल राज की शरण है और कोई धार्मिकता या आध्यात्मिकता नहीं।

यदि कार्ल मार्क्स और फ्रेडरिक एंगेल्स भी मुझे अपने तर्कों से यह समझाना चाहते हैं कि इतिहास में जब-जब जो हुआ है वह सब अच्छा हुआ है, या वही होना था, या वही होना चाहिए था, तो मैं उन की बातें मानने को तैयार नहीं हूँ। किसी के भी द्वारा जुटाए गए इतिहास के सारे तथ्य जरूरी नहीं कि मेरी स्कीम में सही बैठ जाएँ। मैं इतिहास के हर मोड़ पर अपना विकल्प लिए बैठा हूँ। मेरे हिसाब से राम के मुकाबले में आज भी मेरे शम्बूक सही हैं। मक्खली गोसाल बुद्ध और महावीर से ज्यादा महान हैं। यह युद्ध चल रहा है, सतत है, एक दिन मेरा पक्ष अवश्य जीतेगा। यदि साहित्य में कबीर सदाचार की लड़ाई लड़ रहे हैं तो जारकर्म को देर-सबेर हारना ही पड़ेगा।

लेकिन मार्क्सवाद के बारे में सच क्या है? क्या वह रमणिका गुप्ता के पक्ष में है? बिलकुल नहीं। बताया जा सकता है कि वह मेरे पक्ष में है और रमणिका गुप्ता की सोच को धिक्कारता है। इसे कुछ खोल कर बताया जा सकता है।

यदि मैं इस विषय के अध्ययन में अलग से लगता तो मुझे एक किताब लिखनी पड़ती। लेकिन वे किताबें कई दूसरे लोगों ने मेरे लिए पहले से लिख रखी हैं। उदाहरण के लिए, 19वीं सदी के अन्त में फ्रेडरिक एंगेल्स ने एक महत्वपूर्ण पुस्तक 'परिवार, निजी सम्पत्ति और राज्य की उत्पत्ति' लिखी थी। मुझे वह किताब अपनी तरफ से दोबारा नहीं लिखनी है, इसलिए यहाँ उस का सार रूप जानना पर्याप्त होगा। चूँकि, रमणिका गुप्ता खुद को मार्क्सवाद से सम्बन्धित बताती हैं, इसलिए फ्रेडरिक एंगेल्स की शब्दावली उन के ज्यादा समझ में आएगी। आगे मैं यही बताने जा रहा हूँ कि रमणिका गुप्ता ने मार्क्सवाद की दुहाई दे कर फ्रेडरिक एंगेल्स के अच्छे चिन्तन को कैसे फेल किया है।

जाना जाए कि फ्रेडरिक एंगेल्स का विवाह के मामले में आदर्श क्या है। सीधा उत्तर दिया जा सकता है कि वह एकनिष्ठ विवाह है। वे अपनी पुस्तक 'परिवार, निजी सम्पत्ति और राज्य की उत्पत्ति' में लिखते हैं–"...आने वाली सामाजिक क्रान्ति स्थायी दायाद्य धन-सम्पदा के अधिकतर भाग को–यानी उत्पादन के साधनों को–सामाजिक सम्पत्ति बना देगी और ऐसा करके सम्पत्ति की विरासत के बारे में इस सारी चिन्ता को अल्पतम कर देगी।"[70] उन्हें चिन्ता एकनिष्ठ विवाह की है इसलिए वे स्वयं प्रश्न करते हैं–"पर एकनिष्ठ विवाह चूँकि आर्थिक कारणों से उत्पन्न हुआ था, इसलिये क्या इन कारणों के मिट जाने पर वह भी मिट जाएगा?"[71] उन का उत्तर 'ना' में है जो इस प्रकार है–"मिटना तो दूर, एकनिष्ठ विवाह तब जाकर ही पूर्णता प्राप्त करने की ओर बढ़ेगा।"[72] उन्होंने इस का कारण बताया है–"...उत्पादन साधनों के सामाजिक स्वामित्व में रूपान्तरण के फलस्वरूप उजरती श्रम, सर्वहारा वर्ग भी मिट जाएगा, और उस के साथ-साथ यह आवश्यकता भी जाती रहेगी कि एक निश्चित संख्या में–जिस संख्या को हिसाब लगा कर बताया जा सकता है–स्त्रियाँ पैसे ले कर अपनी देह को पुरुषों के हाथों में सौंप दें।"[73] तो, जिस का नाश होगा वह वेश्यावृत्ति होगी। वे लिखते हैं–"तब वेश्यावृत्ति का अन्त हो जाएगा, और एकनिष्ठ विवाह प्रथा मिटने के बजाय, पहली बार पुरुषों के लिए भी वास्तविकता बन जाएगी।"[74]

फ्रेडरिक एंगेल्स अपने आदर्श को पूरा तार्किक और वैज्ञानिक आधार देते हैं। इस के लिए वे पूछते हैं—"क्या यह सम्भव है कि वेश्यावृत्ति तो मिट जाए, पर वह अपने साथ एकनिष्ठ विवाह को न लेती जाए?"[75] इस प्रश्न से स्पष्ट है कि वे वेश्यावृत्ति की समाप्ति की घोषणा करना चाहते हैं तथा अपने आदर्श एकनिष्ठ विवाह को बचाए रखना चाहते हैं। तब वे विवाह में प्रेम पर बल देते हैं। वे लिखते हैं—"विवाह में पूर्ण स्वतंत्रता केवल उसी समय आम तौर पर कार्यरूप ले सकेगी जब पूंजीवादी उत्पादन तथा उस से उत्पन्न स्वामित्व सम्बन्ध मिट जाएंगे और उस के परिणामस्वरूप वे सब गौण आर्थिक कारण भी मिट जाएंगे जो आज भी जीवन साथी के चुनाव पर इतना भारी प्रभाव डालते हैं। तब जा कर ही आपस में प्रेम के सिवा और कोई कारण विवाह के मामले में काम नहीं करेगा।"[76] अन्त में हर शंका को निर्मूल करती हुई और हर खतरे को बगल फेंकती उन की सोच और स्कीम इस प्रकार की है—"जब वे आर्थिक कारण मिट जाएंगे जिन से स्त्रियाँ पुरुषों की हस्ब मामूल बेवफाई को सहन करने के लिए विवश हो जाती थीं—अर्थात् जब स्त्री को अपनी जीविका की और इस से भी अधिक, अपने बच्चों के भविष्य की चिन्ता न रह जाएगी—और इस प्रकार जब स्त्रियों और पुरुषों के बीच सचमुच समानता स्थापित हो जाएगी, तब पहले का सारा अनुभव यही बताता है कि इस समानता का परिणाम उतना यह नहीं होगा कि स्त्री बहुपतिका हो जाएगी, बल्कि कहीं अधिक प्रभावपूर्ण रूप से यह होगा कि पुरुष सही माने में एकपत्नीक बन जाएगा।"[77]

इस समय एकनिष्ठ विवाह में जो एकतरफापन है, एंगेल्स उस की जड़ पर प्रहार करते हैं। वे अपने आदर्श एकनिष्ठ विवाह को दोतरफा बनाना चाहते हैं। इसलिए वे लिखते हैं—"परन्तु एकनिष्ठ विवाह से वे सारी विशेषताएँ निश्चित रूप में मिट जाएंगी, जो स्वामित्व सम्बन्धों से उस के उत्पन्न होने के कारण पैदा हो गई हैं। ये विशेषताएं हैं : एक तो पुरुष का आधिपत्य, और दूसरे विवाह सम्बन्ध का अविच्छेद्य रूप।"[78] उन्होंने इन दोनों विशेषताओं का अलग-अलग वर्णन किया है। वे पहली विशेषता के बारे में लिखते हैं—"दाम्पत्य जीवन में पुरुष का आधिपत्य केवल उस के आर्थिक प्रभुत्व का एक परिणाम है और उस प्रभुत्व के मिटने पर वह अपने आप खत्म हो जाएगा।"[79] वे दूसरी विशेषता के बारे में लिखते हैं—"विवाह सम्बन्ध का अविच्छेद्य रूप कुछ हद तक उन आर्थिक परिस्थितियों का परिणाम है जिन में एकनिष्ठ विवाह की उत्पत्ति हुई थी और कुछ हद तक वह उस समय से चली आती हुई एक परम्परा है जबकि इन आर्थिक परिस्थितियों तथा एकनिष्ठ विवाह के सम्बन्ध को ठीक-ठीक नहीं समझा जाता था और धर्म ने उसे अतिरंजित कर दिया था।"[80]

यदि विवाह का अविच्छेद्य रूप नहीं रखना है तो निश्चित रूप से तलाक की व्यवस्था करनी पड़ेगी। इस के लिए फ्रेडरिक एंगेल्स लिखते हैं—"यदि प्रेम पर आधारित विवाह ही नैतिक होते हैं तो जाहिर है कि केवल वे विवाह ही नैतिक माने जाएंगे जिन

में प्रेम कायम रहता है। व्यक्तिगत यौन-प्रेम के आवेग की अवधि प्रत्येक व्यक्ति के लिए भिन्न होती है। विशेषकर पुरुषों में तो इस मामले में बहुत ही अन्तर होता है। और प्रेम के निश्चित रूप से नष्ट हो जाने पर या किसी और व्यक्ति से उत्कट प्रेम हो जाने पर पति-पत्नी का अलग हो जाना दोनों पक्षों के लिए और समाज के भी हितकारक बन जाता है। अलबत्ता, लोग तलाक की कार्रवाइयों के व्यर्थ के झंझटों से बच जाएँ।"[81] यूँ, विवाह में सच्चाई और ईमानदारी को स्थान मिल सकता है। एंगेल्स एक नई पीढ़ी के जन्म लेने का आदर्श सामने रखते हैं—"...ऐसे पुरुषों की पीढ़ी जिसे जीवन भर कभी किसी नारी की देह को पैसा दे कर या सामाजिक शक्ति के किसी अन्य साधन के द्वारा खरीदने का मौका नहीं मिलेगा, और ऐसी नारियों की पीढ़ी जिसे कभी सच्चे प्रेम के सिवा और किसी कारण से किसी पुरुष के सामने आत्मसमर्पण करने के लिए विवश नहीं होना पड़ेगा, और न ही जिसे आर्थिक परिणामों के भय से अपने को अपने प्रेमी के सामने आत्मसमर्पण करने से कभी रोकना पड़ेगा।"[82]

यही वह जगह है जहाँ रमणिका गुप्ता ने अपने 'आत्मकथ्य' के द्वारा फ्रेडरिक एंगेल्स के आदर्शों को और स्वप्नों को चकनाचूर किया है। न उन में एकनिष्ठता की ईमानदारी रही और न तलाक लेने का साहस। वे आर्थिक रूप से कमजोर थीं या नहीं थीं लेकिन प्रेम के नाम पर फजीते ही ढोती रहीं। वे खुद सरधने की बेगम सुमरू बन गईं। उधर, फ्रेडरिक एंगेल्स का एकनिष्ठ विवाह का तर्क इसलिए भी ठीक है क्योंकि वे लिखते हैं—"सामाजिक संस्थाएँ जो भी रही हों, पुरुषों और स्त्रियों की संख्या अभी तक, मोटे तौर पर, सदा बराबर रही है...।"[83] वे पुरुष के बहुपत्नी विवाह के खिलाफ लिखते हैं—"सभी लोगों के पितृसत्तात्मक परिवार में, केवल कुलपति या अधिक से अधिक उस के दो-एक पुत्रों के पास, एक से अधिक पत्नियाँ होती थीं; परिवार के अन्य सदस्यों को एक-एक पत्नी से ही सन्तोष करना पड़ता था।"[84] उन्होंने बहुपत्नी विवाह की कब्र खोद डाली है जब लिखा है—"बहु-पत्नी विवाह केवल धनिकों तथा अभिजात लोगों का विशेषाधिकार है, और ये पत्नियाँ मुख्यतः दासियों के रूप में खरीदी जाती हैं। अन्य लोगों के पास एक-एक पत्नी होती है।"[85] यहाँ जो बात पुरुष के लिए सही है, वही स्त्री के लिए भी सही है। पुरुष को रोका जाता है तो तराजू के दूसरे पलड़े पर स्त्री उछल पड़ती है। रमणिका गुप्ता जमीदारनी और सामन्तनी बनी हैं। पुरुषों का यौन-शोषण करने में वे सरधने की बेगम सुमरू ही सिद्ध हुई हैं।

लेकिन 'युद्धरत आम आदमी' के नाम पर अब 'कामरत एक औरत' और अधिक छिप नहीं सकतीं। जो अपराध करना है, अपने नाम और शीर्षक से किया जाए। द्विज संस्कृति के साथ यही दिक्कत है। पंचतंत्र की कहानियाँ इन चालाकियों से भरी पड़ी हैं। इसे ही कबीर ने 'कथनी औ करनी कौ अंग' कहा है। हिन्दुओं के इसी चरित्र को बाबा साहेब डा. अम्बेडकर ने 'रिडल्स इन हिन्दुइज्म' कहा है। इसलिए, दलित दृष्टि में 'युद्धरत आम आदमी' अलग है और 'कामरत एक औरत' अलग है। इन्हें अलग-अलग ही देखा जाना चाहिए।

कहा जाए कि कुछ बच्चे बीमार पैदा होते हैं। वे रोग उन्हें जन्म से ही लगे होते हैं। उन में कुछ शारीरिक रोग होते हैं तो कुछ मानसिक रोग होते हैं। मसलन, कुछ बच्चे मन्दबुद्धि पैदा होते हैं। उन के रोग का पता धीरे-धीरे चलता है। माँ-बाप को उन की फिक्र होने लगती है। मन्दबुद्धि बच्चों के लिए समाज द्वारा विशेष स्कूलों का प्रबन्ध किया जाता है। इसी तरह का एक दूसरा रोग जारबुद्धि का होता है। इस का पता भी धीरे-धीरे चलता है। ऐसा हो सकता है कि इस रोग का पता ही न चले। उधर, स्वयं रोगी अपना इलाज नहीं कर सकता। इस हालत में वह खुद को और समाज को दुखी बनाए रखता है। मेरा सुझाव है कि मन्दबुद्धि बच्चों के समान जारबुद्धि बच्चों और वयस्कों के लिए भी विशेष स्कूलों का प्रबन्ध किया जाना चाहिए। डाक्टरों और मनोचिकित्सकों के द्वारा कोशिश करने पर जारबुद्धि का रोग पूर्णतया मिटाया जा सकता है। सामान्य रूप में मनुष्य नैतिक पैदा होता है, अनैतिक नहीं। मनुष्य का स्वभाव 'मोरलिस्ट' का है, 'इम्मोरलिस्ट' का नहीं। यदि ऐसा न होता तो मनुष्य आज तक का विकास कैसे करता? घोषणा यही है कि मनुष्य—पुरुष और नारी—अपने दोनों रूपों में स्वभावतः अच्छा होता है। मानववाद हमें यही सिखाता है कि मनुष्य अच्छा है। बस, थोड़े से बच्चों में, मन्दबुद्धि का और थोड़े से वयस्कों में जारबुद्धि का रोग होता है जो पारिवारिक प्रयोगशालाओं के माध्यम से ठीक किया जा सकता है।

लेकिन क्या सच में जारबुद्धि एक रोग है? सभ्यता का विकास यह कहता है कि जब से मनुष्य ने विवाह की संस्था को खड़ा किया है उस दिन से यह रोग नहीं बल्कि अपराध की श्रेणी में आता है। जारबुद्धि इतने बड़े अपराध की परिभाषा खड़ी करती है कि वह अपराध एक संस्था बन गया है। हाँ, जैसे विवाह एक संस्था है, ऐसे ही जारकर्म भी एक संस्था है। रमणिका गुप्ता के आत्मकथन के द्वारा सिद्ध होता है कि जारकर्म विवाह से पचास गुना बड़ी संस्था है। विंवाह में मालूम होता है कि एक स्त्री का एक पति होता है लेकिन जारकर्म में संख्या निर्धारित नहीं रहती कि स्त्री के कितने पुरुषों से सम्बन्ध रहेंगे। रमणिका गुप्ता खुद अपने मामले में उन की गिनती रखने में सफल नहीं रही हैं। इसलिए कहा जा रहा है कि हिन्दुओं गें जारकर्म विवाह से बड़ी संस्था है।

रमणिका गुप्ता ने मुझे स्त्री-पुरुष सम्बन्धों को मनोवैज्ञानिक दृष्टि से समझने और समझाने को कहा है। यह काम मैं कर ही रहा हूँ, पर वे, कृपया, अपराधी के मनोविज्ञान को समझने की कोशिश करें। यह छह स्तरों पर काम करता है :

1. पहली बार अपराधी कहता है कि उस ने कोई अपराध नहीं किया।
2. दूसरी बार अपराधी कहता है कि जो उस ने किया है वह काम अपराध की गिनती में नहीं आता।
3. तीसरी बार में अपराधी ताकतवर होने पर कहता है कि मैंने अपराध किया है, कर लो, मेरा क्या करोगे।

4. चौथी बार में अपराधी कमजोर होने पर कहता है कि मुझे क्षमा कर दो।
5. पाँचवीं बार में हिन्दू अपराधी गीता की शरण ले कर अकर्त्ता बन जाता है। न वह क्षमायाचना करता है और न वह दण्ड भोगना चाहता है।
6. ईसाई धर्म में क्षमा की जगह है लेकिन अपराधी येशु के सामने अपने गुनाह कबूल करता है। हिन्दू गीता की वजह से अकर्त्ता हो जाता है तो न वहाँ गुनाह है और न उसे कबूल करने की जरूरत।

किसी चोर को यह अधिकार नहीं मिला है कि वह चोरी के सिद्धान्त का बचाव करे। किसी पैरवी करने वाले वकील को यह अधिकार नहीं मिला है कि वह चोरी के पक्ष में दलील दे सके। चोर या उस का एडवोकेट यही कहता है कि चोरी नहीं की गई है। यह भारत के विवाह में जार और जार के पक्षधर ही हैं जो तर्क आगे रख रहे हैं कि जारकर्म अनिवार्य, जैविक और वैज्ञानिक है।

चोर चोरी क्यों करता है? रमणिका गुप्ता का तर्क सीधा है—वह पेट भरने के लिए ऐसा करता है। भूख मनुष्य की एक मूल प्रवृत्ति है, इसलिए वह दोषी और अपराधी नहीं है। उसे दण्ड नहीं दिया जा सकता। पर क्या समाज ने कमाने के लिए पेशे नहीं दिए हैं? क्या वह दर्जी, लुहार, बढ़ई, जुलाहे, चमार, राजकाज आदि का पेशा नहीं कर सकता? क्या वह कमा कर नहीं खा सकता? ऐसे ही, मनुष्य सेक्स की अपनी आदिम प्रवृत्ति को क्या विवाह के द्वारा सन्तुष्ट नहीं कर सकता? वह इधर-उधर मुँह क्यों मारता है? लेकिन शराबी अपने पक्ष में जरूर कुछ न कुछ कहेगा। चोर के पास छिपाने की कला होती है। ऐसे ही जार भी अपने पक्ष में तर्क रख रहे हैं। इस में कुछ भी गलती नहीं है। जार पुरुष हो या जार स्त्री हो, वे स्वस्थ गृहस्थ जीवन की कल्पना नहीं कर सकते।

यदि किसी चोर से पूछा जाए तो चोरी के पक्ष में वह सौ तर्क दे देगा। ऐसे ही, यदि किसी जार से बात की जाए तो वह जारकर्म के पक्ष में हजार तर्क दे देगा। असल बात यह है कि ऐसे लोग ऐसा ही बोलेंगे। उन की सुनी क्यों जाए? उन से बात क्यों की जाए? उन्हें सीधे पकड़ कर दण्ड दिया जाए। जो चोरी का माल बरामद हुआ है उसे जब्त किया जाए। जो जारकर्म से बच्चे पैदा करता है, उस के धन से उस के जार बच्चों के भरण-पोषण का प्रबन्ध किया जाए। जिस औरत के साथ जारकर्म किया है, भैंस बना कर उस के पीछे बांधी जाई। भैंस ने खूंटा तोड़ दिया है।

रमणिका गुप्ता ने अपने आत्मकथ्य में बताया है कि वे पति और पत्नी बिना तलाक लिए दोनों जारकर्म में रहते हैं। दलितों को उन के ऐसे रहने से कोई आपत्ति नहीं है। जारकर्म के इस विषय को ले कर वेश्याएं उन से ज्यादा लम्बी और बड़ी कहानी लिख सकती हैं। हम केवल यह कहते हैं कि दलितों के लिए ऐसा रहना अनुकरणीय नहीं है।

द्विज लोग तीन हजार सालों से ऐसे रहते रहे हैं, वे शौक से रहें, पर वे अपने इस कानून और व्यवहार को ऐसे आत्मकथ्य लिख कर दलितों पर कैसे थोंप सकते हैं?

पूछना यह है कि क्या रमणिका गुप्ता को अपने पति से शिकायत है या नहीं? उत्तर यह है कि दलित नारी को अपने जार पति से शिकायत हुआ करती है और वह तलाक ले लेती है। वह रमणिका गुप्ता की तरह खुद जारकर्म पर उतरी हुई औरत नहीं होती। एक द्विज नारी के रूप में रमणिका गुप्ता तो मगन हो गईं। कहाँ हैं वे अन्धे सूरदास? अब और बड़े महाकवि पैदा होने का सुअवसर मिला है। उस राधा का एक ही कृष्ण था, यहाँ देखो, इस नई राधा के कृष्णों की गिनती नहीं है। यहाँ जार कविता ज्यादा अच्छी खिलेगी। उन्हें डा. पुरुषोत्तम अग्रवाल के रूप में इस युग के महान जार थ्योरिटिशियन मिले हुए हैं जो लिख कर शक्ति दे रहे हैं–"....वह श्रेष्ठ प्रेम कविता है, उस में संबोध्य स्त्री चाहे तथाकथित स्वकीया हो या परकीया।"[86] परकीया की सुनी जाए पर परकीयाओं की कोई गिनती तो हो। इधर, जवाब में रमणिका गुप्ता के 'परकारों' का हाल देखो!

ठीक है, द्विज पुरुष और द्विज नारियाँ ऐसे जारकर्म करें और ऐसे जारज सन्तान पैदा करें लेकिन दलित लोग निरवंशी हो कर मरना पसन्द करेंगे बजाय इस के कि अपनी जारज सन्तान पैदा करें और उन्हें दूसरों से पलवाएँ। ऐसी कविता में और उस के रसों, छन्दों और अलंकारों में आग लग जाए जो पति और पत्नी के सम्मान के खिलाफ अस्तित्व में आती है। वेश्या 'माधवी' के पैरों के वे घुंघरू तोड़ दिए जाएँ जो पत्नी 'कण्णकी' की छाती पर घाव करते हैं। लेकिन हमें मालूम है कि द्विजों को हम अपनी यह बात कभी नहीं समझा पाएंगे क्योंकि उन्हें आज तक यह बात कोई नहीं समझा पाया है। मुगलों ने पत्नी के प्रेम की पवित्रता में हिन्दुस्तान में ताजमहल खड़ा कर दिया लेकिन द्विज लोग आज भी अपने नए मन्दिर राधा के ही बनाते हैं।

रमणिका गुप्ता ने अपने आत्मकथन में जारकर्म की कहानी लिख कर कोई तीर नहीं मार लिए हैं। उन्होंने वही किया है जो ब्राह्म-विवाह में उन के लिए हजारों साल से अनुमत है। इस में, बघारने और इतराने की जरूरत नहीं हैं, क्या पता, कुछ दूसरी द्विज गृहणियाँ इस से भी ज्यादा जारकर्म करती हों। ब्राह्म-विवाह में केवल शरीफ द्विज नारी पिस रही है क्योंकि जब कोई औरत जार होती है तो वह दूसरी औरत का ही नुकसान करती है। ऐसे ही, जब कोई मर्द जार बनता है तो वह दूसरे मर्द का ही विरोध करता है। जारकर्म अपने पक्ष के साथ किया गया धोखा और घात है।

रमणिका गुप्ता का यह आत्मकथ्य ऐसा है मानो कोई चोर या डकैत अपनी चोरियों और डकैतियों की कहानी लिख रहा है। चोरी और डकैती धन की की जाती है, यहाँ विषय बदल कर सेक्स का हो गया है। बाकी सब बातें एक सी हैं। यदि चोरों और डकैतों को भी बिना दण्ड के भय के सच बोलने का हक मिल जाए तो वे भी ऐसे आत्मकथ्य लिख सकते हैं।

ऐसे स्वच्छन्द आत्मकथ्यों की वजह से स्त्री की पुरुष से समानता की लड़ाई एकदम पीछे रह जाती है। संविधान और कानून कोशिश कर रहे हैं कि किसी तरह पुरुष और स्त्री में राज्य के जरिए समता लाई जाए लेकिन कुछ स्त्रियों की स्वच्छन्दता इस प्रयास को हतोत्साहित कर देती है। तभी पुरातनपंथियों और मनुवादियों को नाम धर कर यह बताने का मौका मिलता है कि स्त्रियाँ ऐसी होती हैं।

च. दोनों ओर स्त्रीराज कायम

केरल की लेखिका कमला सुरैया से टी. एम. राजशेखरन ने एक साक्षात्कार लिया है जो मलयालम भाषा की पत्रिका 'सेक्रेटेरियट सर्विस' के सितम्बर, 2003 के अंक में छपा है। सवाल यह था कि पुरुषों के बारे में आप के क्या विचार हैं। कमला सुरैया ने जो जवाब दिया है वह इस प्रकार है–"मेरी नजरों में वे बहुत सुन्दर होते हैं। देखते ही बात बनती है। पुरुष सौन्दर्य महान है। पुरुषों को देख कर जो मुझे याद आती है वह दैव का पुरुष रूप में ग्रीक शिल्प है।"[87] यहाँ तक कुछ भी गलत नहीं है। स्त्री पुरुष से सुन्दर हो ही नहीं सकती। प्रकृति ने यही हिसाब रखा है। गलती तब होती है जब किसी स्त्री का हर पुरुष को देख कर उस के साथ सोने को जी चाहता है।

प्राचीन भारत में स्त्रीराज कायम रहे हैं। वे पूरे के पूरे इलाके थे। स्त्रीराज की वे स्त्रियाँ कैसी थीं? वात्स्यायन के कामसूत्र में स्त्रीराज की उन स्त्रियों के बारे में लिखा गया है–"उस अन्तःपुरवासिनी रमणी को एक तरुण गोदी में बैठाता है, दूसरा नाखूनों और दाँतों से उस पर प्रहार करता है। तीसरा उस से सम्भोग करता है, चौथा मुँह चूमता है, पाँचवाँ स्तनों में दाँत गड़ाता है, इस प्रकार बारी-बारी से अनेक युवक राग बढ़ाते तथा रतिक्रिया तब तक करते रहते हैं जब तक वह स्त्री पूर्ण तृप्त नहीं हो जाती।"[88] यहाँ रमणिका गुप्ता बताएँ कि यह देह है या क्या है। क्या इसे स्त्री-स्वातन्त्रय से जोड़ा जाएगा? क्या यह बलात्कार नहीं है? पुरुष ऐसे स्त्रीराज को कैसे ले? क्या वह बदला ले?

कहा नहीं जा सकता कि मेरी बात कहाँ तक सही है। मुझे लगता है, दुनिया में जितने कानून बने हैं, वे सब पुरुष ने बनाए हैं। औरत हमेशा बेकानून रहना चाहती है। वह नहीं मानती कि उस के लिए धरती पर कुछ भी करना बुरा या नाजायज है। यदि उसे राज दे दिया जाए तो वह कई पुरुषों से ज्यादा निरंकुश हो जाएगी और सारे झूठ बोल जाएगी। स्वभाव से औरत कानूनप्रिय नहीं है–वह राग में या दुश्मनी में बेहिसाब चलती है। ऊपर के इस कथन में मैं वहाँ तक जरूर सही हूँ कि पुरुष पर यह आरोप क्यों जाता है कि अपने पक्ष में और स्त्री के विरोध में सारे कानून पुरुष ने बनाए हैं। वह विवाह की जन्मजात विद्रोहिणी है। बच्चा जनने में वह किसी नियम को जानना नहीं चाहती। एक तरफ विवाह के द्वारा उसे धन चाहिए और दूसरी तरफ वह जारों को खोजती फिरती है। औरत सभ्यता को आगे बढ़ाने की जिम्मेदारी ले तो उसे कानून बनाने में हाथ बटाना पड़ेगा। अब तक वह इस काम से विरत रही है। वह कह सकती

है कि वह सताई गई है, पर निश्चित रूप से मानव सभ्यता को बागबाड़ी के रूप में विकसित करने में उस का योगदान अपेक्षा से बहुत कम है। वह मनुष्य को जन्म दे रही है पर इसी वजह से वह उसे आगे भी नहीं बढ़ने दे रही है। संस्कृति कशमकश में है। मर्त्य मानव की गाथा का विकास बहुत धीमा है क्योंकि नारी अपने हिस्से की पूरी भूमिका नहीं निभा रही है। तभी इसे अभी तक राष्ट्रों के मामलों में गुलामी सहने की आदत पड़ी हुई है। सेक्स की चोरी को यह अपनी देह की स्वतन्त्रता कह कर बघार रही है। विचार के स्तर की स्वतन्त्रता को इस ने शुरू से ही छोड़ रखा है। यह दुश्मनों से सेक्स करने बैठ जाती है। इतिहास के आक्रमणकारियों ने इसे जान से नहीं मारा बल्कि इस के पुरुष को मारा है। इस की स्वतन्त्रता की लड़ाई सेक्स की स्वतन्त्रता तक सीमित रहने के कारण बहुत छोटी है। यह अपने और पराये में, देशी या विदेशी में, कोई फर्क नहीं देखती जिस का यह दण्ड के रूप में भारी फल भुगतती है। इस के तर्क सुने जाएँ तो सिर में चक्कर आ जाएँ।

यह चक्कर आने वाली ही बात है कि रमणिका गुप्ता मातृसत्ता की समाप्ति पर मर्सिया गा रही हैं–"मातृसत्ता की समाप्ति के बाद स्त्री की गुलामी पितृसत्ता का परिणाम है। विवाह उस गुलामी की शुरूआत है तो पारिवारिक बन्धन उस का पिंजड़ा है, जिस में वह केवल सदियों से अनुशासन के नाम पर कैद है।"[89] लेकिन इस में ऐसे रोने-धोने की क्या जरूरत है? पितृसत्ता ने उसे समाप्त कहाँ किया है?–अपनी बगती में मातृसत्ता ने जो अन्त की तार रखी थी, उसे सीमित भर किया है। उस के अपने बच्चे आज भी मौजूद हैं। उन्हें उसी ने अपने पेट से जन्म दिया है। पितृसत्ता ने स्त्री से उस का मातृत्व नहीं छीना है बल्कि उस के मातृत्व को गहराया और सजाया है। स्त्री को अपना एकछत्र अधिकार भले ही घटता दीखा हो लेकिन बच्चे के प्यार और अधिकार का दायरा बढ़ा है। अब उसे एक नई चीज और बराबर की चीज पिता भी मिला है। मातृसत्ता की अन्धेरगर्दी में उसे अपने पिता का पता नहीं चलता था। तब बच्चा कितना अधूरा था इस का अन्दाज रमणिका गुप्ता आज भी नहीं लगा पा रही हैं,–यह उन के चिन्तन की दयनीयता है।

यह किसी और की लिखत नहीं, बल्कि खुद रमणिका गुप्ता की ही है जो उन्होंने अपने लेख 'बन्द है मेरा कमरा...' में दर्ज की है :

> "मुझे एक बड़े नामी वकील साहब से बहुत ही घनिष्ठता थी। बहुत हैंडसम थे वे। बहुत गम्भीर थे। मुझे बहुत चाहते थे–मेरी देख-रेख भी करते थे। मुझे आगे पढ़ने का खर्चा भी देते थे। शिमला में मैं उन्हीं के खर्चे पर हॉस्टल में रह कर पढ़ रही थी।
>
> "मैं चाहती थी कि उन से मुझे एक बच्चा हो–उन्हीं जैसा खूबसूरत–कद्दार और शार्प बुद्धि में भी, व्यवहार में भी। बहुत

प्यार दिया था उन्होंने मुझे और मेरा भटकाव बन्द हो गया था—जब से उन के सम्पर्क में आई थी।"

"पेट में बच्चा रह गया तो मैं परीक्षा के बाद अपने पति के घर लौट आई थी। मेरे पति को सन्देह हो गया था कि पेट का बच्चा उन का नहीं है। इसी बात को ले कर हम दोनों में अनबन काफी बढ़ गई थी। उन की भाभी, जिस से उन का बचपन से सम्बन्ध था और जिसे मेरे पति से एक बच्ची भी पैदा हुई थी आ कर सन्देह को बार-बार और पुख्ता कर जाती थी। लगभग तीन माह बाद हम दोनों में समझौता हुआ और झगड़े बन्द हुए। तीन माह बाद मैं उन के घर दिल्ली गई। मेरे वे मित्र मुझे दिल्ली भी आ कर मिलने लगे थे। बच्ची पैदा होने के बाद भी यह सिलसिला चला।"[90]

सीधा-सा विश्लेषण है—रमणिका के पति की भाभी अपने देवर का बच्चा पाल रही हैं, खुद रमणिका एक वकील के बच्चे को पाल रही हैं। बच्चों के ये पालने पतियों के घर में चल रहे हैं। दोनों जगह पति बेवकूफ और भुट्टू है। यह व्यवहार में स्त्रीराज है। इसे पितृसत्ता कैसे कहा जाएगा कि औरत जारकर्म से बच्चे पैदा करेगी? ये मातृसत्ता की अराजकता के अवशेष हैं जो यहाँ अपराध के रूप में प्रकट हुए है।

इस स्त्रीराज की एक गणितीय शृंखला है। यह दोनों ओर बेल की तरह बढ़ती है। इधर, रमणिका गुप्ता ने अपने पेट से पैदा बच्ची पाली, —अर्थात किसी दूसरी औरत के पेट से पैदा बच्ची नहीं पाली। उधर, रमणिका गुप्ता के पति की भाभी ने अपने पेट से पैदा बच्ची पाली,—अर्थात उन्होंने भी किसी दूसरी औरत के पेट से पैदा बच्ची नहीं पाली। दूसरी बात, वकील रमणिका गुप्ता से पैदा अपनी बच्ची को नहीं पाल रहा है, उसे रमणिका गुप्ता का पति पाल रहा है। फिर, रमणिका गुप्ता का पति अपनी भाभी से पैदा अपनी बच्ची को नहीं पाल रहा है, बल्कि उसे उस की भाभी का पति पाल रहा है। अब इस में आगे यह क्यों न माना जाए कि वकील अपने घर में अपनी पत्नी से पैदा किसी अन्य पुरुष 'क' की बच्ची को पाल रहा है? इस में यह भी क्यों न माना जाए कि रमणिका गुप्ता के पति के भाई की पैदा किसी बच्ची को कोई अन्य पुरुष 'ख' पाल रहा है? इसी आधार पर यह तर्क आगे पूरे समाज तक बढ़ाया जा सकता है। कारण, सीधा-सा है। रमणिका गुप्ता को अपने पति के मुकाबले में वकील हैंडसम लगा है तो तीसरी महिला उस वकील की पत्नी को उस वकील के मुकाबले में कोई अन्य पुरुष ज्यादा हैंडसम मिल गया हो। आखिर, दुनिया में हैंडसम पुरुषों की कमी नहीं है। यह बिल्कुल नहीं माना जा सकता कि रमणिका गुप्ता का हैंडसम वकील दुनिया का 'विश्व सुन्दर पुरुष' का खिताब जीत कर आया था। उधर, रमणिका गुप्ता के पति का भाई किसी चौथी महिला को अपने पति के मुकाबले में ज्यादा हैंडसम लगा हो। तो, कहने का

मतलब यह है कि पुरुष ऐसे स्त्रीराज में बिल्कुल भुट्टू है। स्त्री अपने पेट से पैदा सन्तान को ही पाल रही है जबकि पुरुष अपने वीर्य से पैदा सन्तान को नहीं पाल रहा है। मैं कहता हूँ कि ऐसे स्त्रीराज में और ऐसी स्त्रीसत्ता में आग लगे। उस पुरुषराज और पुरुषसत्ता में भी आग लगे जिस में पुरुष अपनी पत्नियों से अपनी वेश्याओं और लोंडियों के बच्चे पलवाने लगते हैं।

रमणिका गुप्ता ने अपने लेख 'दलित स्त्री का कब्जाकरण' में लिखा है–"जहाँ तक नाजायज सन्तान का सवाल है तो क्या नाजायज बच्चा मनुष्य नहीं है? उस के पिता या माता ने किसी जगह समाज के कानून या आचार संहिता के विरुद्ध कोई आचरण किया तो क्या टैस्ट करवा कर यह बताया जाना जरूरी है कि वह नाजायज है? क्या यह बच्चे के प्रति अन्याय नहीं होगा? क्या इस सन्तान को जीवन भर के लिए हेय बना दिया जाना सही होगा? उसे अपनी नजरों में गिरा दिया जाना जायज है क्या? कम से कम शरण कुमार लिम्बाले की 'अक्करमाशी' पढ़ कर तो धर्मवीर ने सबक ले लिया होता। उन्हें यह मालूम होना चाहिए कि पितृत्व मात्र विश्वास पर आधारित है लेकिन मातृत्व एक सत्य होता है। वह बच्चा अपनी माँ की सन्तान है–क्या इतना प्रमाण काफी नहीं है पुरुष के लिए? उस पर पिता की ही मोहर क्यों लगे? क्या वह पुरुष जो दूसरी स्त्रियों के गर्भ में अपना बीज डालते हैं, दोषी नहीं हैं? पुरुष ने क्यों किया सम्भोग? संस्कृति के केन्द्र में केवल जारकर्म, व्यभिचार जैसी छद्म नैतिकताएँ मात्र ही नहीं हुआ करतीं। उस में प्रेम मुख्य होता है। दरअसल प्रेम के ही विरोध में पुरुष प्रभुत्व ने स्त्री के लिए व्यभिचार का शब्द गढ़ा होगा, चूँकि वे स्त्री से प्रेम नहीं बल्कि उस पर केवल अपना वर्चस्व बनाए रखना चाहते थे।"[91]

ऊपर दिए गए शब्दों में रमणिका गुप्ता ने अपनी पूरी रामायण पढ़ दी है। सवाल यह है कि वे विवाह और समाज को मान्य क्यों कर बैठी हैं? यह उन से भूल हुई है या अपने सिद्धान्त को हरवा रही हैं? जंहाँ तक बच्चे के मनुष्य होने की बात है तो वह तब भी मनुष्य रहेगा जब उस का जार बाप उसे पालेगा। उस के पिता या माता ने किसी जगह कानून या आचार संहिता के विरुद्ध आचरण किया तो ये इस की जिम्मेदारी क्यों नहीं लेते? बच्चे को कानून और समाज के विरुद्ध पालें। कानून और समाज ने वह पैदा नहीं किया है तो उसे पालने का भार कानून और समाज पर क्यों डालते हैं, अपने कन्धों पर ढोएँ? बच्चे के पितृत्व का टैस्ट करवाने से भय क्यों लगता है? टैस्ट के बाद भी वह मनुष्य ही रहेगा। इसे बच्चे के प्रति अन्याय करना कैसे कहा जा सकता है? यह बच्चे के प्रति सब से ज्यादा न्याय होगा कि वह जिस का बच्चा है उसे सौंप दिया जाए। ऐसा कैसे माना जा रहा है कि टैस्ट करवाने से जीवन भर के लिए बच्चा हेय हो जाएगा? यहाँ कानून और समाज को मान्यता क्यों दी जा रही है? जैसे बच्चे पैदा होंगे वैसी ही उन की स्थिति होगी। वह अपनी नजरों में गिरेगा क्यों? उस की कानून और समाज से तुलना क्यों की जा रही है? रमणिका गुप्ता मुझे उपदेश दे रही हैं कि कम से कम शरण

कुमार लिम्बाले की 'अक्करमाशी' पढ़ कर तो धर्मवीर ने सबक ले लिया होता। उसे पढ़ कर ही तो मैं अपनी बात कह रहा हूँ। यही बात मैं रमणिका गुप्ता से पूछ रहा हूँ कि कम से कम शरण कुमार लिम्बाले की 'अक्करमाशी' पढ़ कर तो जार पुरुषों और जार स्त्रियों को बाज आ जाना चाहिए। कितनी पुरानी बात को मुझे समझा रही हैं कि पितृत्व मात्र विश्वास पर आधारित है। झूठ, एकदम झूठ, जिस दिन विवाह की संस्था खड़ी हो गई थी उसी दिन पितृत्व सत्य-आधारित हो गया था। आज वैज्ञानिक परीक्षणों के द्वारा पितृत्व सौ प्रतिशत सत्य निर्धारित होता है। इतना प्रमाण पति के लिए कैसे काफी हो सकता है कि बच्चा अपनी माँ की सन्तान है? उसे यह भी देखना है कि बच्चा उस की सन्तान भी है। क्या स्त्री अपने पति की उन सन्तानों को पाल सकती है जो उस के पति ने चोरी से पैदा की हैं? उन के लिए वह एक भी पैसा घर से जाने देगी? बच्चे पर पिता की मोहर इस वजह से लगे क्योंकि उस पर माँ की मोहर लगती है। मुझ से पूछ रही हैं—"क्या वह पुरुष जो दूसरी स्त्रियों के गर्भ में अपना बीज डालते हैं, दोषी नहीं हैं?" इसे वे स्त्रियाँ जाने जो बड़ी खुद्दार बन कर गर्भ में बीज डलवा रही हैं। लिखती हैं—'पुरुष ने क्यों किया सम्भोग?' तो पकड़ो उसे। स्त्री उसे सब से पहले पकड़ सकती है। स्त्री बच्चे के नाम पर उस बदमाश को बचाने में क्यों लगी हुई है? इतनी ही जोर से स्त्री से सवाल पूछा जा सकता है—'स्त्री ने क्यों करवाया सम्भोग?' जारकर्म और व्यभिचार को छद्म नैतिकता कहने की हिम्मत है तो अपने प्रेम के लिए थोड़ा साहस दिखाइए। जिन दोनों ने आपस में विवाहेतर प्रेम करके सन्तान पैदा करने की हिम्मत जुटाई है, उसी हिम्मत से वे उस सन्तान को अपनी कह कर दिखाएँ। बलिदान के समय अब दुबकते फिरते हैं। कर्ण का बाप सूर्य और आज तक उस सूर्य के दर्शन नहीं। चारों ओर घोर अन्धकार बना पड़ा है। संस्कृति के केन्द्र में प्रेम को रखिए पर तनिक प्रेम से पैदा सन्तान की जिम्मेदारी भी लीजिए। सत्यकाम के रूप में बेटा सच बोलता फिर रहा है पर उस का जार बाप झूठ का दामन क्यों थामे हुए है?

मैंने ऐसा कभी नहीं कहा है कि जारकर्म के लिए स्त्री को दण्ड या मृत्युदण्ड दिया जाए। मैं स्त्री को उस के जारकर्म के लिए केवल जिम्मेदार बना रहा हूँ। यह उस की मर्जी होती है कि वह जारकर्म करती है। तब उसे उस की इस स्वतन्त्रता के लिए गम्भीर भी बनाया जाना चाहिए। स्त्री की जारकर्म की स्वतन्त्रता में पुरुष को उस से तलाक लेने की स्वतन्त्रता मिलनी ही चाहिए। ऐसी स्थिति में स्त्री का कोई हक नहीं बनता कि जारकर्म करती हुई वह अपने लिए और अपनी जारज सन्तान के लिए पति से भरण-पोषण और स्थायी निर्वाहिका प्राप्त करेगी। यह खुली बेईमानी है और इस पर रोक लगनी ही चाहिए। बेईमानी किसी की भी बर्दाश्त या क्षम्य नहीं की जा सकती। कोई संसद, कोई कोर्ट और कोई कानून मनुष्य को दूसरों की बेईमानी को बर्दाश्त करने के लिए मजबूर नहीं कर सकता। यदि ऐसा हो रहा है तो इस का मतलब है कि राज्य की ये संस्थाएँ व्यक्ति के विरुद्ध अपनी सीमाओं से बाहर जा रही हैं। धर्म चाहे तो क्षमा करने की सलाह दे सकता है लेकिन मजबूर करने का अधिकार उसे भी नहीं है।

यह एक विज्ञान ही है कि औरत अपने पेट से पैदा सन्तान को ही अपनी सन्तान कहती है। यह दर्शनशास्त्र में प्रत्यक्ष प्रमाण है। यदि औरत का अस्पताल में बच्चा बदल दिया जाता है तो वह हाय-तौबा मचा देती है। लेकिन पितृत्व के लिए डी. एन. ए. का टैस्ट मनुष्य की बुद्धि के उस आदिम प्रत्यक्ष प्रमाण का ही वैज्ञानिक विकास है। स्त्री अपने आदिम प्रत्यक्ष प्रमाण पर कायम रहे और पुरुष अपने विकसित प्रत्यक्ष प्रमाण को छोड़ दे—ऐसा कैसे हो सकता है? यदि पुरुष का किसी गलत कानून के द्वारा बच्चा बदल दिया जाता है तो वह अपना बच्चा पाने के लिए मार-काट मचा देता है। बच्चा मेले में खू जाता है तो बाप कितना परेशान हो जाता है, तब उसे दूसरों के बच्चे पालने से सन्तोष कैसे मिल सकता है?

छ. विवाह के कायदे-कानून होते हैं

वैवाहिक जीवन में दोष और अपराध क्या हैं? क्या यह माना जाएगा कि वैवाहिक जीवन में कुछ भी करते कोई दोष और अपराध नहीं होता? क्या विवाह को बिना मर्यादा और नियमों के रखा जाना है? जीवन के हर क्षेत्र में नियम होते हैं, यह क्षेत्र बिना नियमों के क्यों रहेगा? आचरणों के नियमन की राब से ज्यादा जरूरत पारिवारिक जीवन में होती है। परिवार जीवन और समाज के अन्य क्षेत्रों की पाठशाला है। यदि इस पाठशाला में गलत पाठ पढ़ाए गए तो राष्ट्र संभले नहीं संभल सकता। यदि लोगों के गृहस्थ जीवन को एक लय में नहीं लाया गया तो 15 अगस्त और 26 जनवरी के राष्ट्रीय दिवस मनाने व्यर्थ चले जाएंगे। जारकर्म विवाह की लय को तोड़ता है और बलात्कार ताल को भंग ही कर देता है। इन दो राक्षसों से बचा कर विवाह को ले जाना है। विवाह को व्यभिचार मुक्त नहीं किया तो हमने अब तक किया क्या है? विवाह हमारा पौरुष और हमारी शक्ति है। वैवाहिक जीवन एक रिदम है जो तभी बनती है जब किसी नियम के तहत होती है। इसलिए विवाह में जारकर्म पर रोक लगे तो परिवार और समाज प्रगति के रास्ते पर चलें।

हिन्दुओं के पास एक बहुचर्चित जीवन शैली है पर हमें जीवन-शैली के साथ-साथ जीवन का कानून भी चाहिए। यदि हिन्दुओं के पास धर्म के नाम पर केवल जीवन-शैली है तो कानून के नाम पर क्या है? यह केवल जंगलराज है। हाँ, जहाँ कानून नहीं है, या गलत कानून है, वहाँ जंगल ही है। लेकिन दलितों को बाग पसन्द है, जंगल नहीं। हम जंगल को बाग में तब्दील करते हैं। यही हमारा मनुष्य होना होता है। और बाग का मतलब जंगल को उजाड़ना नहीं है, बस, सभी चीजों को नए हिसाब से लगाना और रखना है। साथ ही, जिस समाज में चोरी के लिए दण्ड नहीं है, यही कहना पड़ेगा कि उस समाज का हर व्यक्ति चोर है और जिस समाज में जारी पर रोक नहीं है, यही मानना पड़ेगा कि उस समाज का हर व्यक्ति जार है। बिना कानून की कसौटी दिए ऐसा कहने

से मुझे कौन रोकेगा कि ऐसा है? जो चोर नहीं हैं और जो जार नहीं हैं, उन्हें चोरी और जारी के खिलाफ कानून बनने से परेशानी क्यों है? अच्छा कानून बनने पर शरीफ क्यों दुखी होंगे?

विवाह एक बहुत बड़ी चीज है, जबकि व्यवहार में साधारण कम्पनियों और कारखानों में भी यह नियम लागू होता है कि कर्मचारी और अधिकारी अपनी कम्पनियों और कारखानों के खिलाफ कोई काम नहीं करेंगे। हर नौकरी में अपनी संस्था के प्रति वफादार रहना पड़ता है। ऐसी अनुमति नहीं मिल सकती कि सरकार के 'नेशनल' टी वी से तनख्वाह लेते हुए कोई 'आज तक' टी वी के लिए काम करे। उस के लिए पहले पहली संस्था को त्यागपत्र दे कर छोड़ना पड़ता है। लेकिन कथनी और करनी में अन्तर करने वाले लोगों की हर बात दोगली होती है। उन्होंने विवाह जैसी महान संस्था को भी अपनी हिप्पोक्रेसी से नहीं बख्शा है, जीवन के हर क्षेत्र में प्रच्छन्नता का साम्राज्य कायम कर दिया है। दूसरी तरफ, यूरोप और अन्य सभ्य देश हैं। वहाँ परपुरुष से लैंगिक सम्बन्ध बनाने के लिए स्त्री को अपने पति से तलाक लेना पड़ता है, भारत में स्त्री को ऐसा सम्बन्ध बनाने के लिए अपने पति से तलाक लेने की जरूरत नहीं है। दुख की बात है कि यौनाचार की ऐसी छूट ब्राह्म-विवाह में पूरी तरह से 'इनबिल्ट सिस्टम' की तरह उपलब्ध रहती है। कहा जाए कि जारकर्म का अपराध कोई भी कर सकता है लेकिन कानून बना कर इस का बचाव दुनिया में केवल ब्राह्मण करता है। इधर, उस की द्विज नारी को देखो, वह जारकर्म की वकालत और उस का प्रचार भी कर रही है।

नियम खेलों के भी बनाए जाते हैं जिन के हमारे जीवन में हलके अर्थ होते हैं। ऐसे में, ऐसा कैसे हो सकता है कि विवाह और परिवार के नियम न बनाए जाएँ जिन के हमारे जीवन में गहरे अर्थ होते हैं? सारी गलतियाँ करने पर भी आउट न मानना या फील्ड से बाहर न करना किस खेल का नियम हो सकता है? किसी भी अपराध के लिए व्यक्ति को ज़िम्मेदार नहीं ठहराया गया है। रमणिका गुप्ता ने यही तरीका अपनाया है—मैं पचास के साथ सोऊँ और तू सौ के साथ सो। मैं विष्णु से बच्चे पैदा करूँ और तू अहिल्या को गर्भिणी कर दे। ठीक है, कुछ लोग ऐसे रह सकते हैं। द्विज लोग कानून बना कर ऐसे ही रह रहे हैं। पर कुछ लोग हैं जो ऐसे नहीं रह सकते। दलितों की यही स्थिति है कि वे अपने वैवाहिक और पारिवारिक जीवन में द्विजों की तरह नहीं रह सकते।

रमणिका गुप्ता ने अपनी बात इस तरह रखी है—"अपवाद, आचरण, घटनाएँ या हादसे समाज का प्रतिनिधित्व नहीं करते।"[92] मेरे हिसाब से यह उन की सही सोच नहीं है। कानून में हर केस विशेष होता है और कोर्ट को उस का निबटारा करना होता है। यदि कानून किसी अपराध को अपराध न माने तो इस से उस अपराध को वैधता नहीं मिल सकती है। समाज ठीक चलता रहता है लेकिन अपवाद, आचरण, घटनाओं और हादसों को ही कानून द्वारा नियमित करना पड़ता है। कानून किसी एक भी आदमी के अधिकारों की रक्षा करता है। वह किसी के केस को अपवाद मान कर छोड़ नहीं सकता।

जो अपवाद और नगण्य कहा जा रहा है वह किसी व्यक्ति के लिए सौ प्रतिशत वाला मामला होता है। उस में उस का जीवन-मरण जुड़ा होता है। इसलिए इकाई व्यक्ति है, कोई वायवी समाज नहीं। हर कोई आदमी हत्यारा नहीं होता। यह मान कर कानून नहीं बनाया गया है कि हर व्यक्ति अनिवार्य रूप से हत्यारा है। कानून इस आधार पर बनाया गया है कि यदि कोई हत्या करता है तो उसे दंड मिलेगा। इसलिए अपवाद, आचरण, घटनाओं और हादसों को नकारा नहीं जा सकता। इन का समाधान दे कर ही सामाजिक विकास में आगे बढ़ा जा सकता है। लेकिन वे लिखती ही जाती हैं—"...अपवाद कभी प्रमाण नहीं माने जाते।"[93] उन्हें ध्यान नहीं कि कानून में अपवाद भी पूर्णतया परिभाषित और व्याख्यायित होते हैं।

रमणिका गुप्ता अपनी सोच में मूल मुद्दों से चपरी-चपरी फिरती हैं। अपवाद, आचरण, घटनाएँ या हादसे की बात नहीं है, वे यौन-सम्बन्धों को ही चरित्र और नैतिकता के दायरे से बाहर रख रही हैं। वे अपने इसी लेख 'दलित स्त्री का कब्जाकरण' में लिखती हैं—"यौन सम्बन्धों को ही चरित्र मानना तो विकृत पुरुष समाज की देन है चूँकि वह स्वभाव से ही स्वार्थी और वर्चस्ववादी होता है।"[94]

जाने क्या लिख रही हैं? यौन सम्बन्धों को चरित्र में शामिल क्यों नहीं माना जाएगा? सृष्टि ही यौन-सम्बन्धों से हाथ लगती है। चरित्र को उसी जगह से क्यों न निर्धारित किया जाए? जब यौन-सम्बन्धों में दुश्चरित्रता व्याप्त हो गई तो बाकी किन मामलों में सच्चरित्रता ढूंढी जाएगी? क्या वह सब ख्याली और झूठी नहीं होगी?

मैंने जो सवाल उठाए हैं वे स्त्री और पुरुष दोनों के लिए विवाह में मोरलिटी के हैं। जहाँ दीख रहा है कि नारी पुरुष की गुलाम बनाई गई है वहाँ नारी की तरफ से पुरुष के खिलाफ घमासान युद्ध मचना ही चाहिए। उन संस्थाओं का नाश कर देना चाहिए जिन्होंने स्त्रियों को पुरुषों की गुलामी में जेवड़ी बना कर बांध रखा है। उस लड़ाई में मैं नारी का पक्षधर हूँ। तब मुझे नारी की तरफ से लड़ने में सुख भी मिलेगा। लेकिन यह एकदम दूसरी बात है कि स्त्री और पुरुष दोनों को विवाह के मामले में एक दूसरे के प्रति एकनिष्ठ और वफादार रहना चाहिए। मोरल को बचाए रखने में दोनों की जिम्मेदारी है। स्त्री और पुरुष के सम्बन्धों का कोई भी समाज बनाया जाए, उस के लिए कोई भी संस्था खड़ी की जाए, मोरल के गुणगान गाने ही पड़ेंगे। पराए पुरुष से बच्ची पैदा कर के इस में रमणिका गुप्ता मुझ से क्या शेखी बघार रही हैं और नारियों को क्या गलत सलाह दे रही हैं—ऐसा हर वेश्या कर सकती है। इस में बड़ाई की बात कौन-सी हो गई? उन्होंने कौन-से बहादुरी के तीर मार लिए—बन्दरियाओं का कोई हिसाब ही नहीं है। तब अपनी गली की 'लालो' कुतिया को सौ में से कितने नम्बर दूँ? यह नारी है कि समाज का रोग है कि विवाहेतर सम्बन्ध भाते हैं?

ये महिला लेखिकाएँ मान कर नहीं दे रही हैं कि 'नैतिक अधमता' नाम की कोई चीज होती है। लेकिन कानून ने 'नैतिक अधमता' को दण्डनीय मान रखा है। यहाँ एक

ही कानून को उद्धृत किया जा रहा है जो सारे कानूनों में सर्वव्यापी है। 'उपभोक्ता संरक्षण अधिनियम, 1986' की धारा–10 (1) (ख) में लिखा गया है कि जिला पीठ की सदस्या के लिए,

> "...कोई भी व्यक्ति सदस्य के रूप में नियुक्ति के लिए अनर्ह होगा यदि :
> (क) उसे किसी ऐसे अपराध के लिए दोषसिद्ध किया गया है और कारावास का दण्डादेश दिया गया है जिसमें राज्य सरकार की राय में, नैतिक अधमता अन्तर्विष्ट है।"[95]

भारत के संविधान ने सदाचार के हितों का पूरा ख्याल रखा है। इसे मूल अधिकारों में रखते हुए अनुच्छेद–19 (2) में नागरिकों के स्वातंत्र्य अधिकार को सीमित करते हुए लिखा गया है–

> "खण्ड (1) के उपखंड (क) की कोई बात उक्त उपखंड द्वारा दिए गए अधिकार के प्रयोग पर....सदाचार के हितों में...युक्तियुक्त निर्बंधन...या वैसे निर्बंधन अधिरोपित करने वाली कोई विधि बनाने से राज्य को निवारित नहीं करेगी।"[96]

ऐसे ही, संविधान के अनुच्छेद–25(1) में 'धर्म की स्वतंत्रता का अधिकार' 'सदाचार...के अधीन रहते हुए'[97] दिया गया है।

आगे बताया जाएगा कि रमणिका गुप्ता ने अपनी बेटी का मामला उठाया है। आखिर, बेटी उन की इस रूप में समस्या क्यों हैं? बेटी को ले कर उन्हें नैतिकता की जरूरत क्यों पड़ गई? जब बेटी को ले कर नैतिकता की जरूरत पड़ी है तो खुद माँ के लिए क्यों नहीं पड़ेगी? मुझे एक औरत का पता चला है जो अपनी बेटी के पति के रह रही है। रमणिका गुप्ता को इस में कोई अनैतिकता दीखती है कि नहीं कि वह पुरुष अपनी पत्नी और सास दोनों को गर्भिणी करेगा?

रमणिका गुप्ता ने एक तथ्य दिया है। तथ्य बहुत महत्वपूर्ण है। वह यहाँ पुनः रखा जा रहा है–"पिता भी बाँहों में भर प्यार करते या बाँहों में ले कर आलिंगन करते तो मेरा वक्ष दबने पर मुझे लगता जैसे वह दबाया जा रहा है।"[98] खुद ही तो सारी कहानी बता रही हैं–फिर समझ क्यों नहीं रही हैं? आप की बेटी को आपका पति क्या मानेगा? वह किसी परपुरुष की बेटी है? प्यार में छाती दबने लगे तो क्या हो? रमणिका गुप्ता ने ही पूछा है–"वह बच्चा अपनी माँ की सन्तान है–क्या इतना प्रमाण नहीं है पुरुष के लिए?"[99] देख लिया न प्रमाण? यही प्रमाण का असर है। कैसे मान लिया कि आप अपने पिता की बेटी हैं? आप खुद अपने पति को उन की बेटी नहीं दे रही हैं? तब माँ ने क्या किया होगा? क्या माँ ने पति को पति की ही बेटी दी होगी? तब किसे बता रही हैं–"बचपन से प्यार से वंचित रही मैं–प्यार की न खत्म होने वाली तलाश

में लगी रही।"[100] ऐसी औलादों को कौन बाप प्यार देगा? सारे रिश्ते ही गड़बड़ा गए हैं। घर में हिन्दू स्त्री देवर, जेठ और ससुर से औलाद पैदा करेगी, घर से बाहर की आजादी दी जाएगी तो किसी वकील से बेटी पैदा करके अन्त में लिख बैठेगी—"मुझे याद नहीं है अपने प्रेम करने वालों की संख्या।"[101] तब हम क्या कहें!

19वीं सदी के आखिर में 'सीमन्तनी उपदेश' की अज्ञात हिन्दू औरत की, ताराबाई शिन्दे की और पण्डिता रमाबाई की मुख्य समस्याएँ हिन्दू विधवाओं की थीं लेकिन रमणिका गुप्ता हिन्दू सधवा हो कर क्या कर रही हैं? इन्द्रियों के थक जाने पर कम से कम बुढ़ापे में सही रास्ते पर आने का समय है। 'सीमन्तनी उपदेश' की अज्ञात हिन्दू लेखिका के शब्दों में यह स्त्री-स्वातंत्र्य नहीं है बल्कि बालकों को बिगाड़ना है।

ज. भोगी सम्मान चाहता है

पता नहीं, मेरे लेख पर इतना हायहुल्ला क्यों मचाया गया है? मैंने कहीं नहीं कहा कि स्त्री के साथ बदसलूकी की जाए। जो स्त्री के साथ मारपीट करते हैं, उन से मेरी दुश्मनी है। किसी भी ज्यादती का मैं विरोधी हूँ। मेरे कानून में बलात्कारियों को फाँसी दी जानी चाहिए। बस, एक जारकर्म पर रोक से ये स्त्री-लेखिकाएँ इतनी क्यों भड़क उठी हैं? यदि मैं सारा ध्यान जारकर्म और अवैध सन्तान पैदा करने के अपराध की रोक पर लगाना चाहूँ तो इस में बुराई क्या है?

व्यभिचारिणी का विरोध नारी का विरोध नहीं है, ठीक वैसे ही जैसे अपराधी का विरोध मनुष्य का विरोध नहीं है। मेरा आक्रमण हिन्दू विवाह के कानून पर है, किसी स्त्री या पुरुष पर नहीं। जो इतना न समझना चाहते हों वे मेरे काम को प्रक्षिप्त कर रहे हैं। असल में, मेरी उन से हिन्दू विवाह की संस्था को ले कर समानान्तर पृथकता चल रही है। मैं उन्हें स्पष्ट ढूंढ़ रहा हूँ कि व्यभिचारिणी की आड़ में वे कहीं छुप न जाएँ। मुझे दीख रहे हैं कि ये सामने मौजूद हैं और दलित ने उन्हें सुधारने का ठेका भी नहीं लिया है।

जब मैं जार-व्यवस्था का विरोध कर रहा हूँ तो मुझे स्त्री-विरोधी होने का खिताब दिया जा रहा है। सच यह है कि न मैं स्त्री विरोधी हूँ और न पुरुष-विरोधी हूँ, मैं हिन्दू कानून का विरोधी हूँ जहाँ तक वह जारकर्म पर रोक लगाने में नाकारा है। मेरे मूल लेख का शीर्षक 'हिन्दू विवाह की तानाशाही' है। उस आधार लेख के शीर्षक और उस की विषय-वस्तु से हिन्दू लेखक बचते फिर रहे हैं। वे मेरे खिलाफ एक अफवाह की लड़ाई लड़ रहे हैं। मैं उन से कहना चाहता हूँ कि मैं स्त्री और पुरुष पर बोलना बन्द कर रहा हूँ। पर तब मैं उन से पूछूँगा कि क्या उन के हिन्दू कानून में सब कुछ ठीकठाक है। क्या वे अपने कानून से सन्तुष्ट हैं? यहीं मैं कहना चाहता हूँ कि वे सन्तुष्ट हों लेकिन मैं उन के इस कानून से बिलकुल सन्तुष्ट और सहमत नहीं हूँ। वे अपने लिए इस कानून को सिर पर धर कर नाचें पर मुझे मेरे कानून की स्वतन्त्रता मुहैया करा दें। स्त्री और पुरुष

तो मोहरे हैं पर मेरा सवाल हिन्दू-व्यवस्था से है। जब दलित ने हर क्षेत्र में हिन्दू-व्यवस्था को नकारा है तब क्या वह हिन्दू कानून का प्रशंसक और गुलाम बन जाएगा?

सवाल है, क्या हिन्दू कानून नैतिक है? यदि वह नैतिक नहीं है तो क्या वह नैतिक स्त्री और नैतिक पुरुष को जन्म दे सकेगा? मैं यह निष्कर्ष निकाल रहा हूँ कि हिन्दू कानून हिन्दू पति और हिन्दू पत्नी को आवश्यक रूप से अनैतिक बनाता है। स्त्रियों और पुरुषों के मोहरे न बिछा कर हिन्दू लेखक मेरे सामने अपनी व्यवस्था को ले कर बहस में उतरें। मैं उन्हें चुनौती देता हूँ कि वे हिन्दू विवाह व्यवस्था की नैतिक व्याख्या नहीं कर सकते।

बुरी नारी 'बुरी नारी' के रूप में अपना बचाव नहीं कर सकती, इसलिए वह मात्र 'नारी' शब्द का सहारा लेती है। जबकि 'बुरी नारी' 'अच्छी नारी' के खिलाफ लड़ रही है, लेकिन अपने बचाव में वह 'बुरी' और 'अच्छी' के विशेषणों को समाप्त करके मात्र 'नारी' बनना चाहती है। लेकिन, कौन कहता है कि वे दोनों 'नारी' नहीं हैं—फर्क केवल इतना है कि बुरी नारी जारप्रिया बन कर अच्छी नारी का घर बर्बाद कर रही है।

रमणिका गुप्ता ने लिखा है—"धर्मवीर ने अच्छी दलित नारी की भी चर्चा की है। अब पुरुष दृष्टिकोण में तो अच्छी नारी वही हो सकती है जो 'पिया मन भाये।' जो न भाये वह बुरी या कुलटा—क्या यह एकतरफा सोच नहीं है अर्थात औरत का मानदंड उस का 'पिया' ही है—उस का सामाजिक या राष्ट्रीय दायित्व नहीं।"[102] जाने एक सीधी-सी बात समझ में क्यों नहीं आ रही है कि पति के साथ रहते नारी को 'पतिप्रिया' बनना चाहिए। 'जारप्रिया' बनने में वेश्यावृत्ति शुरू हो जाती है। जिस के साथ रहना है, उस की प्रिय बनने में क्या बुराई और मुश्किल है? यदि पति नहीं भा रहा है तो पति को छोड़ो और उस के साथ के दूसरे सारे फायदे और नुकसान भी छोड़ो। स्त्री पति के रहते जारप्रिया कैसे बनेगी? उस के पास ऐसा करने का नैतिक बल क्या है? लेकिन, चूँकि द्विज समाज में पति छोड़ा नहीं जा सकता, पति को छोड़ कर दूसरा विवाह नहीं किया जा सकता, पति के मरने पर भी युवा और बाल विधवा का पुनर्विवाह नहीं हो सकता, तो ऐसी स्थिति में द्विज नारी जो भी सोचे इस में दलित चिन्तक क्या कर सकता है? बस, उस सोच से दलित नारियों को न बिगाड़ा जाए क्योंकि दलित नारी को पति को छोड़ने तथा दुबारा विवाह करने की अनुमति है। तब दलित नारी वैसे रास्ते क्यों अपनाएगी जिन में द्विज नारी रात दिन की चोरी करती फिरती है? वह चोरी से जारप्रिया क्यों बने जब उस के लिए उजागर रूप में पुनर्विवाह में पति मिलता है?

सामाजिक और राष्ट्रीय दायित्व की बात वे बीच में बेकार ले आईं। उन्हें ध्यान नहीं रहा कि पिया के मन भा कर सामाजिक और राष्ट्रीय दायित्व ज्यादा अच्छी तरह से निभाए जा सकते हैं। लेकिन यहाँ तुलना 'पिया मन भाए' या 'जार मन भाए' की है। आँख मीच कर बताया जा सकता कि इन दोनों में कौन अच्छी नारी है। पर क्या वे 'एब्सलूट नारी' की बात कर रही हैं? तब उन की 'एब्सलूट नारी' मेरे 'एब्सलूट पुरुष' से कितनी दूर खड़ी है? यदि 'एब्सलूट नारी' का तर्क चलाया जाएगा तो चुम्बक के दूसरे

ध्रुव के समान 'एब्सलूट पुरुष' भी तत्काल अस्तित्व में आ जाता है। कोई अपने आप को कितना भी अच्छा समझता हो लेकिन समाज में उस की परख उस के दूसरों के प्रति व्यवहार से ही होती है।

जो जहाँ रहता है, वे ही लोग उस के बारे में बताएंगे कि वह व्यक्ति अच्छा है या बुरा है। जिन से उस का सम्बन्ध बना हुआ है वे ही उस के बारे में बता सकते हैं कि वह कैसा है। जिन से सम्बन्ध नहीं है, उन्हें उस के बारे में कुछ कहने की जरूरत क्या है? बाबा साहेब डा. अम्बेडकर ने इस विषय पर यथेष्ट विचार किया है। वे अपनी पुस्तक 'द बुद्धा एण्ड हिज धम्मा' में लिखते हैं :

> "9. धर्म का मतलब है सदाचरण, जिस का मतलब है जीवन के सभी क्षेत्रों में एक आदमी का दूसरे आदमी के प्रति अच्छा व्यवहार।
>
> 10. इससे स्पष्ट है कि यदि कहीं एक आदमी अकेला ही हो तो उसे किसी 'धर्म' की आवश्यकता नहीं है।
>
> 11. लेकिन यदि कहीं परस्पर सम्बन्धित दो आदमी भी एक साथ रहते हों, तो चाहे वे चाहें और चाहे न चाहें उन्हें 'धर्म' के लिये जगह बनानी होगी। दोनों में से कोई एक भी बचकर नहीं जा सकता।
>
> 12. दूसरे शब्दों में बिना 'धर्म' के समाज का काम चल ही नहीं सकता।
>
> 13. समाज को तीन बातों में से एक का चुनाव करना ही पड़ेगा।
>
> 14. समाज चाहे तो अपने 'अनुशासन' के लिये धर्म का चुनाव नहीं कर सकता। यदि धर्म 'अनुशासन' नहीं करता तो वह 'धर्म' ही नहीं है।
>
> 15. इसका मतलब है कि समाज 'अराजकता' के पथ पर आगे बढ़ना ठीक समझता है।
>
> 16. दूसरे समाज पुलिस को अर्थात डिक्टेटर को 'अनुशासन' के लिये चुन सकता है।
>
> 17. तीसरे समाज 'धर्म' और 'मजिस्ट्रेट' दोनों का चुनाव कर सकता है; जितने अंश में समाज 'धर्म' का पालन करे उतने अंश में 'धर्म' और जहाँ 'धर्म' का पालन न करे, वहाँ मजिस्ट्रेट।
>
> 18. न अराजकता में स्वतन्त्रता है और न डिक्टेटर-राज्य में स्वतन्त्रता है।
>
> 19. केवल तीसरी व्यवस्था में ही स्वतन्त्रता जीवित रहती है।
>
> 20. इसलिये जो स्वतन्त्रता चाहते हैं, उनके लिये 'धर्म' अनिवार्य है।"[103]

रमणिका गुप्ता एक औरत के टुकड़े क्यों कर रही हैं? औरत को ले कर उन की सोच पिया के प्रति दायित्व, सामाजिक दायित्व और राष्ट्रीय दायित्व में विभाजित क्यों है? बाबा साहेब डा. अम्बेडकर ने सही लिखा है कि 'जीवन के सभी क्षेत्रों में एक आदमी

का दूसरे आदमी के प्रति अच्छा व्यवहार' रहना चाहिए। डकैती डाल कर मन्दिर में दान क्यों दिया जा रहा है? चोरी करके बच्चों को विदेशी शिक्षा क्यों दिलवाई जा रही है? कर की चोरी करके महानगरों में आलीशान भवन क्यों बनाए जा रहे हैं? पति की बेइज्जती करके जार पुरुषों की इज्जत करने की क्या तुक है? पति का अपमान कर के परपुरुषों के सम्मान करने को कैसे सराहा जा सकता है? पति को पलंग से फेंके और दूसरे पुरुषों की सेज पर जा सोए—इस में कौन-से सामाजिक और राष्ट्रीय दायित्वों की पूर्ति हो रही है? यह बेईमानी और खालिस बेईमानी है। यदि कानून इस बेईमानी को बेईमानी नहीं कह सकता तो ऐसे गन्दे और राष्ट्र को कमजोर करने वाले कानून को बदले जाने की जरूरत है। जारों को दण्ड न देने वाला कानून जारों का होता है, सदाचारियों का नहीं। आखिर, 'पति मन भाए' की एक सीमा है कि पति एक होता है, लेकिन 'जार मन भाए' की कोई सीमा नहीं है क्योंकि जार एक से ले कर अनेक तक हो सकते हैं। औरत पचास जारों के साथ सम्बन्ध बना सकती है लेकिन उसे यह तो बताना पड़ेगा कि उन में से उस की निष्ठा किस के साथ है। उत्तर देने में इतना ध्यान रखा जाए कि प्रेम एकनिष्ठ होता है, बहुनिष्ठ नहीं। सच बात है, जार-चिन्तन प्रेम-चिन्तन की ओर एक भी कदम नहीं रख सकता। बहुनिष्ठ होने में प्रेम को भरपूर गन्दा किया जाता है। जब कबीर के यहाँ ईश्वर एक है तो पति बहु नहीं हो सकते, ऐसे ही पत्नी भी एक से ज्यादा नहीं।

अपने भोगी जीवन में रमणिका गुप्ता को दिक्कत पेश आई है। पता नहीं, इसे उनकी दिक्कत कहा जाए या कानून और समाज के सामने हार कि अपने जीवन के एक छिपे कोने में लोक-लाज को स्थान दे गई हैं। कुछ नारियाँ हैं जो इस जगह भी लोक-लाज को पार किए रहती हैं। वे बेटी के मामले में भी कानून और समाज को धता बताती हैं। उन्हें वेश्या कहा जाता है।

खैर, रमणिका गुप्ता से खुद सुना जाए कि वे लोकलाज को क्यों मान गई हैं। यहाँ भी उन के वाक्यों को सूत्र रूप में रखना उचित रहेगा। वे उन के लेख 'बन्द है मेरा कमरा...' में से इस प्रकार हैं :

1. "...तुम में एक बुरी आदत है। तुम जिसे प्यार करते हो उस की इज्जत बचने नहीं देते। उसे खुले आम अपनी प्रापर्टी सिद्ध करते घूमते हो। अधिकार जताते फिरते हो। प्यार तो खूब करते हो पर दुनिया क्या कहेगी इस की नहीं सोचते। इसलिए जिसे प्यार करते हो उसे दुनिया की नजरों में गिरा देते हो ताकि वह तुम्हारे भरोसे ही रह जाए बस। शायद तुम्हें डर लगता रहता है कि कहीं मैं तुम्हें छोड़ न दूँ कभी। इसलिए तुम मेरे रिश्ते उजागर करते रहे हो सब के बीच ताकि तुम्हारे अलावा मेरे सारे दरवाजे बन्द हो जाएँ! बस तुम और केवल तुम ही रह जाओ। क्या पुरुषवत अन्दाज है औरत को गुलाम

बनाने का? लगता है तुम जंगल में रह रहे हो जहां कोई कानून-कायदा नहीं—लोक-लिहाज नहीं। आखिर जंगली जानवरों के सामने मुझे चूम लेने से कैसी शर्म? कुछ ऐसी ही मानसिकता पालते हो। काश हम जंगल में होते! तुम्हारा वश चलता तो तुम जानवर बन कर वहशी तरीके से प्यार करते घूमते, आदमी बनने की बजाय। पर हम आदमी बन चुके हैं—यह तुम्हें समझाना कठिन है।''[104]

2. ''जब तक तुम एकदम जंगली थे, अच्छे थे! कपटी नहीं थे! फिर सभ्य बनने लगे! अब तुम कपटी बन गए। तुम्हारी सरलता के पीछे एक स्वार्थ आ गया। जब से तुम उस से जुड़े, मुझे नीचा दिखाने में तुम्हें मजा आने लगा है।''[105]
3. ''जानते हो वह जो तुम से पहले मेरे प्यार में लिप्त था—जब ऊब गया मुझ से, तो मेरी ही बच्ची पर फिदा हो गया था। मेरी बगल में जब वह ठण्डा-सा पड़ा रहता था तो अपने को उत्तेजित करने के लिए वह उस का नाम ले कर कराह उठा था एक दिन। बस यही हमारा अन्तिम दिन था प्यार का।''[106]
4. ''लोक-लाज की बात को मैंने कभी नहीं माना था, पर आज लोक-लाज की बात समझ आ रही है। वह जरूर होती है।''[107]

सच बात है, जब थू-थू होती हो, तब क्या भोगियों को ऐसा भोग सुख दे सकता है? क्या वे लोग जी सकेंगे जो इस प्रकार सेक्स में लिप्त हैं? मानसिक प्रताड़ना उन के सुखोपभोग को कष्टमय बना देगी। उन के लिए रास्ते में चलना दूभर हो जाएगा। भोगी सम्मान चाहता है, पर समाज उसे सम्मान क्यों दे? बिना सम्मान के वे मनुष्य के रूप में जीते जी मर जाएंगे। उधर, दिल्ली में जी. बी. रोड के कोठों को चकला भवन का नाम दे दिया जाए तो क्या उन का समाज में सम्मान लौटाया जा सकता है? निश्चित रूप से, उन कोठे वाली औरतों के कुछ न कुछ सम्मान जरूर होते होंगे पर वे उन के आपस की तुलना में ही होंगे, कानून और समाज की सदाचारी स्त्रियों की तुलना में नहीं। इसलिए, सारी दिक्कत यहाँ से पैदा होती है कि जारकर्मी लोग समाज में सम्मान के भूखे फिर रहे हैं। इतना ही नहीं, उन्हें सदाचारियों से कहीं अधिक सम्मान चाहिए। उधर, बेहयाओं को इसलिए अच्छा माना जा सकता है कि वे कभी आत्महत्या नहीं करते। इस एक सद्गुण के सिवा उन में सारे दुर्गुण ही दुर्गुण भरे होते हैं।

झ. राष्ट्रभक्ति दुर्घटनाग्रस्त

रिश्वतबाजों का प्रशासन पर कब्जा हो जाए, चोरों का घरों पर कब्जा हो जाए और जारों का विवाह पर कब्जा हो जाए—तब वह समाज और राज्य कैसा दीखेगा? उस राष्ट्र की

तस्वीर कैसी होगी? निश्चित रूप से वह गुलाम होगा। यदि नहीं है तो विश्वास रखा जाए कि वह शीघ्र गुलाम हो जाएगा। कमजोर कानून के लोगों के पास अपने स्वतन्त्र देश का भूगोल नहीं होता।

लेकिन रमणिका गुप्ता ने इन्हें अलग-अलग माना है। वे लिखती हैं–"चरित्र का अर्थ ईमानदारी, दयानतदारी, निष्ठा, वीरता-बहादुरी, लगन, प्रतिबद्धता, सम्वेदनशीलता के गुण होना तथा ठगी या धोखेबाजी आदि न करना होता है और होता है सिद्धान्तों के साथ समझौता न करने का दम। यौन सम्बन्धों को ही चरित्र मानना तो विकृत पुरुष समाज की देन है...।"[108] वे तर्क की पूंजी को खंडित और विकृत करती हुईं आगे लिखती हैं–"एक औरत 10-20 बच्चे पैदा करके पति-परायण बन कर देश, समाज व गाँव से विमुख व अनजान हो कर सजी-सँवरी बैठी रहे और एक वेश्या समाज के हित में अपना सर्वस्व लुटा कर कुर्बान हो जाए–इस में किसे बेहतर माना जाएगा? मेरी नजर में उस जागरूक वेश्या को, जो समाज पर सर्वस्व न्यौछावर करने को उद्यत है।"[109] मनुष्य को प्राप्त बौद्धिक शक्ति का पूरा दुरुपयोग करती हुईं वे पुनः लिखती हैं–"एक ब्रह्मचारी, धर्मावलम्बी कीर्तनवाद धर्मभीरु पुरुष सामने पड़े घायल व्यक्ति को अनदेखा कर चल दे और एक शराबी-कबाबी–आपकी नजरों में व्यभिचारी व्यक्ति–उस बच्चे को दवा-दारू करवा कर उस की माँ को सौंप दे तो कौन बेहतर होगा–ब्रह्मचारी या व्यभिचारी?"[110]

लगता है, इन द्विज लेखिका की हिन्दू समाज से जुड़ कर पूरी कन्डीशनिंग हो गई है। तुलनाएँ भी ऐसी करेंगी कि इन्हें सही रास्ता न मिल सके। शायद ये छुआछूत बरतने वाले ब्राह्मण पुजारी को ब्रह्मचारी और धार्मिक कह रही हैं। इन की नजरों में हिन्दू नारी की वही तस्वीर बनी खड़ी है जो बाहर की वेश्या के मुकाबले में घर में जेठ, देवर और ससुर के साथ वेश्या बनी हुई है। दलित नारी इन के हाथ नहीं लगी जो कमा कर खाती हुई दिन-रात समाज के हित में लगी हुई है, कबीर के आजीवक धर्म का इन्हें आभास तक नहीं है जिस में ब्रह्मचारी नहीं सदाचारी हैं। यहाँ ब्राह्मणों के ब्रह्मचारी की झूठी बात बीच में न ला कर, बताया जाए कि एक सदाचारी के मुकाबले में एक व्यभिचारी क्या अच्छे काम कर देगा। जो व्यभिचारी यहाँ सामने पड़े घायल बच्चे की दवा-दारू करवा कर उस की माँ को सौंप रहा है, वही व्यभिचारी व्यक्ति वहाँ घरों में अवैध बच्चे पैदा कर के, अंगूठे से उन के टेंटुवें दबवा कर, उन्हें रात में चोरी से कूड़ी पर फिकवा रहा है। मैं ऐसे व्यभिचारी की महानता के गुण कैसे गाऊँ जो बच्चों की पैतृकता का जिम्मा न ले कर उन्हें मदर टेरेसा के अनाथ आश्रमों में भिजवा रहा है? इस मामले को ले कर 'सीमन्तनी उपदेश' की अज्ञात हिन्दू लेखिका ने एक बहुत अच्छी बात लिखी है। क्या रमणिका गुप्ता उन के शब्दों पर गौर करेंगी और उन से कुछ सीखना चाहेंगी? अज्ञात हिन्दू लेखिका ने लिखा है–"जो पुरुष व्यभिचारी होते हैं उन का मन कुत्ते की माफिक हमेशा मैले ही में लगा रहता है। फिर यह दस दोष उन में झटपट आ जाते हैं–चोरी,

हिंसा, व्यभिचार, निंदा, दुर्वचन, झूठ, क्रोध, ईर्ष्या, अहंकार, छल। जहाँ इन में से एक भी हो वहाँ कभी पुण्य या शुभ कार्य नहीं हो सकता और जहाँ यह दसों होंगे वहाँ पाप का क्या ठिकाना है।''[11] सच बात है, जो जारकर्मी होता है वह मूलतः झूठा और चोर प्रवृत्ति का व्यक्ति होता है। वह दुष्ट और कानून का दुश्मन है। उस की जीविका अपराधी की है। वह टैक्स की चोरी नहीं करेगा—इस का कोई सिद्धान्त नहीं बनाया जा सकता। इस बात की गारन्टी नहीं दी जा सकती कि वह सामने खड़ा हो कर झूठ नहीं बोल रहा है।

रमणिका गुप्ता की सोच उस मद्यपी की सोच सिद्ध हो रही है जो हर मर्ज की दवा शराब बताता है। पेट में दस्त लग जाएँ तो शराब पियो और पेट में बन्द लग जाए तो शराब पियो। वे व्यभिचारमय हो गई हैं—उन के लिए मीर की तर्ज पर कायनात की यह सारी नुमाइश व्यभिचार-की-सी है। वेश्या और व्यभिचारी पुरुष उन के आदर्श हैं। उन के हिसाब से गृहस्थ नारियाँ और सदाचारी पुरुष समाज के और देश के किसी काम के नहीं हैं। वे तर्क रख रही हैं कि वेश्या और व्यभिचारी लोग ही राष्ट्र की रक्षा करेंगे और समाज को आगे ले जाएंगे। शायद, यूरोप की इस कहावत में कि देशभक्ति खलनायकों की अन्तिम शरणस्थली होती है, जो देशभक्ति बदनाम हुई है, वह इसी सोच के तहत है। इसी गलत सोच ने देशभक्ति का और सच्चे देशभक्तों का इतिहास में समानान्तर और भारी नुकसान किया है। रमणिका गुप्ता के अनुसार, एक जार व्यक्ति देशभक्त हो सकता है। उन्होंने व्यक्ति को खण्ड-खण्ड करके देखा है। वे व्यक्ति के व्यक्तित्व में समग्रता और तारतम्यता नहीं देख रही हैं। दुख की बात है कि रमणिका गुप्ता ने बाबा साहेब डा. अम्बेडकर का नाम उस जारकर्म और वेश्यावृत्ति के पक्ष में लिया है जिस के हिमायती वे कभी नहीं थे। उलटे कहा जाए कि वे जारकर्म और वेश्यावृत्ति के सख्त और खास विरोधी थे। यदि मेरे पास इस के प्रमाण न होते तो जाने रमणिका गुप्ता बाबा साहेब के महान चिन्तन के साथ क्या करतीं? मामला सीधा बाबा साहेब द्वारा वेश्यावृत्ति के विरोध का है। उन्होंने सन 1935 में हिन्दू धर्म को छोड़ने की घोषणा कर दी थी। खबर होते-होते इस घोषणा की जानकारी बम्बई की वेश्याओं के पास पहुँची। उन्होंने भी चाहा कि डा. अम्बेडकर के धर्मान्तरण के साथ वे भी धर्मान्तरण करना चाहेंगी। यह बात 16 जून, 1936 की है। गेल ओमवेत ने अपनी पुस्तक 'अम्बेडकर : टुवार्डस एन एनलाइटेनड इन्डिया' में इस घटना का हवाला इस प्रकार दिया है—''बम्बई में कमतीपुरा वेश्यावृत्ति का केन्द्र था। यह ज्यादातर दलित स्त्रियों का केन्द्र था जो देवदासी प्रथा के द्वारा इस पेशे में झोंक दी गई थीं। वे लड़कियाँ *मुरलिस* और *जोगतिन* के रूप में जानी जाती थीं जो देवों को अर्पित कर दी जाती थीं। वे पवित्र वेश्याएँ कही जाती थीं। इन स्त्रियों ने जून के महीने में एक बड़ी कान्फ्रेंस के बाद अपनी एक मीटिंग बुलाई। उन्होंने बैठक में तय किया कि वे अम्बेडकर को बुलाएंगी। यह दावा करते हुए कि वे भी धर्मान्तरण करने के बारे में सोच रही हैं उन्होंने अपनी बैठक में तय किया कि वे अम्बेडकर को बुलाएंगी। इस के लिए अम्बेडकर सहमत हो गए और 16 जून, 1936 को

दामोदर हाल में एक मीटिंग की गई। लेकिन जब वहाँ अम्बेडकर ने सार्वजनिक रूप से ऐलान किया कि उन की वेश्यावृत्ति महार जाति के लिए शर्म की बात है और उन्हें वेश्यावृत्ति के धंधे को बिलकुल छोड़ देना चाहिए तो वहाँ हंगामा खड़ा हो गया और वे औरतें अम्बेडकर को सरापती और चिल्लाती हुईं गलियों में उतर गईं। जाहिर है, उन की आशा यह थी कि वे अम्बेडकर को इस बात के लिए राजी कर सकेंगी कि वे अपने प्रभाव का इस्तेमाल कर के पुलिस की मुसीबत से उन की रक्षा करेंगे। इस मीटिंग से वेश्यावृत्ति पर उस समय की एक खास बहस शुरू हो गई। ज्यादातर हिन्दू सुधारकों ने अम्बेडकर की इस बात के लिए आलोचना की कि वे इस बात को भूल रहे हैं कि भारी आर्थिक बदहाली ने उन औरतों को इस पेशे में झोंका है। लेकिन अम्बेडकर ने आर्थिक तंगदस्तियों पर आत्मसम्मान को तरजीह देते हुए तथा चुनाव और कर्म में विश्वास रखने के कारण यह मानने से इन्कार कर दिया कि औरतें सिर्फ उत्पीड़ित हैं। इस में उन्हें बाकी दूसरे दलितों से भारी समर्थन मिला।''[112]

गर्व से बताया जा सकता है कि डा. डी. आर. जाटव ने डा. अम्बेडकर के जीवन और साहित्य का पूरा अध्ययन किया है। उन्होंने डा. अम्बेडकर पर अनेक पुस्तकें लिखी हैं। उन की हाल में अंग्रेजी में एक नई पुस्तक 'अम्बेडकर कोड आफ कन्डक्ट' के शीर्षक से आई है। इस पुस्तक का छठा अध्याय 'एम्पावरमेन्ट आफ वीमेनफोक' के नाम से है। इस विषय पर उन्होंने डा. अम्बेडकर की आचार संहिता को 11 बिन्दुओं में समाविष्ट किया है। उस के तीन बिन्दु इस प्रकार हैं :

1. ''शिक्षा प्राप्त करना और उन की मुक्ति के लिए इज्जतदार कामों को ढूंढ़ना जिस से वे अपने बच्चों और अपने पतियों को सहारा दे सकें।''[113]
2. ''उन असामाजिक तत्वों से लड़ना और उन्हें हराना जो उन्हें वेश्यावृत्ति जैसे गन्दे जीवन में धकेलते हैं।''[114]
3. ''वे अपने आचरण और चरित्र में अच्छाई की ओर चलें तथा पुरुषों से अवैध सम्बन्ध बनाने से विरत रह कर सार्वजनिक जीवन में स्वच्छता कायम रखें।''[115]

इस आधार पर एकदम कहा जा सकता है कि रमणिका गुप्ता का जीवन और चिन्तन इस अम्बेडकरवाद के इर्द-गिर्द भी नहीं ठहरता।

सारी सोच ही गलत है। पूरी संस्कृति उलटी धारा में चली है। तुलना करके जारकर्म को अच्छा बताया जा रहा है। रमणिका गुप्ता डा. राम मनोहर लोहिया को उद्धृत करती हैं—''दरअसल व्यभिचार शब्द ही भ्रामक है। डॉ. लोहिया ने कहा था कि—''बलात्कार से बेहतर व्यभिचार होता है क्योंकि उस में दोनों की सहमति होती है।''[116] यह नहीं कहा गया कि व्यभिचार बुरा होता है। इन्हें किसी भले आदमी का कोई

उद्धरण नहीं मिला। मेरे सामने डा. लोहिया को क्या उद्धृत करती हैं? लोहिया कोई आड़ हैं? डा. लोहिया का नाम उन के सामने लो जिन के पास अपने डा. अम्बेडकर न हों। हमारे पास व्यभिचार को सिरे से खारिज करने वाले उसी युग में डा. अम्बेडकर मौजूद हैं। इसलिए, व्यभिचार बलात्कार से बेहतर है—कहने के बजाय भाषा का ठीक इस्तेमाल करते हुए हम यह कहते हैं कि विवाह में व्यभिचार अपराध है और दण्डनीय है तथा सदाचार सब से बेहतर है।

यदि पुरानी परिभाषा में, साहित्य किसी समाज का दर्पण होता है तो नई परिभाषा में पर्सनल कानून किसी समाज का आइना होता है। समाज कैसा भी संविधान बना ले, 'प्रीएम्बल' की तरह उस के हर अनुच्छेद में पर्सनल कानून अपनी झलक दिखाता है। जिस समाज का पर्सनल कानून जारकर्म पर आधारित हो उस के संविधान के मूल अधिकारों में सम्मिलित समता और स्वतन्त्रता के अधिकारों का वैसा ही हाल होगा। उन की समता भी जारकर्मी होगी और उन की स्वतन्त्रता भी व्यभिचारिणी होगी। वेश्याओं की गरिमा वेश्याओं के हिसाब से ही व्याख्यायित होगी। रण्डियों की स्वतंत्रता पत्नियों की स्वतंत्रता से भिन्न होगी। देह दोनों की जरूर पुरुषों की कही जाएंगी लेकिन पति और भाड़ू में आगे फर्क ही फर्क होता चला जाता है।

इस का असर धर्म, अध्यात्म और ईश्वर पर भी पड़ता है। एक जार आदमी का ईश्वर भी जार होता है। भाड़ू उसी को अपना धर्म कहेगा जिस में वेश्यावृत्ति की इजाजत होगी। जार का धर्मग्रन्थ भी वैसा ही लिखा जाएगा। उन के अध्यात्म में गली के हर नुक्कड़ पर ऐसी ही कामलीलाएँ होंगी। उन की भक्ति जारभक्ति में तब्दील हो जाएगी—और उन के महापुरुष भी ऐसे ही पैदा होंगे या बनेंगे।

इस आत्मकथ्य को पढ़ने के बाद मैं यह तय करना चाह रहा हूँ कि भारत की लम्बी ऐतिहासिक दासता के कारणों में से यह कौन-सा कारण है। मैं यहाँ तक सोचना चाह रहा हूँ कि क्या यह सब से पहला और मूल कारण नहीं है कि परिवार और विवाह की एकता और शिष्टता पूरी तरह नष्टभ्रष्ट है। जबकि दूसरे लोग इस देश में अपने राजवंश खड़े करते जा रहे थे, ये अपने बने-बनाए और बसे-बसाए घरों को बिगाड़ और उजाड़ रहे थे।

मनुष्य को तीन चीजों की रक्षा करनी चाहिए—अपने पैसों की, अपने समय की और अपने सम्मान की। सम्मान के लिए मर भी जाना चाहिए। यदि ऐसा नहीं है तो वह जानवर है। सम्मान की ऐसी परिभाषा भी नहीं बनाई जा सकती कि सम्मान निरर्थक हो जाए। तभी मनुष्य अपने राज्य, समाज, राष्ट्र और धर्म की रक्षा करने के काबिल कहा जा सकता है, नहीं तो इतिहास में ऐसा फजीता होगा जैसा विश्व में तीन हजार सालों की गुलामी के कारण भारत का हुआ है। हाँ, रमणिका गुप्ता के पति दोनों तरफ से गुलाम हैं। घर में भाभी ने भोग कर गुलाम बना रखा है और बाहर पत्नी दूसरों के रहती फिर रही है। ऐसा पुरुष शहादत किस बात के लिए देगा? वह मरेगा किस बात के लिए?

उस के पास आदर्श नाम की क्या चीज बची है? पत्नी उस के काबू में नहीं है और भाभी के प्रति उस की कोई जिम्मेदारी नहीं है। भाभी के बच्चों को उस का भाई पालेगा और अपनी पत्नी से पैदा बच्ची के बारे में वह जानता है कि वह उस का बाप नहीं है। यदि चेत जाए तो वह आत्महत्या कर सकता है। यदि आत्महत्या से बचना चाहेगा तो संन्यास धारण कर सकता है—जो वह भी सामाजिक आत्महत्या है। आखिर में, मेरी घड़ी की सुई इसी सवाल पर आ कर रुक जाती है कि गन्धर्वों के इस देश की गुलामी के कारण क्या हैं। न कुछ पुरुष में बचा है और न कुछ नारी में। पुरुष में पौरुष नहीं और नारी में शक्ति नहीं—राष्ट्र सीधा गुलाम है। इसलिए जब दो राष्ट्रों में मुकाबला और युद्ध होगा जिन में से एक के लोग यौन-सदाचार का कानून रखते हैं और दूसरे के लोग जारकर्म का कानून रखते हैं तो निशिचित रूप से अन्य बातें समान होने पर यौन-सदाचार का कानून रखने वाला राष्ट्र जीतेगा। भारत की ऐतिहासिक हार को इस तरह से विश्लेषित और व्याख्यायित किया जा सकता है कि यहाँ के लोगों ने विवाह और गृहस्थी में यौन-सदाचार का पालन नहीं किया है। खुद अपनी आँखों में धूल झोंकते हुए इन्होंने यौन-सदाचार को संन्यास भर से जोड़ कर कुछ इने-गिने लोगों के झूठे ब्रह्मचारी होने में सीमित कर दिया है।

रमणिका गुप्ता राष्ट्रवादी नहीं हैं बल्कि उन्होंने अपने दुरुपयोग के लिए बाहरी एजेन्सियों के लिए खुद को खुली छोड़ रखा था। उन की पढ़ाई-लिखाई भी बेकार गई जब वे अपने लेख 'बन्द है मेरा कमरा मैं...' में यह रहस्योद्घाटन करती हैं—"मैंने पढ़ रखा था कि रूस में कई लड़कियां जासूस बन कर जर्मन के कैंप में घुस कर सब सूचनाएँ लाती थीं और विरोधी कैम्प में जा कर कइयों की हमबिस्तर होती थीं। मुझे लगता है मैं भी कुछ-कुछ वही रोल अदा कर रही हूँ। अपने फौजी मित्र से भी मैंने कई गुप्त सूचनाएँ ला कर आजाद पंछी और अपने नेता 'ज' को दी थीं जो हमारे आन्दोलन में काफी काम आईं। उसी वजह से हम पूरी कच्छ खाड़ी का दौरा करने में कामयाब भी हुए थे।"[17]

मेरे हिसाब से अपने इस कथन में वे सब तरह से हार गई हैं। वे नारी के रूप में हारीं और राष्ट्र के सामने भी हारीं। वे नारी के रूप में चूक गई हैं और खुद को पुरुष के सामने कमजोर सिद्ध कर गई हैं। तो, नारी पुरुष से इस रूप में लड़ रही है। वेश्या के रूप में सेक्स नारी का धन है और यहाँ सेक्स उस का हथियार बना है—कितना कमजोर हथियार है! यह फौजी अफसर बहका लिया—बाबर को बहका लेतीं—रोबर्ट क्लाइव को बहका कर दिखातीं। भला, यदि औरतों के ऐसे इस्तेमाल से युद्ध जीते जाते तो भारत में कौटिल्य के अर्थशास्त्र समेत किसी भी काल में औरतों के अकाल नहीं पड़े हुए थे।

खुलासे में कहा जा सकता है कि यह देशी फौजी अफसर था, रमणिका गुप्ता से मैथुन करने के बहकावे में आ गया। यह उस का अपनी पत्नी के मुकाबले में जारकर्म था। लेकिन विदेशी फौजी सिपाही क्या करते हैं? बिना अपनी पत्नी के पास में रहते वे

ऐसी वारंगनाओं का रेप करके अपनी सेक्स की भूख मिटाते हैं। सुन्दरियों को यह सफलता वहाँ कतई नहीं मिलती। किसी भारतीय रमणी का मुहम्मद गौरी के सामने यह दाव चल ही नहीं सकता था। इसलिए, स्त्री इस हथियार को चलाना छोड़े। यदि वह देशी फौजी अफसरों को बैरकों और बंगलों में मैथुन के लिए बहका सकती है तो विदेशी फौजी अफसर उस का उस के घरों में घुस कर रेप भी करते हैं। इस चालाकी में फायदा कुछ नहीं है बल्कि नुकसान ही नुकसान है। सेक्स देश के लिए उलटा हथियार पड़ जाता है। अपने देशी फौजी अफसरों को सेक्स में कमजोर करो तथा फिर विदेशी फौजी अफसरों के रेप सहो—यह तो बिल्कुल मटियामेट हो गया।

ञ. दलित आन्दोलन और साहित्यिक नेतृत्व

रमणिका गुप्ता हिन्दी साहित्य के दलित नेतृत्व को ले कर भी हारी हैं। वे अपने लेख 'अछूत की नियति' में दलितों को समझा रही हैं :

1. "दलित अस्मिता की मुहिम को संकीर्ण बनाना दलित आन्दोलन की व्यापकता को गौण कर देना है।"[118]
2. "...मित्र अथवा तटस्थ वर्ग या पूरे समाज से इस प्रकार पेश आना, कहाँ तक उचित है? इस प्रकार तो वे अपने मित्रों को भी शत्रुओं की कतार में ठेल देंगे?"[119]
3. "क्या दलित अकेले ही समाज बदलने में सक्षम हैं? क्या वे...अपने आन्दोलन को व्यापक बनाने के लिए अपने जैसे अन्य शोषित पीड़ितों के साथ-साथ दूसरे उदार मित्रों को भी साथ नहीं लेंगे जो वैसे ही सिद्धान्तों के लिए अरसे से लड़ते आ रहे हैं....?"[120]
4. "दलित आन्दोलन आज चौराहे पर खड़ा है।"[121]

रमणिका गुप्ता के इन शब्दों में इस के सिवा दूसरा कोई मन्तव्य नहीं है कि दलितों के बीच इन्हें भी नेतृत्व दिया जाए। मित्र, हमदर्द और तटस्थ होने के नाम पर संवाद और एकता की संभावनाएँ तलाशना चाहती हैं। कह रही हैं, दलित आन्दोलन आज चौराहे पर खड़ा है, पर अपनी नहीं कह रही हैं कि खुद के सारे रास्ते समाप्त हो चुके हैं। दलित के पास चलने के लिए चार राहें हैं पर इन के पास एक भी राह बाकी नहीं है। दलित की फिक्र हो रही है या अपनी फिक्र सता रही है? तभी जाति का खण्डन करते-करते उन्होंने जाति का ही दाव खेला है जब अपने इसी लेख में लिखा है—"सूरजपाल चौहान या ओमप्रकाश वाल्मीकि जैसे दलित लेखकों पर दलित साहित्यकारों के ही एक तबके द्वारा बुरी तरह हमला किया जा रहा है।"[122] क्या बात है, दलितों, पिछड़ों और द्विजों को मिलाने की वकालत करने में दलितों और दलितों में ही फाट किए जा रहे हैं।

दलित, पिछड़े और द्विज बाद में एक हो जाएंगे पर पहले दलितों को तो एक होने दीजिए। सूरजपाल चौहान और ओम प्रकाश वाल्मीकि के नाम चुन कर रखे हैं। सूरज पाल चौहान और ओम प्रकाश वाल्मीकि से कोई सरोकार नहीं है, बस एक रणनीति है कि दलितों में फूट डाल कर उन के साहित्यिक नेतृत्व को कब्जाना है। अपने लिए जगह बनानी है। मार्क्सवाद के पचास साल के सहारे का साहित्यिक नेतृत्व समाप्त हो चुका है तो इधर दलितों के बीच मुँह मारने चली हैं। ये किन सूरज पाल चौहान की या किन ओम प्रकाश वाल्मीकि की हैं, सत्ता के संघर्ष में केवल अपनी महत्वाकांक्षा के ख्याली वजूद को बचाने के लिए मोहरे ढूंढ रही हैं। इन की महत्वाकांक्षा के सामने प्रेम और सेक्स सब छोटे पड़ते हैं। बिलकुल निजी जीवन का सन्दर्भ दे कर अपने लेख 'बन्द है मेरा कमरा....' में लिख भी चुकी हैं–''तुम जो मुझमें हो भुलाए नहीं जा सकते, पर मैंने कभी किसी के आगे झुकना नहीं सीखा–चाहे वह प्रेम ही क्यों न हो, जो मेरी कमजोरी है। इन सब से बड़ा एक लक्ष्य है मेरे पास। एक महत्वाकांक्षा है। सेक्स भी उसी की चेरी बने, मेरी यही कोशिश रही है।''[123]

तो, कोई प्यार नहीं, कोई त्याग नहीं। जो कुछ है–एक महत्वाकांक्षा है। इसी वजह से भारत में मार्क्सवादी नेतृत्व फेल हुआ है। इन में से कोई मार्क्सवादी नहीं था। सब महत्वाकांक्षी थे जिन में त्याग और बलिदान की दूर तक निशानी नहीं थी। इसी महत्वाकांक्षा से अब दलित नेतृत्व को गन्दा करना चाहते हैं। एक तरह से साहित्य के क्षेत्र के मार्क्सवादियों में भगदड़ मच गई है। नेतृत्व के टोटे पड़ गए हैं–कहाँ नेतृत्व मिले? दलितों की एक समस्या भी जाने बिना दलितों का नेतृत्व करने की अपने मन में ललक पाले हुए हैं।

अच्छा होता वे अपने लेख 'दलित स्त्री का कब्जाकरण' में स्त्री-चिन्तन तक ही सीमित रहतीं। ऐसा इसलिए क्योंकि उन्होंने स्वयं अपने लेख की ऐसी सीमा बांधी थी। लेकिन अपनी सीमा को खुद तोड़ते हुए वे लिखती हैं–''एक ओर मुद्दा जो आज तक धर्मवीर को बहुत प्रिय है वह है कि दलितों का भी एक अपना धर्म और भगवान होना चाहिए, चाहे वह सौ पूँछ वाला हनुमान जैसा ही कोई भगवान क्यों न हो।''[124] लेकिन इस से बढ़कर वे आगे यह भी लिखती हैं–''इस विषय पर उन्होंने (धर्मवीर ने) दिल्ली में एक गोष्ठी भी बुलाई थी। मैं उस में नहीं जा पायी (हालांकि आमन्त्रित थी) लेकिन उस की पूरी रपट मुझे मिल गई थी।''[125] मुझे जो पता चला है वह यह है कि यहाँ वे एक झूठ बोल गई हैं कि वे उस गोष्ठी में आमंत्रित थीं। मुझे आयोजकों ने बताया है कि वे उस में कतई आमन्त्रित नहीं थीं। लेकिन उन की दूसरी बात पहले झूठ से भी ज्यादा खतरनाक है कि उन्हें उस गोष्ठी की पूरी रपट मिल गई थी। वे कौन होती हैं दूसरों की गोष्ठी की खबर रखने वाली? क्या वे हिन्दी पत्रकारिता की जमीदारनी है? क्या वे दिल्ली की नई रजिया सुलतान हैं जिन की हिन्दुस्तान पर हुकूमत चल रही है? रपट प्राप्त करने में उन्होंने किस ठकुराइन का रोल अदा किया है? उन्हें यह रपट किस

से प्राप्त हुई? उन्होंने नाम नहीं खोला। असल में जिन व्यक्ति से इन्होंने यह रपट प्राप्त की, ये उन व्यक्ति को बर्बाद करने पर तुली हुई हैं। उन के शौक खड़े किए जा रहे हैं, उन्हें सुविधाओं में तोला जा रहा है। जूठन की टोकरी हाथ में दे कर भुने हुए गोश्त के टुकड़े फेंके जा रहे हैं। उन से अपने नाम के कसीदे लिखवाए जा रहे हैं। साहित्य के मिशनरियों को पेशेवर बनाया जा रहा है। अच्छे-भले लोगों को दलितों से दूर किया जा रहा है। नेतृत्व प्रदान करने की क्षमता रखने वाले साहित्यकारों को जासूसों के रूपों में इस्तेमाल किया जा रहा है। सच्चाई यह है कि दलित लेखकों ने अपने भीतर ऐसे लोगों की पहचान कर ली है। उसी पहचान को रेखांकित करते हुए उसी पत्रिका में सूरज पाल चौहान ने अपने लेख 'भाषण उन के लिए, राशन अपने लिए' में लिखा है—"हिन्दी के कई दलित लेखक...और तो और हजार-हजार, दो-दो हजार के लालच में गैर-दलित लेखकों, बुद्धिजीवियों के सम्मुख अपने ही दलित लेखकों का उपहास करने से नहीं चूकते। ये दलित लेखक पीठ पीछे गैर-दलित लेखकों के विरोध में खूब बोलते हैं, लेकिन उन के सम्मुख उन का हुक्का भरने और ठकुरसुहाती करने में तनिक भी पीछे नहीं रहते।"[126] वे और भी खोल कर लिखते हैं—"अभी दिल्ली में ही बाहर से आए एक दलित लेखक (महन्त) से एक युवा रचनाकार को यह सब झेलना पड़ा। दूसरे दिन उस युवा लेखक का मेरे पास फोन आया। उस ने रोष प्रकट करते हुए बड़े भारी मन से उस महन्त के बारे में मुझ से कहा, "सूरज जी, आप बुरा न मानें, इस महन्त को आप ढोना बन्द करें, यह अच्छा आदमी नहीं है।"[127] यूँ, रमणिका गुप्ता नाम की साहित्यिक ठकुराइन ने देश की राजधानी दिल्ली को अपना गाँव बना लिया है कि अपनी हवेली में दलितों में फूट डाल कर रोज रात को घटनाओं की रपट प्राप्त करती हैं। किसी को शराब दी जाती है तो किसी को शयन देना है। कहीं गलबाँहें हैं तो कहीं अंकशायिनी है। किसी को पुरस्कार दिया जाएगा तो किसी को आश्वासनों से खुश रखा जाएगा। अब बूढ़ी उम्र होने के पछतावे किए जाएंगे। सुविधाओं के नाम पर चिन्तकों को लुभाया और बिगाड़ा जाएगा। ऐशगाह और सैर-सपाटे के निमंत्रणों से विरोधियों में फूट डाली जाएगी कि कहीं वे एकजुट न हो जाएँ। हर घटना की रपट रखनी है। किसी का लेख छपेगा तो किसी को पुरस्कार दिया जाएगा। बड़े हिसाब से पाठान्तर करके पाठ्यक्रम में लगाए जाएंगे। यह सब चल ही रहा था, दलित लेखकों का साहित्यिक जमींदारों से पाला पड़ा हुआ था, लेकिन अब साहित्यिक जमीदारनी सामने आ धमकी हैं। साहित्यिक ठकुराइन के ज्यादा बड़े पैतरें हैं क्योंकि वे नारीवाद के नाम पर जिस्म खोल कर सामने आई हैं। रमणिका गुप्ता ने पूछा है—"क्या धर्मवीर दलित आन्दोलन को केवल स्त्री व्यभिचार को रोकने की मुहिम ही समझते हैं? या मनुष्य मात्र की मुक्ति की—विशेषकर दलितों की—जिस में स्त्री भी शामिल है?"[128] मैं उत्तर दे रहा हूँ—"जी हाँ, जिस दिन दलित स्त्री का यौन शोषण रुक जाएगा, उसी दिन, और केवल उसी दिन, दलित कौमों को आजादी मिल जाएगी।" जिस 'मनुष्य मात्र की मुक्ति' की वे बात कर रही हैं, उस ओर हमारा

पहला कदम इसी जगह से शुरू होता है। क्या 'मनुष्य मात्र की मुक्ति' में व्यभिचार से मुक्ति शामिल नहीं है? क्या 'मनुष्य मात्र की मुक्ति' भी हो जाएगी और व्यभिचार भी बचा रहेगा? दलितों को अपने आन्दोलन को वे यहाँ से शुरू क्यों नहीं होने देतीं? उन्हें क्या आपत्ति है? वे कौन होती हैं?

रमणिका गुप्ता मुझे मुद्दे से हर बार हटने की सलाह देती हैं। उन्हें स्वयं मनुष्य के मूल मुद्दों से जूझना चाहिए था पर वे मुझे समाज को छुड़वा कर सीधे बुद्ध बनाना चाहती हैं। ऐसा मनुष्य के चिन्तन के साथ बहुत पहले हो चुका है। मोक्ष, निर्वाण और कैवल्य के सपने दिखाए जाते हैं। भारत के मार्क्सवादियों के हाथ में समाजवाद का यूटोपिया भी यही है कि बिना जारकर्म और बलात्कार पर रोक लगे वह प्राप्त कर लिया जाएगा। वे मुझे मुद्दे से हटा रही हैं जब लिख रही हैं—"दलित समाज के सामने और बहुत बड़े-बड़े सवाल हैं, के बदले मेरा धर्मवीर से पुनः निवेदन है कि वे औरतों पर निरर्थक व मिथ्या दोषारोपण करने में शक्ति खर्च करके उन सवालों को नहीं उलझाएँ, तो समाज उन का आभारी होगा, विशेषकर दलित एवं स्त्री समाज।"[129] मेरी सही बात मानने के बजाय अपनी गलत बात मनवाना चाह रही हैं—वे क्या चाह रही हैं? ऐसा कहीं होता है?—उस समय दलित पुरुष की गुलामी दुगनी हो जाती है जब उस की पत्नी को भी जमीदार छीन लेता है। तब 'दोहरा अभिशाप' दलित स्त्री के बजाय दलित पुरुष भोगता है। यह वर्ण-संघर्ष का सब से घातक अर्थ है कि दलितों के घर नहीं बन पाते।

वर्ण और जारकर्म का क्या रिश्ता है? शक्तिशाली होने की वजह से द्विज वर्णों के लोग न्यायालय में यह शिकायत करने नहीं जाएंगे कि उन की स्त्री के साथ कमजोर वर्ग का दलित व्यक्ति व्यभिचार कर रहा है। इतना कानून उन के हाथ में हमेशा रहता है कि वे ऐसा नहीं होने देंगे। इस मामले में वे अपने गाँव और घर में खुद कोर्ट हैं। शक्तिशाली वर्ग के सदस्य होने का यही मतलब होता है कि उन्हें किसी कोर्ट की जरूरत नहीं होती। कोर्ट की जरूरत कमजोर व्यक्ति को होती है क्योंकि वह अपने बल पर व्यभिचार के अपराधी को दण्ड नहीं दे सकता। उस के लिए द्विजों ने ब्राह्म-विवाह का कानून बनाया है कि विवाह को ले कर कोर्ट में किसी की कोई शिकायत नहीं सुनी जाएगी। विवाह अटूट और पवित्र है। मतलब यह है कि कानून में विश्वास रखने वाले व्यक्ति के लिए कोई न्याय उपलब्ध नहीं है। चूँकि, 'हिन्दू विवाह अधिनियम, 1955' में डा. अम्बेडकर की वजह से 'तलाक' शब्द आ गया था इसलिए उसे पूरी तरह निरर्थक करने के लिए 'कुटुम्ब न्यायालय अधिनियम, 1984' के द्वारा सुलह और समझौते के शब्द लाए गए हैं जिन का प्रैक्टिकल रूप रमणिका गुप्ता के आत्मकथनों के जारकर्म में लिपिबद्ध मिलता है। तलाक न लेने के लिए सुलह और समझौते ऐसे करो जैसे रमणिका गुप्ता ने अपने मामले में प्रैक्टिकल कर के दिखाए हैं। जारकर्म की प्रैक्टिकल परीक्षा में उन के सौ में से सौ नम्बर आए हैं—शिरोमणि! ऐसी कहानी किसी उमराव जान की नहीं है—वह बेचारी तो अपहरण के हालातों से बेबस थी। रमणिका गुप्ता के आत्मकथ्य हिन्दू

व्यभिचार की प्रयोगशालाएँ हैं। मुझे इस का विरोध नहीं करना है कि वे ऐसा क्यों करती हैं, मेरा विरोध केवल इस बात से है कि द्विजों के इस जारकर्म और बलात्कार के व्यभिचार में सने हुए इस अटूट ब्राह्म-विवाह को वाया हिन्दू विवाह और कुटुम्ब न्यायालय के दलितों पर लागू नहीं करना चाहिए। एक द्विज नारी के रूप में रमणिका गुप्ता अपने कानून में और अपनी जगह सही हैं, बस, दलित नारी को सदाचार के मामले में अपने कानून में अपनी जगह सही रहने दिया जाए। यूँ, उन का और मेरा झगड़ा बिलकुल खत्म है—दोनों के कानून और व्यवहार अलग-अलग हैं।

रमणिका गुप्ता ने अपना 'आत्म-कथ्य' लिखा है। यह उन्होंने बहुत अच्छा किया। उन्हें इस बात की दाद मिलनी चाहिए। तीन हजार सालों से द्विजों के घरों की असलीयत से संसार के लोग बेखबर रहे हैं। केवल एक शब्द मिलता था—'ब्राह्म-विवाह'। उसे पवित्र और अटूट कह कर अगली कोई भी जानकारी या सोच रोक दी जाती थी। उस का कभी खुलासा नहीं हुआ था। वह एक बन्द दुनिया थी। रमणिका गुप्ता ने उसे भोगा है और निभाया है। निभाया इस रूप में है कि कई हजार सालों के बाद तलाक का कारण और प्रावधान होने पर भी उन्होंने तलाक नहीं लिया। जबकि आज का हिन्दू कानून विवाह को पवित्र और अटूट न मान कर एक कान्ट्रेक्ट मानता है, तब भी रमणिका गुप्ता और उन के पति ने इसे पहले जैसा ब्राह्म-विवाह ही बनाए रखा। दिक्कत केवल यह रही कि वे अपनी द्विज सोच में एक कदम भी आगे नहीं बढ़ी हैं। उन्होंने यह नहीं माना कि जो उन्होंने भोगा और निभाया है, वह परिवार, समाज और राष्ट्र की दृष्टि से अच्छा नहीं है। उलटे, वे उस किए और निभाने पर गर्व करती हैं कि उन के पति ने चोरी से अपनी भाभी से एक बच्ची पैदा की और खुद उन्होंने भी गैर-पति से एक बच्ची पैदा की। उन्हें इस में कुछ गलत नहीं लग रहा है। वे अपने ब्राह्म-विवाह की इस जीवन-शैली पर गर्व कर रही हैं। जबकि मनोविज्ञान और कानून की दृष्टि से भी उन्हें इस भोगने और निभाने को गलत मान कर आगे बढ़ना चाहिए था लेकिन वे इसे अपराध नहीं मानतीं। वे दण्ड की बात कहां सोचेंगी, मानसिक प्रायश्चित के लिए भी तैयार नहीं है!

ठीक है, वे अपनी जगह सही हैं। एक दलित के नाते मैं उन से यही कह सकता हूँ कि उन से मेरा कोई संवाद सम्भव नहीं है। यह मेरा 'नो डायलाग थ्योरी' का मामला है। बहस में उन की जबान गन्दी क्यों करवाई जाए, जब मेरा 'संवादहीनता के सिद्धान्त' से काम चल जाता है?

अब मुद्दा पूरी तरह स्पष्ट हो गया है। संवाद और विरोध में कोई दिक्कत नहीं रह गई है। पहली बात, मुझे मालूम है कि मेरे चिन्तन का विरोध कौन कर रहे हैं। दूसरी बात, मुझे मालूम है कि वे मेरा विरोध क्यों कर रहे हैं। घुमाव और बहकाव के सारे रास्ते बन्द हैं। कथनी और करनी में अन्तर करने की कोई गुंजाइश बाकी नहीं है। झूठ बोलने की कला समाप्त है और यहाँ अभिनय करने के लिए कोई मंच उपलब्ध नहीं है।

अब तक होता क्या रहा था? मेरे पक्ष के चिन्तकों की हार इसलिए हो जाती थी

क्योंकि उन के विरोधी छद्मवेश में छिपे रहते थे। वे मायाजाल रचते थे और सामने नहीं आते थे। मुद्दे को स्पष्ट नहीं होने देते थे। यदि मैं बहस को इस तरह से और इस स्तर पर न उठाता तो जार-चिन्तन इतनी सफाई से नहीं पकड़ा जा सकता था। जार औरत कभी माँ बन कर शरण लेती थी तो जार पुरुष कभी भाई या बाप बन जाता था। मैंने जार पुरुषों और जार औरतों के लिए पारिवारिक रिश्तों की शरणस्थलियाँ खत्म कर दी हैं। मैंने यह सिद्ध किया है कि जार पुरुष और जार औरतें खुद सारे रिश्तों के दुश्मन हैं, फिर इन्हें पारिवारिक रिश्तों के लाभ कैसे दिए जा सकते हैं? पति का रिश्ता तोड़ कर बच्चों से माँ होने का रिश्ता कैसे जोड़ा जा सकता है? पारिवारिक माँ की जैविक माँ से कई सामाजिक विकासों की बढ़ोत्तरी और गुणवत्ता है। किसी भी हालत में हम जंगली जानवर बनने नहीं जा रहे हैं।

ब्राह्मणों ने घोषित कर रखा है कि चार वर्णों की सृष्टि ईश्वर ने की है। उन के अनुसार, पाँचवाँ वर्ण बन नहीं सकता और चार वर्ण मिट नहीं सकते। वे सलाह देते हैं कि इन में दखलअन्दाजी या छेड़छाड़ मत करो। उन्होंने चार वर्णों को अपने अपौरुषेय ऋग्वेद के दसवें मण्डल में रख लिया है। बाद में विष्णु के अवतार अपने भगवान कृष्ण से गीता में गवाही भी दिलवा दी है कि चार वर्ण मैंने ही बनाए हैं (चातुर्वर्ण्यं मया सृष्टम)। इधर, स्त्री और पुरुष कह रहे हैं कि मैं यौन-सम्बन्धों में व्यभिचार के मामले को न छेड़ूँ। रमणिका गुप्ता लिख रही हैं—"व्यभिचार मनुष्य की प्रवृत्ति हो सकता है—कई समाज उस में बाधक होते हैं, कई उसे बढ़ावा देने वाले। उसे रोकना या न रोकना, न तो धर्म का ठेका है और न ही केवल पुरुष समाज का।"[130] इस मामले में वे मुझे किसी भी रूप में बेदखल कर रही हैं। वे समझा रही हैं—"वह तो स्त्री और पुरुष दोनों की परस्पर समझदारी, सम्वेदनशीलता या समझौते का अंग हो सकता है।"[131] समझदारी और समझौता यह बताया गया है कि व्यभिचार को सहने या एन्जाय करने की आदत डाल ली जाए। इस के खिलाफ लड़ा न जाए क्योंकि यह मनुष्य की मूल प्रवृत्ति है। एक बार को संभवतः ब्राह्मण यह मानने को तैयार हो सकता है कि वर्ण-व्यवस्था ईश्वरकृत नहीं है लेकिन ऐसी स्त्रियाँ यह मानने को तैयार नहीं हैं कि व्यभिचार मनुष्य की मूल प्रवृत्ति नहीं है।

भारत में उपदेश देने की जरूरत नहीं है। उपदेश देने वाले लोग यहाँ बहुत पैदा हो गए हैं। इसलिए, उपदेश के बजाय कानून बना कर उसे लागू करने की आवश्यकता है। उपदेशकों के स्थान पर मजिस्ट्रेटों की संख्या बढ़ाई जानी चाहिए। संन्यासियों को खीर-पूरी खिलाने के बजाय लोगों को कमाने-खाने की अकल दी जानी चाहिए।

यह काम बुद्ध का था कि वे अपराधियों को भी अपने धर्म में दीक्षित कर लेते थे। उन्होंने महावेश्या आम्रपाली को उस का सिर मुंडवा कर अपने धर्म में दीक्षित किया था। गीता का दर्शन भी ऐसा ही बदतर है। बौद्ध धर्म और गीता के धर्म में मात्र शरण में जाना होता है। किसी प्रकार के किसी प्रायश्चित की आवश्यकता ही नहीं है। प्रायश्चित

करने की परम्परा ईसाइयत में है जबकि आजीवक धर्म में सजा भुगतवाने के बाद ही कोई अन्य अगला कदम सोचा जा सकता है। आजीवक धर्म में शरण और प्रायश्चित के बजाय सजा ही काटनी पड़ती है, वह भी प्रतीकात्मक नहीं बल्कि वास्तविक और सश्रम।

गांधी जी का नारा था—'अंग्रेजो, भारत छोड़ो।' अब इस देश में अंग्रेज नहीं हैं। दलितों का नारा है—''व्यभिचारियो, परिवारों को छोड़ो।'' हमें उम्मीद करनी चाहिए कि कुछ समय के बाद इस देश में व्यभिचारी नहीं रहेंगे। 'अंग्रेजमुक्त भारत' की तरह दलितों को 'जारमुक्त भारत' चाहिए। 'हिन्दू विवाह की तानाशाही' में से दलितों की मोरलिटी को सुलह और समझौते के नाम से द्विजों के चल रहे अटूट विवाह के जारकर्म से मुक्त कर दिया जाएगा।

और हाँ, पूरे आत्मकथ्य में रमणिका गुप्ता ने यह नहीं बताया कि कथित समय के दौरान उन की आय के स्रोत क्या थे। हमारे जुलाहे कबीर और चमार रैदास की परम्परा में यह बताना बहुत जरूरी है कि वे कमाने के लिए क्या करती थीं। क्या पैतृक जमीदारी थी या पति से भरण-पोषण लेती थीं? लीडरी कैसे चलती थी? दलित के हिसाब से, बिना आजीविका के बारे में बताए किसी का कोई भी आत्म-कथ्य अधूरा है।

अब तनिक प्रेमचन्द को याद किया जाए क्योंकि इस शृंखला में मेरी एक पुस्तक का नाम 'प्रेमचन्द : सामन्त का मुंशी' है। इस में जाना जाए कि सीताराम खोड़ावाल ने एक किताब 'प्रेमचन्द ने कहा था...' के शीर्षक से लिखी है। उस के एक उप-अध्याय का शीर्षक 'भारतीय नारी' है। सीताराम खोड़ावाल ने प्रसंग और सन्दर्भ देते हुए बताया है कि प्रेमचन्द की 'शाप' कहानी उत्तम पुरुष में लिखी गई है। लेखक ने अपने को जर्मन नागरिक बताया है जो भारत में देशाटन के लिए आया है। यहाँ की नारी के पातिव्रत्य को देख कर उस के मन में जो उद्‌गार उठते हैं[132], वे इस प्रकार हैं—''जर्मनी को यदि अपनी सेना पर, फ्रांस को अपनी विलासिता पर और इंग्लैंड को अपने वाणिज्य पर गर्व है, तो भारत वर्ष को अपने पतिव्रत पर घमंड है। क्या यूरोप निवासियों के लिए यह लज्जा की बात नहीं है कि होमर और बर्जिल, डेंटे और गेटे, शेक्सपीयर और ह्यूगो जैसे उच्चकोटि के कवि एक भी सीता या सावित्री की रचना न कर सके। वास्तव में यूरोपीय समाज ऐसे आदर्शों से वंचित है।''[133] पर पूछा यह जाना है कि यहाँ सीता और सावित्री के नाम बड़ी जल्दी ले लिए गए हैं क्योंकि वे इनी-गिनी हैं, लेकिन प्रेमचन्द की कहानी के इस वाक्य में इन रमणिकाओं का नाम क्यों नहीं लिया गया जिन की संख्या बेशुमार है? रमणिका गुप्ता भारतवर्ष के किस पतिव्रत का घमंड हैं? सही बात यह है कि हाथी के दांत दिखाने के कुछ होते हैं और खाने के कुछ और। जब विदेशियों से बहस करनी पड़ जाए तो सीता और सावित्री के नाम आगे कर दो और बाकी अपने लिए कामसूत्र की रमणिकाएँ सुलभ ही हैं। गर्व करने के लिए सीता और सावित्री हैं पर डूब मरने के लिए भी तो घने नाम चाहिए।

ट. बड़ी फैमिली की छोटी औरत

डा. शगुफ्ता नियाज ने रमणिका गुप्ता से एक साक्षात्कार लिया है। यह साक्षात्कार 'वाङ्मय' के 'दलित विशेषांक' में छपा है। डा. शगुफ्ता नियाज का सवाल था—"दलित मुद्दों से आप के जुड़ाव की क्या पृष्ठभूमि है?"[134] रमणिका गुप्ता ने इस सवाल का जवाब देते हुए कहा है—"सब से पहले तो हम गुरु नानक की फैमिली से आते हैं।"[135] बताओ, कितनी बड़ी फैमिली का नाम ले लिया! उन महानों के सामने शीश झुकते हैं। उन की बात मान कर वे लोग तर जाते हैं जो उन की फैमिली से नहीं भी आते। यहाँ रमणिका गुप्ता खुद अपनी फैमिली के महानतम गुरु की बात नहीं मान रही हैं। इस विषय को ले कर नानक की वाणी महान है। वे कहते हैं :

1. पिर बिनु किआ तिसु धन सीगारा।
   पर पिर राती खसमु विसारा।।[136]

   —"बिना प्रियतम के स्त्री का शृंगार किस काम का?...पति...को भूल कर (वह) पर-पति...में आसक्त हुई है।"[137]

2. खसमु विसारि कीए रस भोग।
   तां तनि उठि खलोए रोग।।
   मन अंधे कउ मिलै सजाइ।[138]

   —"पति...को भुला कर अनेक प्रकार के रसों और भोगों के भोगने में (अनेक प्रकार के) रोग उठ खड़े होते हैं। अन्धे (अविवेकी) मन को सजा मिलती है।"[139]

3. जिउ बेसुआ पूत बापु को कहीऐ तिउ फोकट कर विकारा हे।[140]

   —"जिस प्रकार वेश्या के पुत्र का पिता किसे कहा जाय? (तात्पर्य यह कि उस का पिता कोई नहीं होता)...। उस के सारे कार्य व्यर्थ और बेकार होते हैं।"[141]

4. बापु दिसै वेजाति न होइ।
   एके कउ नाही भउ कोइ।[142]

   —"(...जिस का) पिता (प्रत्यक्ष) दिखलाई पड़ता हो, वह 'बेजाति' का नहीं हो सकता।...एक...के (हो जाने वाले को) किसी का भी भय नहीं है...।"[143]

अच्छा होता, रमणिका गुप्ता गुरु नानक की फैमिली से न आतीं। इतनी चरित्रवान फैमिली में ये कौन पैदा हुई हैं? कौन खुश होगा? उस महान फैमिली का कोई भी नहीं। किस बात पर गर्व किया जाए? दुख होता है।

रमणिका गुप्ता की उम्र इस समय 76 वर्ष की है। उन का जन्म 22 अप्रैल, 1930 को हुआ था। केशवदास की तरह उन के भी सिर के सारे बाल सफेद हो गए हैं। हमें मालूम है, रीति काल के उन बूढ़े हिन्दू कवि केशवदास को मलाल था कि 'चन्द्र बदन मृग लोचनी, बाबा कहि कहि जाय।'' पर इस साहित्यिक कुव्वत में, लगता है, रमणिका गुप्ता को मलाल इस बात का है कि 'हिरना बरगे गात के, अम्मा कहि कहि जाय।'

खैर, अब यहाँ रमणिका गुप्ता की बात एकदम छोड़ी जाए। इस अध्याय का अन्त रमणिका गुप्ता के जिक्र से नहीं होना चाहिए। अन्त विद्यापति के सामने खड़ी उस कूटनी से होना चाहिए जो उन्होंने अपने समय में देखी थी। डा. शिव प्रसाद सिंह ने बताया है कि विद्यापति दूती को कूटनी कहते थे। वे अपनी पुस्तक 'विद्यापति' में लिखते हैं—''यह दूती केवल प्रेमी-प्रेमिकाओं के स्वाभाविक प्रेम-व्यापार में ही सहायता नहीं देती थी, बल्कि नागरजनों की कामवासना की तृप्ति के लिए नाना प्रकार के जाल फेंक कर भोली-भाली मूर्ख लड़कियों को फँसाने का भी कार्य करती थी। एक ऐसी ही दूती जो अपने सम्पूर्ण यौवन-काल को इस प्रकार के छल छद्मपूर्ण प्रेम-व्यापार या व्यवसाय में व्यतीत कर चुकी है, वृद्धावस्था आने पर अपने पूर्व जीवन के प्रति विरक्ति या निराशा से भर उठती है। कुटनी औरतें न केवल पर नारी को लोभादि दिखा कर फँसाने का ही कार्य करती थीं, बल्कि स्वयं भी एक प्रकार से वेश्या का जीवन व्यतीत करती थीं।''[144] एक ऐसी बूढ़ी कूटनी पर विद्यापति की वह कविता इस प्रकार है :

''हम धनि कूटनी परिनत नारी
वैसहु वास न कहौं विचारी
काहु के पान काहु दिअ सान
कत न हकारि कएल अपमान
कय परमाद धिया मोर भेल
आहे यौवन कतय चल गेल
भागल कपोल अलक भरि साजु
संकुल लोचने काजर आंजु
धवला केस कुसुम करु वास
अधिक सिंगार अधिक उपहास
थोथर थैया थन दुहुँ भेल
गरुअ नितम्ब कहाँ चलि गेल
यौवन सेस सुखायेल अंग

पाछु हेर विलुलइते अनंग
खने खस घोघट विघट समाज
खने खने अब हकारलि लाज
भनहिं विद्यापति रस नहिं छेओ
हासिनि देइ पति देवसिंह देओ।''[145]

अच्छा किया, डा. शिव प्रसाद सिंह ने विद्यापति की इस कविता का अर्थ खड़ी बोली के गद्य में भी दे दिया है। वे अर्थ करते हैं–''वयस और स्थान का बिना विचार करके बात करने वाली मैं कुटनी वृद्धा हूँ किसी को पान देती हूँ, किसी को इशारा करती हूँ। जाने कितने लोगों को बुला कर मैंने अपना अपमान किया है। मेरी लड़की को मेरे चरित्र के कारण जाने कितने प्रकार के प्रवादों का सामना करना पड़ा है। मेरा यौवन चला गया सूखे गालों को मैं अलकों से ढँकती हूँ, धँसी हुई आँखों को अंजन से छिपाती हूँ, धवल बालों को फूलों से सुवासित करती हूँ, जितना ही अधिक शृंगार करती हूँ, उतना ही अधिक उपहास होता है। यौवन के प्रतीक कुच थोथर हो कर लटक गये। नितम्बों की गुरुता लुप्त हो गई। यौवन शेष हुआ, अंग सूख गए, अनंग पीछे भूमि पर लोट रहा है। दुष्टों के समाज में जब भी घूँघट गिर पड़ता है क्षण-क्षण में लज्जा को पुकारती हूँ, पर वह दूर चली गई है, विद्यापति कहते हैं कि रस को (यौवन को) इस तरह नष्ट... ।''[146]

'बीजक' में जो बुढ़िया है, वह तो बिलकुल ही अलग तरह की है। विद्यापति संन्यासी नहीं थे, सन्त नहीं थे, इसीलिए 'बीजक' की बुढ़िया उन की बुढ़िया से ज्यादा खतरनाक है। 'बीजक' का चौथा 'वसन्त' इस प्रकार है :

बुढ़िया हँसि बोली मैं नितही बार,
मोसे तरुनि कहो कवनि नार।
दाँत गये मोरे पान खात,
केश गये मोरे गंग नहात।
नैन गये मोरे कजरा देत,
बैस गये पर पुरुष लेत।
जान पुरुषवा मोर अहार,
अनजाने का करौं सिंगार।
कहहिं कबीर बुढ़िया आनन्द गाय,
पूत भतारहिं बैठी खाय।[147]

मैं यहाँ इस 'वसन्त' का गद्य उद्धृत करने से रुक रहा हूँ।

प्रेमचंद ने कितना भी अनैतिक जीवन जिया हो लेकिन वे इस हद तक नहीं गए जिस हद को रमणिका गुप्ता पार कर गई हैं। मुझे अपने आप से माफी मांगनी पड़ रही

है कि रमणिका गुप्ता के आत्मकथ्य को पढ़ कर मुझे प्रेमचंद की प्रशंसा करनी पड़ रही है। प्रेमचन्द ने 'सिनेमा स्टारों के अर्धनग्न चित्र' शीर्षक से अगस्त 1932 में लिखा था–''भारत में भी...इस तरह की मनोवृत्ति बढ़ती जाती है जिन स्त्रियों का जीवन इतना घृणास्पद है कि, कोई भला आदमी अपनी लड़की को उन के साथ एक मिनट के लिए भी छोड़ना पसन्द न करेगा वही स्त्री...देवी बना दी जाती है...।''[148] पर क्या यहाँ मेरा प्रेमचन्द को उद्धृत करने का कोई औचित्य नहीं है? क्या ऐसा होना उन के समय में सिनेमा जगत तक ही सीमित था? क्या आज ऐसी मनोवृत्ति की स्त्रियाँ अन्य क्षेत्रों में पाए जाने पर उन की प्रेमचंद की तरह भर्त्सना नहीं की जानी चाहिए? रमणिका गुप्ता ने स्वच्छंदता की बात भी उठाई है। लेकिन स्वच्छन्दता को प्रेमचन्द के उपन्यास 'रंगभूमि' की नायिका सोफिया भी अच्छी निगाह से नहीं देखती। उन का तो कहना है–''जहाँ आत्मा और सिद्धान्तों की हत्या होती हो, वहाँ से स्वच्छन्दता कोसों दूर भागती है। मैं इसे स्वच्छन्दता नहीं कहती, यह निर्लज्जता है।''[149] अब प्रेमचन्द की इस पात्रा के इन शब्दों से रमणिका गुप्ता कितना लड़ सकती हैं, इसे वे ही जाने। सोचना उन्हें यह भी है कि क्या प्रेमचंद एक मिनट के लिए भी ऐसी स्थिति में बेटी को छोड़ते।

एक बात और बताई जा सकती है कि रमणिका गुप्ता ने अपनी मैगजीन का नाम 'युद्धरत आम आदमी' रख रखा है लेकिन खुद के अपने जीवन में 'कामरत एक औरत' बनी हुई हैं। 'आम आदमी' का नाम धोखा देने के लिए चुना गया है। यह वैसा ही है कि कोई भेड़िया भेड़ के कपड़े पहन ले। भला, 'आम औरत' ऐसी कहाँ होती है जैसा जीवन और अपनी सोच में वे जी रही हैं? हिन्दुस्तान की हर आम औरत का जीवन इन की तुलना में श्रेष्ठ और महान है। इन्हें आम औरत के नैतिक चरित्र का क्या पता? ये शील और सदाचार को क्या जाने जिन की संविधान में गारन्टी दी गई है? आम औरत ऐसा कहाँ करती है? सच तो यह है कि संसार में हर बार युद्ध के बीज उस औरत ने बोए हैं जो परपुरुष के साथ टांग उठा कर चल देती है। ये कोई शान्ति, सुरक्षा और मैत्री के ढंग है? समाज का बहुत सारा विकास इसीलिए नहीं हो रहा है क्योंकि ऐसा चिन्तन उस में अडंगियाँ लगा रहा है। ऐसी सोच किसी घर को चैन से नहीं रहने देती। इस सोच की हर तरफ से भर्त्सना की जानी चाहिए।

संदर्भ

1. प्रेम और विवाह, जैनेन्द्र कुमार, पूर्वोदय प्रकाशन, 7/8, दरियागंज, नई दिल्ली-110002, प्रथम संस्करण, 1980
2. तुम्हारी और मेरी मुक्ति : एक महिला-राजनेता का जेल से लिखा पत्र, रमणिका गुप्ता, हंस, 2/36, अन्सारी रोड, दरियागंज, नई दिल्ली-110002, जनवरी, 2002, पृ.-35
3. वही, पृ.-35
4. वही, पृ.-31
5. वही, पृ.-32
6. वही, पृ.-33

7. वही, पृ.-33
8. वही, पृ.-33
9. वही, पृ.-33-4
10. वही, पृ.-34
11. वही, पृ.-35
12. वही, पृ.-35
13. वही, पृ.-35
14. वही, पृ.-33
15. वही, पृ.-33
16. वही, पृ.-36
17. वही, पृ.-36
18. वही, पृ.-32
19. वही, पृ.-35
20. बन्द है मेरा कमरा.... : एक महिला-राजनेता का जेल से लिखा पत्र, रमणिका गुप्ता, हंस, 2/36, अन्सारी रोड, दरिया गंज, नई दिल्ली-110002, फरवरी, 2002, पृ.-37
21. तुम्हारी और मेरी मुक्ति : एक महिला-राजनेता का जेल से लिखा पत्र, रमणिका गुप्ता, हंस, 2/36, अन्सारी रोड, दरियागंज, नई दिल्ली-110002, जनवरी, 2002, पृ.-34
22. वही, पृ.-31
23. वही, पृ.-35
24. बन्द है मेरा कमरा.... : एक महिला-राजनेता का जेल से लिखा पत्र, रमणिका गुप्ता, हंस, 2/36, अन्सारी रोड, दरिया गंज, नई दिल्ली-110002, फरवरी, 2002, पृ.-36
25. तुम्हारी और मेरी मुक्ति : एक महिला-राजनेता का जेल से लिखा पत्र, रमणिका गुप्ता, हंस, 2/36, अन्सारी रोड, दरियागंज, नई दिल्ली-110002, जनवरी, 2002, पृ.-31
26. वही, पृ.-32
27. वही, पृ.-36
28. वही, पृ.-36
29. बन्द है मेरा कमरा.... : एक महिला-राजनेता का जेल से लिखा पत्र, रमणिका गुप्ता, हंस, 2/36, अन्सारी रोड, दरिया गंज, नई दिल्ली-110002, फरवरी, 2002, पृ.-36
30. वही, पृ.-36
31. वही, पृ.-36
32. वही, पृ.-37
33. वही, पृ.-38
34. वही, पृ.-38
35. वही, पृ.-38
36. वही, पृ.-38
37. वही, पृ.-38
38. वही, पृ.-38
39. वही, पृ.-38
40. तुम्हारी और मेरी मुक्ति : एक महिला-राजनेता का जेल से लिखा पत्र, रमणिका गुप्ता, हंस, 2/36, अन्सारी रोड, दरिया गंज, नई दिल्ली-110002, जनवरी, 2002, पृ.-36-7
41. वही, पृ.-31
42. वही, पृ.-32
43. वही, पृ.-32
44. वही, पृ.-32
45. वही, पृ.-32
46. बन्द है मेरा कमरा.... : एक महिला-राजनेता का जेल से लिखा पत्र, रमणिका गुप्ता, हंस, 2/36, अन्सारी रोड, दरिया गंज, नई दिल्ली-110002, फरवरी, 2002, पृ.-37
47. तुम्हारी और मेरी मुक्ति : एक महिला-राजनेता का जेल से लिखा पत्र, रमणिका गुप्ता, हंस, 2/36, अन्सारी रोड, दरिया गंज, नई दिल्ली-110002, जनवरी, 2002, पृ.-34
48. वही, पृ.-34
49. वही, पृ.-31
50. वही, पृ.-36
51. वही, पृ.-36
52. वही, पृ.-36
53. वही, पृ.-36
54. बन्द है मेरा कमरा.... : एक महिला-राजनेता का जेल से लिखा पत्र, रमणिका गुप्ता, हंस, 2/36, अन्सारी रोड, दरिया गंज, नई दिल्ली-110002, फरवरी, 2002, पृ.-38
55. वही, पृ.-35
56. वही, पृ.-35-6
57. तुम्हारी और मेरी मुक्ति : एक महिला-राजनेता का जेल से लिखा पत्र, रमणिका गुप्ता, हंस,

2/36, अन्सारी रोड, दरिया गंज, नई दिल्ली-110002, जनवरी, 2002, पृ.-37

58. वही, पृ.-37
59. वही, पृ.-37
60. वही, पृ.-36
61. बन्द है मेरा कमरा... : एक महिला-राजनेता का जेल से लिखा पत्र, हंस, 2/36, अन्सारी रोड, दरियागंज, नई दिल्ली-110002, फरवरी, 2002, पृ.-37
62. दलित स्त्री का कब्जाकरण, रमणिका गुप्ता, कथादेश, सी-52/जेड-3, दिलशाद गार्डन, दिल्ली-110095, जुलाई, 2003, पृ.-63
63. तुम्हारी और मेरी मुक्ति : एक महिला-राजनेता का जेल से लिखा पत्र, रमणिका गुप्ता, हंस, 2/36, अन्सारी रोड, दरियागंज, नई दिल्ली-110002, जनवरी, 2002, पृ.-31
64. वही, पृ.-34
65. वही, पृ.-34
66. वही, पृ.-31
67. पतिव्रता चैकपत्नी द्वितीये कुलटा स्मृता।
तृतीये धर्षिणी ज्ञेया चतुर्थे पुंश्चली स्मृता।।
वेश्या च पञ्चमे षष्ठे गुग्मी च सप्तमेऽष्टमे।
तत ऊर्ध्वं महावेश्या साऽस्पृश्या सर्वजातिषु।।
ब्रह्म वैवर्त पुराण : पूर्व भाग, अनुवादक पण्डित बाबूराम उपाध्याय, हिन्दी साहित्य सम्मेलन, प्रयाग, 12, सम्मेलन मार्ग, इलाहाबाद, प्रकाशन वर्ष, 1981, पृ.-392-93
68. तुम्हारी और मेरी मुक्ति : एक महिला-राजनेता का जेल से लिखा पत्र, रमणिका गुप्ता, हंस, 2/36, अन्सारी रोड, दरियागंज, नई दिल्ली-110002, जनवरी, 2002, पृ.-35
69. दलित स्त्री का कब्जाकरण, रमणिका गुप्ता, कथादेश, सहयात्रा प्रकाशन प्रा. लि., सी-52/जेड-3, दिलशाद गार्डन, दिल्ली-110095, जुलाई, 2003, पृ.-64
70. कार्ल मार्क्स और फ्रेडरिक एंगेल्स : संकलित रचनाएँ : तीन खण्डों में, खण्ड-3, भाग-2, अनुवाद और प्रकाशन, 21, जूबोव्स्की बुलवार, मास्को, सोवियत संघ, संस्करण 1978, पृ.-88-9
71. वही, पृ.-89
72. वही, पृ.-89
73. वही, पृ.-89
74. वही, पृ.-89
75. वही, पृ.-89
76. वही, पृ.-96
77. वही, पृ.-97
78. वही, पृ.-97
79. वही, पृ.-97
80. वही, पृ.-97
81. वही, पृ.-97
82. वही, पृ.-97
83. वही, पृ.-72
84. वही, पृ.-72
85. वही, पृ.-72
86. तीसरा रुख (आलोचना और संस्कृति के बारे में), पुरुषोत्तम अग्रवाल, वाणी प्रकाशन, 21-ए, दरियागंज, नयी दिल्ली-110002, प्रथम संस्करण 1996, पृ.-155
87. सेक्रेटेरियट सर्विस, केरल सेक्रेटेरियट एम्प्लाइज एसोसिएशन, टी. सी. 26/351, तिरुवनन्तपुरम—695039, सितम्बर, 2003, पृ.-16
88. कामसूत्रम्, वात्स्यायन, हिन्दी व्याख्याकार देवदत्त शास्त्री, चौखम्भा संस्कृत संस्थान, पोस्ट बाक्स नं. 1139, के. 37/116, गोपाल मन्दिर लेन, वाराणसी-221001, सप्तम् संस्करण वि. सं. 2060, पृ.-319
89. दलित स्त्री का कब्जाकरण, रमणिका गुप्ता, कथादेश, सी-52/जेड-3, दिलशाद गार्डन, दिल्ली-110095, जुलाई, 2003, पृ.-63

90. बन्द है मेरा कमरा... : एक महिला-राजनेता का जेल से लिखा पत्र, रमणिका गुप्ता, हंस, 2/36, अन्सारी रोड, दरियागंज, नई दिल्ली-110002, फरवरी, 2002, पृ.-35-6

91. दलित स्त्री का कब्जाकरण, रमणिका गुप्ता, सी-52/जेड-3, दिलशाद गार्डन, दिल्ली-110095, जुलाई, 2003, पृ.-65

92. वही, पृ.-61 93. वही, पृ.-62

94. वही, पृ.-65

95. उपभोक्ता संरक्षण अधिनियम, 1986 टिप्पणी सहित, सेन्ट्रल लॉ पब्लिकेशन्स, 107, दरभंगा कालोनी, इलाहाबाद-211002, पृ.-10

96. भारत का संविधान (7 फरवरी, 2003 को यथाविद्यमान), विधि साहित्य प्रकाशन, भारत सरकार, भारतीय विधि संस्थान भवन, भगवान दास मार्ग, नई दिल्ली-110001, संस्करण 2003, पृ.-8

97. वही, पृ.-10

98. तुम्हारी और मुरी मुक्ति : एक महिला-राजनेता का जेल से लिखा पत्र, रमणिका गुप्ता, हंस, 2/36, अन्सारी रोड, दरिया गंज, नई दिल्ली-110002, जनवरी, 2002, पृ.-36 .

99. दलित स्त्री का कब्जाकरण, रमणिका गुप्ता, कथादेश, सी-52/जेड-3, दिलशाद गार्डन, दिल्ली-110095, जुलाई, 2003, पृ.-65

100. तुम्हारी और मेरी मुक्ति : एक महिला-राजनेता का जेल से लिखा पत्र, रमणिका गुप्ता, हंस, 2/36, अन्सारी रोड, दरिया गंज, नई दिल्ली-110002, जनवरी, 2002, पृ.-36

101. वही, पृ.-35

102. दलित स्त्री का कब्जाकरण, रमणिका गुप्ता, कथादेश, सी-52/जेड-3, दिलशाद गार्डन, दिल्ली-110095, जुलाई, 2003, पृ.-63

103. भगवान बुद्ध और उन का धर्म, लेखक डॉ. भीमराव रामजी आम्बेडकर, अनुवादक भदन्त आनन्द कौसल्यायन, भारतीय बौद्ध शिक्षा परिषद, जेतवन महाविहार, श्रावस्ती, बलरामपुर, उत्तर प्रदेश, द्वितीय संस्करण 1970, पृ.-250-51

104. बन्द है मेरा कमरा... : एक महिला-राजनेता का जेल से लिखा पत्र, रमणिका गुप्ता, हंस, 2/36, अन्सारी रोड, दरियागंज, नई दिल्ली-110002, फरवरी, 2002, पृ.-36

105. वही, पृ.-36 106. वही, पृ.-36

107. वही, पृ.-35

108. दलित स्त्री का कब्जाकरण, रमणिका गुप्ता, कथादेश, सहयात्रा प्रकाशन प्रा. लि., सी-52/जेड-3, दिलशाद गार्डन, दिल्ली-110095, जुलाई, 2003, पृ.-65

109. वही, पृ.-65 110. वही, पृ.-65

111. सीमन्तनी उपदेश, लेखिका, एक अज्ञात हिन्दू औरत, सम्पादन डा. धर्मवीर, वाणी प्रकाशन, 21-ए, दरियागंज, नई दिल्ली-110002, संस्करण 2004, पृ.-5

112. Kamathipura in Bombay was the centre of prostitution, carried on mostly by Dalits who had been channelled into it through what is known as the devadas custom–they were *muralis*, *jogtins* and dedications of girls to god and thus turning them into sacred prostitutes. These women held a meeting in June after the large conference and decided to call Ambedkar, claiming that they too were considering conversion. Ambedkar agreed and a meeting was held at Damodar Hall on 16 June. Yet when Ambedkar proclaimed that their profession was a shame to the Mahar community and that they must leave it, there was an uproar and the women poured into the streets, cursing and yelling. Apparently, their

main hope had been to convince Ambedkar to use his influence to protect them from police harassment. The meeting aroused one of the earliest debates on prostitution, with most caste Hindu reformers criticizing Ambedkar for ignoring the severe economic constraints that drove women to this profession. Ambedkar, however, believing in self-respect over economic constraints and their ability to choose and act, refused to see the women simply as victims. In this, he had wide support from other Dalits."
Ambedkar : Towards an Enlightened India, Gail Omvedt, Penguin Books India (P) Ltd., 11 Community Centre, Panchsheel Park, New Delhi-110017, India, Edition 2004, p.-64

113. "To get education and find graceful jobs for their emancipation and to support the children and husbands."
Ambedkar Code of Conduct, D. R. Jatava, ABD Publihshers, B-46, Natraj Nagar, Imliwala Phatak, Jaipur-302 005, Rajasthan, India, Ist Edition, 2005, p.-133

114. "To fight and defeat te anti-social elements that force them to lead a disgraceful life like prostitution."
ibid. p.-133

115. "To grow in good conduct and character in order to keep and lead a clean public life, remaining away from illegal relations with men."
ibid., p.-133

116. दलित स्त्री का कब्जाकरण, रमणिका गुप्ता,. कथादेश, सी-52/जेड-3, दिलशाद गार्डन, दिल्ली-110095, जुलाई, 2003, पृ.-63

117. बन्द है मेरा कमरा.... : एक महिला-राजनेता का जेल से लिखा पत्र, रमणिका गुप्ता, हंस, 2/36, अन्सारी रोड, दरियागंज, नई दिल्ली-110002, फरवरी, 2002, पृ.-37

118. अछूत की नियति, रमणिका गुप्ता, राष्ट्रीय सहारा, 19 अक्टूबर, 2003

119. वही, 19 अक्टूबर, 2003 120. वही, 19 अक्टूबर, 2003

121. वही, 19 अक्टूबर, 2003 122. वही, 19 अक्टूबर, 2003

123. बन्द है मेरा कमरा..., : एक महिला-राजनेता का जेल से लिखा पत्र, रमणिका गुप्ता, हंस, 2/36, अन्सारी रोड, दरियागंज, नई दिल्ली-110002, फरवरी 2002, पृ.-38

124. दलित स्त्री का कब्जाकरण, रमणिका गुप्ता, कथादेश, सी-52/जेड-3, दिलशाद गार्डन, दिल्ली-110095, जुलाई, 2003, पृ.-61

125. वही, पृ.-61

126. ‘भाषण उन के लिए, राशन अपने लिए’, सूरज पाल चौहान, कथादेश, सहयात्रा प्रकाशन प्रा. लि., सी-52/जेड-3, दिलशाद गार्डन, दिल्ली-110095, जुलाई, 2003, पृ.-70

127. यही, पृ.-70

128. दलित स्त्री का कब्जाकरण, रमणिका गुप्ता, कथादेश, सी-52/जेड-3, दिलशाद गार्डन, दिल्ली-110095, जुलाई, 2003, पृ.-64

129. वही, पृ.-65 130. वही, पृ.-64

131. वही, पृ.-64

132. प्रेमचन्द ने कहा था..., सीता राम खोड़ावाल, प्रकाशन विभाग, सूचना और प्रसारण मंत्रालय, भारत सरकार, पटियाला हाउस, नई दिल्ली-110001, प्रथम संस्करण, 1983, पृ.-54

133. वही, पृ.-54

134. रमणिका गुप्ता से डा. शगुफ्ता नियाज की अन्तरंग बातचीत, वाङ्मय, दलित विशेषांक, ई-3, अब्दुल्लाह क्वाटर्स, लाल बहादुर शास्त्री मार्ग, अमीर निशाँ, अलीगढ़-202 002, जनवरी-मार्च 2006, पृ.-160

135. वही, पृ.-160

136. नानक वाणी, डा. जय राम मिश्रा, लोक भारती प्रकाशन, 15-ए, महात्मा गांधी मार्ग, इलाहाबाद-1, द्वितीय संस्करण, 1988, पृ.-629

137. वही, पृ.-629

138. वही, पृ.-750

139. वही, पृ.-750

140. वही, पृ.-629

141. वही, पृ.-630

142. वही, पृ.-475

143. वही, पृ.-475

144. विद्यापति, लेखक डा. शिवप्रसाद सिंह, लोक भारती प्रकाशन, 15-ए, महात्मा गांधी मार्ग, इलाहाबाद-1, तेरहवां संस्करण, 2000, पृ.-180

145. वही, पृ.-180-81

146. वही, पृ.-181

147. सदगुरु कबीर विरचित बीजक, द्वितीय खण्ड, व्याख्याकार अभिलाष दास, पारख प्रकाशक कबीर संस्थान, प्रीतम नगर, सुलेम सराय, इलाहाबाद-211001, पांचवीं बार, 1990, पृ.-1037

148. प्रेमचन्द : विविध प्रसंग-3, संकलन और रूपांतर, अमृत राय, हंस प्रकाशन, इलाहाबाद, प्रथम संस्करण, प्रेमचंद स्मृति दिवस 1962, पृ.-251

149. रंगभूमि, प्रेमचंद, शिवानी बुक्स, 4855/24, हरबंस स्ट्रीट, दरियागंज, नई दिल्ली-110002, संस्करण 2004, पृ.-178

अध्याय–2

'गोरे नंद, जसोदा गोरी,.....'[क]

इस बीच मैंने प्रेमचंद के बारे में कुछ और तर्कपूर्ण शोध-कार्य किया है। उस के आधार पर मैं दावे के साथ कह सकता हूँ कि प्रेमचंद की रखैल के पेट में जो बच्चा था वह शर्तिया प्रेमचंद का होना चाहिए। मैं दावे के साथ यह भी कहता हूँ कि प्रेमचंद की वह रखैल निश्चित रूप से कोई दूसरी बुधिया ही होनी चाहिए।

रमणिका गुप्ता ने अपने लेख 'दलित स्त्री का कब्जाकरण' में बच्चे का पितृत्व जानने के लिए किए जाने वाले वैज्ञानिक टैस्ट के विरोध में लिखा है–"जहाँ तक नाजायज संतान का सवाल है तो क्या नाजायज बच्चा मनुष्य नहीं है? उसके पिता या माता ने किसी जगह समाज के कानून या आचार संहिता के विरुद्ध कोई आचरण किया तो क्या टैस्ट करवा कर यह बताया जाना जरूरी है कि वह नाजायज है? क्या यह बच्चे के प्रति अन्याय नहीं होगा? क्या इस सन्तान को जीवन भर के लिए हेय बना दिया जाना सही होगा? उसे अपनी नजरों में गिरा दिया जाना जायज है क्या?...उन्हें यह मालूम होना चाहिए कि पितृत्व मात्र विश्वास पर आधारित है लेकिन मातृत्व एक सत्य होता है। वह बच्चा अपनी माँ की संतान है–क्या इतना प्रमाण काफी नहीं है पुरुष के लिए? उस पर पिता की मोहर क्यों लगे?"[1]

मुझे नहीं लगता, कोई भी हिन्दू गृहस्थ नारी जो मेरे इस लघु लेख को पढ़ रही है, रमणिका गुप्ता के इन विचारों से सहमत हो सकती है। वे जरूर रमणिका गुप्ता से खुद को दूर कर लेंगी, तब तो और भी, जब रमणिका गुप्ता ने अपने आत्म-कथ्य के लेख 'बन्द है मेरा कमरा...' में यह भी लिखा है–"पेट में बच्चा रह गया तो मैं परीक्षा के बाद अपने पति के घर लौट आई थी। मेरे पति को सन्देह हो गया था कि पेट का बच्चा उनका नहीं है।"[2] उस गर्भ के बारे में रमणिका गुप्ता ने लिखा है–"मुझे एक बड़े ही नामी वकील साहब से बहुत ही घनिष्ठता थी। बहुत हैंडसम थे वे।...मैं चाहती थी कि उनसे मुझे एक बच्चा हो–उन्हीं जैसा खूबसूरत–कद्दार और शार्प बुद्धि में भी, व्यवहार में भी।"[3]

क. गोरे नंद, जसोदा गोरी,..., डा. धर्मवीर, जनसत्ता, दिल्ली संस्करण, 16 अक्टूबर, 2005

यह तो बुधिया का मामला नहीं है, बिल्कुल सीधा बेमजबूर इन गैर-दलित महिला रमणिका गुप्ता का मामला है। उधर कई लोग इन्हीं के पक्ष में बिन मांगी तसदीक दे रहे हैं। ऐसी झूठी तसदीक को कौन मान लेगा? हर अच्छी औरत पहली बार में ही ऐसी तसदीक को खारिज कर देगी। मेरी अपनी दलित कौमों की नारियों को विनम्र सलाह है कि ऐसी औरतों के पास बैठने से बचें जिन से परिवार और राष्ट्र बर्बाद होते हैं। मैं रमणिका गुप्ता के आत्म-कथ्य 'तुम्हारी और मेरी मुक्ति....' में आई हुई उनकी इस लिखत की भी भर्त्सना करता हूँ–"मुझे याद नहीं है अपने प्रेम करने वालों की संख्या।"[4] अपने ऐसे कथन के लिए उन्हें अपने हिन्दू समाज से सार्वजनिक रूप से माफी मांगनी चाहिए। यदि तौबा नहीं है तो हिन्दू समाज के बारे में लोगों की राय यही हो जाएगी कि उनकी औरतों को गिनती याद नहीं रहती। तब कोई दलित खुद को हिन्दू कहलवाना पसन्द क्यों करेगा? यही बाबा साहेब डॉ. अम्बेडकर की हिन्दू कानून से लड़ाई है कि इसके ब्राह्म-विवाह में ये ऐब भरे पड़े हैं। इससे लोक-व्यवस्था में व्यभिचार फैलता है जो संविधान और कानून के भी खिलाफ है। मैं यह भी कहना चाहता हूँ कि पारिवारिक मामलों में इससे ज्यादा गैर-शालीन भाषा और अश्लीलता वाली बात दूसरी नहीं हो सकती कि कोई पत्नी यह दावा करे कि वह पराए मर्दों से बच्चे जनेगी।

डॉ. अनामिका ने अपनी कविता-पुस्तक 'कविता में औरत' में एक कविता 'सार्वजनिक चौका' के शीर्षक से लिखी है। यह कविता 'रमावती नाइन' पर है। इसकी महत्त्वपूर्ण सवा पंक्तियाँ इस प्रकार हैं :

> "पति एक था उसका, प्रेमी थे पाँच–
> बच्चे छह.................................."[5]

तो, यह गाँव में ढिंढ़ोरा पिट चुका है कि गिन कर नाई के हिस्से में उसका केवल एक ही बच्चा आया है, बाकी वह दूसरों के पाल रहा है। मुद्दा यह है कि यहाँ डॉ. अनामिका 'पब्लिक प्लेटफार्म' के रूप में 'रमावती' नाम की इस औरत को ठकुराइन या और कुछ नहीं कह सकी हैं।

मैत्रेयी पुष्पा को दलित नारी के बारे में कुछ ज्यादा पता है। वे अपने लेख 'हमसे जाति पूछते हो!' में लिखती हैं :

1. "हाँ, वे जल्दी और आसानी से हत्थे चढ़ जाती हैं, जिन के मालिक कमजोर वर्ग और वर्ण के होते हैं। दरअसल....वे दलित स्त्रियाँ होती हैं। उनका उपभोग ऐसे ही होता है जैसे कोई सवर्ण-ताकतवर कमजोर खेतिहर की फसल काट ले जाए।"[6]

मैत्रेयी पुष्पा अपने लेख 'मान न मान, मैं तेरा मेहरबान' में लिखती हैं :

2. "...सवर्ण पुरुष दलित से छुआछूत करे, घृणा करे, बहिष्कार करे, मगर एकान्त में उसकी स्त्री से ऐसा बहिष्कार नहीं करता। सहवास में दूरियों के तत्त्व होते ही कहाँ हैं?"[7]

3. "माना कि (दलित पुरुष के) इस रोदन में कहीं तक वह मजबूरी भी शामिल है, जिस के चलते दलित (पुरुष) सवर्णों के 'वीर्य' और 'बीज' का औलाद के रूप में बोझ ढोता रहा है, क्योंकि दलित स्त्री से उत्पन्न बच्चे को सवर्ण पुरुष कभी नहीं स्वीकारता।"[8]

मैत्रेयी पुष्पा अपने लेख 'विवाह की मर्यादा : एक पवित्र धोखा' में लिखती हैं :

4. "यदि वे (पत्नियाँ) गर्भ के पिता से अपने लिए कोई जिद करती हैं तो मौत के घाट उतार दी जाती हैं।"[9]

इस क्रम में मैत्रेयी पुष्पा ने अपने लेख 'मान न मान, मैं तेरा मेहरबान' में यह भी लिखा है :

5. "आप को (दलित पुरुष को) ठिकाने करने के लिए वह (दलित स्त्री) विरोधी (द्विजों और सवर्णों के) पाले में जा खड़ी हुई तो? ज्यादा ताकत का सहयोग पा कर ज्यादा ताकतवर हो गई तो?"[10]

मैत्रेयी पुष्पा के दलित स्त्री के बारे में ये सुभाषित और उपदेश सुन कर कोई दलित नारी मुझसे लड़ेगी या मैत्रेयी पुष्पा से? मैं मैत्रेयी पुष्पा की इन लिखतों से लड़ूँ या इन्हें सच्ची गवाहियाँ मान लूँ?

एक अन्य उदाहरण के लिए प्रेमचन्द के समय में ही चला जाए। यह मई, 1927 की बात है, जब 'चांद' मासिक पत्रिका का 'अछूत अंक' प्रकाशित हुआ था। वीरेन्द्र यादव ने अपने लेख ' 'चांद' का 'अछूत अंक' : दलित विमर्श की पूर्व पीठिका?' में लिखा है कि 'चांद' का 'अछूत अंक' इस बात की गवाही देता है कि उन दिनों की द्विजातियों के पुरुष दलित जातियों की स्त्रियों को यौन-भ्रष्ट किया करते थे। वीरेन्द्र यादव ने लिखा है—" 'अछूत नारी की दुर्दशा' पर 'चांद' के टिप्पणीकार की राय है कि—"अछूत और शूद्र जाति की देवियों को पथभ्रष्ट करने में द्विजाति के पुरुष पुंग्वों का भी बहुत कुछ हाथ रहता है।....त्रिपुण्डधारी ब्राह्मण और गलमुच्छधारी क्षत्रिय एवं थोंदधारी वैश्य अपनी कामवासना की प्रज्जवलित ज्वाला में इन निस्सहाय अबलाओं की आहुति प्रदान करते हैं।....इस प्रकार जो द्विज देवता, जो क्षत्रिय कुल कमल दिवाकर ठाकुर साहब, जो वैश्य वंश गौरव सेठ जी अछूतों के संस्पर्श एवं संसर्ग में मूर्तिमान कालुष्य और शैतान का निवास मानते हैं वे ही उन जातियों की निर्बोध निस्सहाय नारियों को अपने पर्यट की अंकशायिनी बना कर परिभ्रष्ट करने में पूर्वजन्म के परम

पुरुषों का पुन्जीकृत प्रसाद मानते हैं।"[12]

प्रश्न है, पर्सनल कानून में दलित साहित्य की अवधारणा क्या है? उत्तर है, यह डी. एन. ए. के टैस्ट और पति और पत्नी, दोनों के लिए, एक निश्चित अवधि में, बिना भरण-पोषण वाले समान और शालीन तलाक की ऑटोमेटिक अनुमति है। द्विज साहित्य के बारे में बताया जाए कि इन दो विषयों पर द्विज साहित्य की क्या अवधारणा है। मैं दावे के साथ यह घोषणा करता हूँ कि डी. एन. ए. के टैस्ट की अनुमति का कानून बनने से आज के सारे घीसू-माधव खुश होंगे और आज के सारे प्रेमचंदवादी परेशान। और, डी. एन. ए. के आने से पहले इतना पूछना तो भक्तिकाल के ब्रज भाषा के अन्धे महा कवि सूर भी जानते थे–"गोरे नन्द, जसोदा गोरी, तू कत स्यामल गात।"[13] यह पूछना भी विज्ञान ही था। उसी वैज्ञानिक दृष्टिकोण का विकास आज डी. एन. ए. के टैस्ट में हुआ है। डर किसे है?

सन्दर्भ

1. दलित स्त्री का कब्जाकरण, रमणिका गुप्ता, कथादेश, सी-52/जेड-3, दिलशाद गार्डन, दिल्ली-110095, जुलाई 2003, पृ.-65
2. बन्द है मेरा कमरा.... : एक महिला-राजनेता का जेल से लिखा पत्र, रमणिका गुप्ता, हंस, 2/36, अंसारी रोड, दरियागंज, नई दिल्ली-110002, फरवरी 2003, पृ.-35-6
3. वही, पृ.-35-6
4. तुम्हारी और मेरी मुक्ति : एक महिला-राजनेता का जेल से लिखा पत्र, रमणिका गुप्ता, हंस, 2/36, अंसारी रोड, दरियागंज, नई दिल्ली-110002, जनवरी 2003, पृ.-32
5. कविता में औरत, अनामिका, इतिहास बोध प्रकाशन, बी-239, चन्द्र शेखर आजाद नगर, इलाहाबाद-211004, प्रथम संस्करण, जनवरी 2004, पृ.-91
6. हम से जाति पूछते हो!, मैत्रेयी पुष्पा, हंस, 2/36, अंसारी रोड, दरियागंज, नई दिल्ली-110002, दिसम्बर 2001, पृ.-47
7. मान न मान, मैं तेरा मेहरबान, मैत्रेयी पुष्पा, कथादेश, सी-52/जेड-3, दिलशाद गार्डन, दिल्ली-110095, जून-2003, पृ.-60
8. वही, पृ.-59
9. विवाह की मर्यादा : एक पवित्र धोखा, मैत्रेयी पुष्पा, जनसत्ता, 15 जून, 2003
10. मान न मान, मैं तेरा मेहरबान, मैत्रेयी पुष्पा, कथादेश, सी-52/जेड-3, दिलशाद गार्डन, दिल्ली-110095, जून 2003, पृ.-59
11. 'चांद' का 'अछूत अंक' : दलित विमर्श की पूर्व पीठिका?, वीरेन्द्र यादव, तद्भव, 18/201, इन्दिरा नगर, लखनऊ-226016, फरवरी, 2004, पृ.-84,
12. वही, पृ.-90
13. सूर-सागर (पहला खंड), सम्पादक नंददुलारे वाजपेयी, नागरी प्रचारिणी सभा, काशी, पंचम संस्करण, सम्वत 2035 वि., पद संख्या-833, पृ.-270

अध्याय–3

प्रभा खेतान : अन्या, बन्ध्या, जघन्या

I

शुरूआत की जाए कि प्रभा खेतान ने अपने लेख 'सवर्ण पति बनाम दलित पति' में लिखा है–"यौन आचरण की भिन्नता का आधार वैज्ञानिक होता है।"[1] मेरे ख्याल से, किसी समाज के पतन को नापने के लिए यह बैरोमीटर पर्याप्त है कि उस में जारकर्म को वैज्ञानिक कहा जाता है। बैरोमीटर वाली बात ठीक, लेकिन इस चिन्तन में खुद विज्ञान की स्थिति क्या है? पता चलता है कि इस चिन्तन में विज्ञान की बड़ी दयनीय स्थिति बन जाती है। हाँ, यदि विवाहेतर सम्बन्धों का एक विज्ञान है तो चोरी करने का भी एक दूसरा विज्ञान खड़ा हो सकता है। जारकर्म को वैज्ञानिक कहने में चोरी को अवैज्ञानिक कैसे कहा जा सकता है? तब दुनिया में जो भी हो रहा है उस सब को वैज्ञानिक कहा जा सकता है।

प्रभा खेतान का एक दूसरा महावाक्य इस प्रकार है–"यौनिकता एक शुद्ध जैविक प्रक्रिया है।"[2] पर इस सच्चाई से कौन मना करता है? मैंने कब कहा है कि यौनिकता शुद्ध जैविक प्रक्रिया नहीं है? लेकिन शायद लेखिका के वाक्य में 'शुद्ध' शब्द को ले कर कुछ गड़बड़ है। क्या वे यह तो नहीं कह रही हैं कि मनुष्य के पास 'यौनिकता एकमात्र शुद्ध जैविक प्रक्रिया है?' यदि ऐसा है तो यह सोच एकदम गलत है। सच्चाई यह है कि मनुष्य की बौद्धिकता भी एक शुद्ध जैविक प्रक्रिया है। बुद्धि जैविक है। बुद्धि मनुष्य की जैविकता से बाहर की चीज नहीं है। यह बुद्धि ही है जो जैविक यौनिकता का नियमन करना चाहती है। इस रेगूलेशन से डर क्यों लगता है? यौनिकता को जैविक प्रक्रिया मानने के बावजूद दलित समाज ने बलात्कार को दण्डनीय अपराध माना है। ऐसे ही, उन्होंने जारकर्म को भी अपराध माना है। लेकिन ब्राह्म-विवाह ने न बलात्कार को ही और न ही जारकर्म को अपराध माना है। फिर, हमें समझाया क्या जा रहा है?–हम अलग-अलग लोग हैं। विवाहेतर सम्बन्ध की वकालत में सैक्स है कि 'ट्रिप्पल फाइव' के पैकेट से निकाल कर सिगरेट पी जा रही है? जिन्हें अच्छा नहीं लगता उन पर सिगरेट का यह धुआँ थोंपा क्यों जा रहा है?

जब विवाहेतर सम्बन्ध बना कर यौन-शुचिता तोड़ दी तो विवाह के बन्धन की पवित्रता को तोड़ने में क्या जाता है? यहाँ बचा क्या है, फिर विवाह को भी तोड़ें, उसे पवित्र और अटूट क्यों बना रखा है? प्रभा खेतान का लिखना है—"विवाहेतर सम्बन्ध कभी स्थायी होते नहीं। ऐसे सम्बन्ध तो खतम होने के लिए शुरू होते हैं।"[3] यह वाक्य उन की लेखनी से किस वजह से निकला है। दलित की लेखनी से ऐसे गलत शब्द नहीं लिखे जा सकते। वहाँ विवाहेतर सम्बन्ध के बजाय पुनर्विवाह होता है। चूँकि, ब्राह्म-विवाह में स्त्री का पुनर्विवाह अनुमत नहीं है, इसलिए उन की लेखनी से ऐसे शब्द लिखे जा सके हैं। दलित कलम जहाँ रुक जाती है, द्विज कलम वहाँ सरपट दौड़ती है। यह अन्तर है, समानता नहीं—इसे बरकरार रखा जाए।

यदि पति के सिवा अन्य पुरुषों से जार सम्बन्ध बनाने हैं तो विवाह क्या पति के धन से किया था? यदि ऐसी स्थिति में कोई पति अपनी पत्नी को वेश्यावृत्ति में झोंकने लगे तो उसे ऐसा करने से कैसे रोका जाएगा? वह घर के दरवाजे पर बाहर खड़ा हो कर पूरी सुरक्षा प्रदान करेगा। वह बाजार में नाममात्र की दुकान खोल कर वहाँ अपनी पत्नी के लिए ग्राहक तय किया करेगा। उस का तो ऐसे ब्राह्म-विवाह से धंधा चल पड़ेगा। वह ऐसे विवाह को अटूट क्यों नहीं कहेगा? आखिर, विवाह करना एक पेशा है, रोजी-रोटी है, पति के लिए भी और ऐसी पत्नी के लिए भी। मेरे बापू अपने एक के दूर के रिश्ते भाई को गाली दिया करते थे—"बेशर्म हो गया है, डंगर का मीट भानने बैठ जाता है, यह पता नहीं लगाता कि उसकी बहू वह मीट कहाँ से लाई है।" मैं अपने बापू की सुनूँ या प्रभा खेतान की, जो मेरी जाति की और मेरी परम्परा की कुछ नहीं लगतीं?

और जब द्विज औरतें विवाहेतर सम्बन्धों को वैज्ञानिक और जायज ठहराती हैं तो वे विधवा के पुनर्विवाह के लिए लड़ाई कैसे लड़ सकती हैं? देवर, जेठ, ससुर और दूसरे बहुत सारे पुरुष विधवा को मिले हुए ही हैं। जब पति के रहते विवाहेतर सम्बन्धों की वकालत की जाती है तो ब्राह्म-विवाह में पति के मरने के बाद इन तमाम विवाहेतर सम्बन्धों की व्यवस्था पहले से ही कायम है। विधवा के पुनर्विवाह की इजाजत न देने के मामले में ब्राह्मणों ने यही सोचा होगा। ज्यादा सही बात वे खुद जानते होंगे क्योंकि मेरी उन से बहस नहीं है, पृथकता है।

प्रभा खेतान ने बड़ी आसानी से लिख दिया है कि विवाहेतर सम्बन्ध बनते ही खत्म होने के लिए होते हैं। जाने किन लोगों से मेरा सामना पड़ रहा है? ये कौन-सी संस्कृति के लोग हैं? इन के क्या आदर्श और क्या चरित्र हैं? जारों का समाज सभा में बात करने बैठ गया है। हम कहते हैं कि विवाहेतर सम्बन्ध मत बनाओ, बनाते हो तो दूसरे पक्षकार को तलाक लेने का अधिकार दो। अपने नए विवाहेतर सम्बन्ध को गृहस्थी में तब्दील करो। पति या पत्नी को धोखा मत दो। चोरी मत करो। फरेब मत रचो। झूठ मत बोलो। इस द्विज संस्कृति का कोई एक व्यक्ति तो सच्चाई पर आ जाए। जो भी लेखक या लेखिका बनता है, गन्दगी लिए आता है। यह बात मैं इसलिए कह रहा हूँ कि

यदि इन विवाहेतर सम्बन्धों में किसी की मौत होती है तो वह पति की या पत्नी की होती है। यह कितना बड़ा अन्याय है!

यदि विवाहेतर सम्बन्ध वैज्ञानिक, जैविक और बहुत जरूरी हैं तो उन का भी नियमन हो जाना चाहिए। पत्नी कितनों के साथ की छूट लेगी, पति को कितनी छूट मिलेगी? उम्र का तकाजा क्या होगा? क्या माँ अपने बेटे से सम्बन्ध बनाएगी? क्या पिता बेटी को गर्भिणी करेगा? जाने किस बात में वैज्ञानिकता लगने लगे? जाने कौन-सा सम्बन्ध जैविक परिभाषा पर तुल जाए? जाने कौन-से कामसूत्र की उत्पत्ति बहुत जरूरी हो जाए? कोई सीमा रहेगी या नहीं? क्या हर घर में यमी और यम का वैदिक संवाद चलेगा? द्रौपदी को कितने पति मिलेंगे—और फिर कर्ण क्यों नहीं, दुर्योधन क्यों नहीं? हर बात का हिसाब देना पड़ेगा। बच्चों को कौन पालेगा? बच्चे किस के कहे जाएंगे? उन का बाप कौन बाजेगा? किसी भी व्यवस्था में यह सब तय करना ही पड़ेगा। स्त्री का बलात्कार से बचाव कैसे होगा और बचाव का तर्क क्या होगा? इतना भर कहने से चलते नहीं बन सकते कि विवाहेतर सम्बन्ध वैज्ञानिक हैं, जैविक हैं और जरूरी हैं। यह कथन अपने पीछे बहुत सारी जवाबदेहियाँ लाता है।

अनुशासन ने जीवन के किसी भी क्षेत्र में कभी किसी का नुकसान नहीं किया है। मनुष्य को हर काम को अनुशासन के तहत करना चाहिए। अनुशासन का मतलब है—उस क्षेत्र के लिए कायदे और कानून बनाना। यदि विवाहेतर सम्बन्ध रखे जाने हैं तो उन के भी नियम बनने चाहिए। रेल अनुशासन के तहत ही पटरी पर चलती है। अनुशासन के बिना दुर्घटना हो जाती है। विवाह की रेल परपुरुषों और परनारियों से सम्बन्ध बनाने में पटरी पर दुर्घटनाग्रस्त हो जाती है। इन्जन टूट-फूट जाते हैं। बच्चे बर्बाद हो जाते हैं। इसलिए चाहे तो रेल बदल दो लेकिन रेल को पटरी पर से मत उतारो।

अपने चिन्तन की प्रक्रिया में प्रभा खेतान लिखती हैं—"मोनोगैमी या पॉलीगैमी व्यक्ति की अपनी निजी प्रवृत्ति या उस का निजी चुनाव हुआ करता है।"[4] पर यह कैसी आजादी ली जा रही है? व्यक्ति की निजी प्रवृत्ति और निजी चुनाव में दूसरे पक्षकार को कितना अधिकार दिया गया है? दूसरे की भी निजी प्रवृत्ति और दूसरे का भी निजी चुनाव होता होगा। इस वाक्य में उस का ख्याल कितना रखा गया है? एक पक्षकार अपनी प्रवृत्ति और चुनाव के आधार पर पोलीगैमी पर उतरे तो दूसरे पक्षकार को उस की प्रवृत्ति और चुनाव के आधार पर तलाक लेने का अधिकार दे कर झगड़ा मिटाओ। सम्बन्धों को उलझाए क्यों रखते हो? खुद स्वतन्त्रता लेते हो तो दूसरे पक्षकार को भी स्वतन्त्रता दो। मन में सफाई क्यों नहीं है? अपनी निजी प्रवृत्ति और अपने निजी चुनाव के लिए स्वयं जिम्मेदार क्यों नहीं बनते? प्रवृत्ति तुम्हारी, चुनाव तुम्हारा, और खामियाजा कोई और भुगते — यह बेईमानी है। ऐसे अस्तित्ववाद नहीं चलता। यह गैर-जिम्मेदाराना सोच है। यह दूसरों का शोषण है। कोई भी विवाह-व्यवस्था खड़ी करो, इसे दूर किया

ही जाना है। सोचने के लिए यह एक जरूरी मुद्दा है कि कोई दूसरे के रह रही औरत को अपनी पत्नी क्यों कहेगा और दूसरे से पैदा औलाद को अपनी औलाद क्यों कहेगा। कलम बगाने से पहले इन असली सवालों के जवाब देने ही पड़ेंगे।

जब इस नारी-चिन्तन ने विवाहेतर सम्बन्धों में देह की स्वतन्त्रता की वैज्ञानिकता ढूंढ़ ली है तो विवाह के खूँटे को तोड़ कर भागे। अपनी सारी स्वतन्त्रता में पति को इतनी स्वतन्त्रता दो कि वह तलाक ले ले। फिर, इस झूठे खूँटे को गाड़े रखने की क्या जरूरत है? पति की बाँट में कुछ आएगा कि नहीं? क्या कानून जारकर्मी पुरुष के पक्ष में ही बना रहेगा? क्या सारे हकूक उसे ही मिलते रहेंगे?

लेखिका बड़ी अच्छी बात लिख रही हैं लेकिन उस पर अमल नहीं कर रही हैं। वे लिख रही हैं–"सिद्धान्त, विधि और ज्ञान का आधार केवल तर्क नहीं हुआ करता, बल्कि सम्वेदना भी है।"[5] पर यही बात तो मैं भी कह रहा हूँ कि दूसरे की सम्वेदना का भी ख्याल रखना चाहिए। दूसरे की सम्वेदना दुखद क्यों बने और दूसरे के अनुभव कटु क्यों किए जाएँ? वे ज्ञान और विचार के बजाय भावना और अनुभव पर जोर देती हैं[6] लेकिन जारकर्म में दूसरे के पक्ष की भावना ही नहीं आहत होती, उस के अनुभव भी कटु हो जाते हैं।

शायद लेखिका का सब से अच्छा वाक्य यह है–"मैं पूछती हूँ कि मानवीय कमजोरी को अपराध की संज्ञा क्यों दी जा रही है?"[7] इतना सुन्दर वाक्य रचने के बाद उन्हें खुद खटका लगा है तो वे उस की रोकथाम करने बैठ जाती हैं–"प्रति उत्तर में यह कहना कि यौन अनैतिकता को अपराध नहीं कहेंगे तो समाज रसातल में नहीं चला जायेगा, जैसे तर्क जमते नहीं हैं।"[४] खूब मालूम है कि ऐसे तर्क उन्हें जमेंगे नहीं। तीन हजार साल के संस्कार हैं, समझाने से कैसे मिट जाएंगे? विवाहेतर सम्बन्ध और यौन-विचलन को वैज्ञानिक, जैविक और अनिवार्य कहा ही गया था कि अब उन्हें मानवीय कमजोरी की भीख मांगने तक लाया गया है। जाने कैसा चिन्तन बना है, हमारी समझ में नहीं आता। कमजोरी क्यों, मनुष्य शक्ति की ओर बढ़े। महानता में यह क्या भिखारीपन आ गया? द्विज नारी का ऐसा कमजोर और भ्रमित चिन्तन दलित नारी को क्या शक्ति और दिशा देगा? यह नेतृत्व है या कमजोरियों का खजाना? ऐसा चिन्तन संकट में पड़ जाए तो हाय-हाय करके वैसे ही मर जाएगा।

जारकर्म और चोरी के शब्द छोड़िए। इन पर अलग से विशेष रूप से चर्चा की जा सकती है। कुछ मूल शब्दों पर आया जाए। ये झूठ और बेईमानी के हैं। क्या जारकर्म में झूठ और चोरी में बेईमानी शामिल नहीं है? क्या झूठ और बेईमानी को नहीं रोका जाएगा? इन की किन-किन युक्तियों से रक्षा और मदद की जाएगी? जो जारकर्म को आवश्यक बताते हैं, वे बताएं कि अनावश्यक क्या है? यही साबित होता है कि उन के हिसाब से जारकर्म को रोकना अनावश्यक और अवैज्ञानिक है। वे कह रहे हैं कि जारकर्म पर पाबन्दी लगाना मानववाद का विरोध है। ऐसे लोगों की कौन सुनेगा?

विवाह एक दाग व्यवस्था है। पति और पत्नी विवाह के बन्धन से एक-दूसरे के प्रति दग जाते हैं। इस के बाद यदि वे जारकर्म पर उतरते हैं तो इस के भी नियम बनने चाहिए। पत्नी इतने और इन-इन अन्य पुरुषों से मैथुन करेगी और पति इतनी और इन-इन अन्य स्त्रियों से मैथुन करेगा। सब कुछ उजागर हो, चोरी से कुछ न किया जाए।

विवाह में विवाहेतर सम्बन्ध वही अपराध है जो नौकरी में ऊपर की कमाई और दुकानदारी में काला बाजारी है। इन तीनों की वकालत करना एक ही मानसिकता की उपज है कि वे लोग व्यवस्था का उल्लंघन करते हैं या खराब व्यवस्था बनाते हैं। ऐसा समाज रसातल को चला जाता है और वह अपना राज आप करने की योग्यता और क्षमता खो देता है। इतिहास के द्वारा तुर्क, मुगल और अंग्रेज उसी पूर्ति के लिए दूसरे देशों में भेजे जाते हैं।

कहा जाए कि 'भारतीय दण्ड संहिता' पशु-पक्षियों के पास नहीं होती। यह भारतीय मनुष्यों के पास है। वहाँ भेड़-बकरियों और शेर-बघेरों पर 'इन्डियन एविडेन्स एक्ट' लागू नहीं होता, उसे भारतीयों ने बनाया और अपनाया है। लेकिन यदि जानवरों के जंगली राज के लिए समाज के कायदे-कानूनों में भी जगह या ढील छोड़ दी जाए तो यह मनुष्य का पिछड़ापन कहा जाएगा। जिसे प्रभा खेतान मानवीय कमजोरी कह रही हैं उसे ही तो कानून बना कर दूर करना है। यह जानना पड़ेगा कि मानवीय कमजोरी में जंगलीपन के अवशेष कितने बचे हैं। मसलन, भारतीय दंड संहिता, 1860 की धारा 497 के अनुसार किसी की पत्नी से जारकर्म करने के लिए जार पुरुष को 5 वर्ष की सजा लिखी गई है लेकिन जारपत्नी के लिए कोई सजा नहीं है। सामाजिक विकास इस बात से जाना जाएगा कि पत्नी को जिम्मेदार बनाते हुए उसे भी सजा मिले। इस धारा में द्विज समाज के ब्राह्म-विवाह का यह कानून बरकरार रखा गया है कि वे अपनी पत्नियों के साथ दूसरे पुरुषों से रजामन्दी से मैथुन करा सकते हैं। ऐसी छूट समाप्त होनी चाहिए क्योंकि इस से दूसरे समाजों पर गलत असर पड़ता है। उन के बाल-बच्चे बिगड़ते हैं। फिर, जारकर्म के लिए सजा न मिले पर उस से तलाक लेने की सुविधा तो मिले। जार पुरुष ऐसी औरत के भरण-पोषण के लिए और यदि ऐसे जारकर्म से कोई सन्तान पैदा हो तो उस के पालन-पोषण के लिए जिम्मेदार तो बने।

मैं जार औरत के आसपास कुछ ढूंढ़ रहा हूँ। नारी मुझ से लड़ने क्यों बैठ गई है?—मेरी लड़ाई उस जार पुरुष से है जिस ने दूसरे की पत्नी को गर्भिणी किया है। उसे किसी की पत्नी को गर्भिणी करने का क्या अधिकार है? नारी क्यों हा-हा कार मचा बैठी है? उसे भरण-पोषण मिलेगा—उस का जार पुरुष उसे भरण-पोषण देगा? उस के पेट से पैदा बच्चा उसे मिलेगा—वह जारपुरुष उस का कानूनी पिता माना जाएगा। किसी को फाँसी की सजा नहीं दी जा रही है, किसी को जेल की हवा नहीं खिलाई जा रही है, जिस के हिस्से में जो जिम्मेदारी आ रही है, तथ्यों के आधार पर वह उसे दी जा रही है। नारी का कुछ भी नुकसान नहीं है। उस ने सिर आकाश पर क्यों उठा लिया है? उसे कौन-सी

आफत व्याप गई? उसे क्या चिन्ता है? उसे बच्चा भी मिलेगा, भरण-पोषण भी मिलेगा, बच्चे को बाप का नाम भी मिलेगा। पर वह झूठ पर क्यों तुल गई है? बीच में पति को क्यों फाँद रही है? वह उस ने उसी दिन त्याग दिया था जिस दिन जारपुरुष से सम्बन्ध बनाया था।

यह नारी मेरे सामने खड़ी हो गई है लेकिन मुझे जार पुरुष को ढूँढ़ना है। वह नारी के आस-पास ही है। शायद वह उस के पीछे दुबका खड़ा है। लेकिन मुझे कर्ण के बाप का हुलिया खोजना ही है। सुनते हैं, उस का नाम सूर्य है। सूर्य और अंधेरा—क्या कमाल की बात है! सूर्य है तो अंधेरे में छुपता क्यों फिर रहा है? सामने आए और अपनी औलाद को अपनी कहे। महोदय, तुम तो अंधेरी रात बन गए। सूर्य डरता फिर रहा है और बेबस बना कर औरत को सामने ला रहा है। उस की फजीहत कर रखी है। उसे कहना पड़ रहा है—यह मेरी 'मानवीय कमजोरी'[9] है, मुझे मेरा समाज माफ कर दे। एक भली औरत को इस 'सूर्य' के बचाव में नारीवादी दर्शन खड़ा करना पड़ रहा है कि विवाहेतर सम्बन्ध वैज्ञानिक, जैविक और अनिवार्य हैं। इसलिए, नारी की इज्जत रखने के लिए खुद सूर्य सामने आए और जब उसे गर्भिणी किया है तो उस का हाथ भी थामे। विवाह करे, पत्नी बनाए, और अपने बच्चे को पाले। तीन हजार साल से कहाँ मुँह लुकाता फिर रहा है? अब तक सभ्य समाज की और कितनी कुँवारी बेटियों को गर्भिणी कर दिया है?

कुन्ती से यही वायदा किया होगा कि मैं तुझ से शादी करूँगा। बाद में उसे धोखा दे दिया। देवों से लड़ने की बात बघारता फिरता था लेकिन कायर हरण करने तक नहीं आया! दिनकर की पुस्तक 'उर्वशी' में पुरूरवा से पूछा गया है—"हरण किया क्यों नहीं मांग लाने में यदि अपयश था?" मछेरे की बेटी नाव पर मिल गई तो ऋषि महोदय ने नाव में ही गर्भिणी कर दी। दुष्यन्त तो शकुन्तला को जानने-पहचानने तक से इनकार कर रहा था। शकुन्तला ने ठीक लड़ाई लड़ी कि बच्चे का बाप उसे दिया। शकुन्तला के मुकाबले में यह क्या नारी-दर्शन हुआ कि विवाहेतर सम्बन्ध वैज्ञानिक, जैविक और अनिवार्य हैं? यह चोरी है, लेकिन शकुन्तला ने, कुन्ती ने और सत्यवती ने कोई चोरी नहीं की थी। उन्हें विवाह का भरोसा दिया गया था।

आज प्रभा खेतान को पश्चाताप है कि '...जब पूरा महाभारत घट रहा था, कुन्ती की जुबान पर कर्ण का नाम नहीं आया। वह कर्ण का नाम बताती तो महाभारत का अन्त कुछ अलग होता।'[10] जरूर अलग होता लेकिन यह विकल्प द्विज नारी के पास आज भी है। कर्ण का नाम वह आज खोल दे। यह उस की मुट्ठी में है। उस के शरीर पर कर्ण का नाम गुदा पड़ा है। सच्चाई यह है कि वह आज भी उस से डरती है जो कर्ण का बाप है। कर्ण को तो उस ने नदी में बहा दिया है। नाम न खोल कर वह उसे बचा रही है जो उस का जार पुरुष है। अपनी बेकसूर औलाद का कत्ले आम एक माँ द्वारा एक कसूरवान पुरुष के हक में किया जा रहा है। घोषणा कर दी जाए कि आज नारियों को पितृत्व की इस ना-जाँच के कानून के आश्रय की जरूरत नहीं है। वे अपनी सन्तान

को अपनी कहेंगी और मेहनत-मशक्कत करके उसे खुद पालेंगी या अपने जार से पलवाएंगी। कम से कम वक्त के साथ नारी के इतने आधुनिक होने के कारण अब तो पति को गैर की सन्तान पालने से माफी मिले। दमघोटू व्यवस्था में कुछ तो राहत मिले।

II

प्रभा खेतान लिखती हैं—"एक स्वतंत्र चेता स्त्री अपनी देह को कितना किस पुरूष के नियंत्रण में रखना चाहेगी, इसका भी निर्णय वह खुद लेना चाहेगी।"[11] यदि प्रभा खेतान के बजाय कोई अन्य स्त्री इन शब्दों को कहती तो मैं तुरन्त हामी भर देता। मुझे तनिक परेशानी नहीं होती बल्कि खुशी होती कि स्त्री अपने पति का चुनाव आप करना चाहती है। यदि वह ऐसा कर सके तो यह मेरे लिए नाच-गाने की बात होगी। यदि वर का चुनाव ठीक नहीं हुआ तो वह पहला विवाह तोड़ कर अपना दूसरा ब्याह रचा सकती है। तब वह अपने पुनर्विवाहित पति को अपनी देह सौंपने में खुश हो सकती है। इस में कुछ भी गलत नहीं है। लेकिन प्रभा खेतान ईमानदारी के इस धरातल पर नहीं खड़ी हैं। उनका नारी चिन्तन अलग प्रकार का है। वह चिन्तन पति एक व्यक्ति को कहना चाहता है और देह अनेकों को सौंपना चाहता है। लेकिन ईमानदार समाज ऐसे बेईमान चिन्तन की इजाजत नहीं दे सकते। सभ्य समाज के सामने ऐसी मांगें नहीं रखनी चाहिए। जारकर्म में गैर-जिम्मेदार देह की स्वतंत्रता परिवार को नष्ट कर देती है जबकि विवाह में देह की स्वतंत्रता मर्यादा में रह कर फलती-फूलती है।

यह नारीवाद नहीं बल्कि जारीवाद है। नारीवाद को बलात्कार और जारकर्म के विरुद्ध अपने आदर्श खड़े करने पड़ेंगे। इन्हें मिटाने के लिए सख्त कानूनों का सहारा लेना पड़ेगा। ढुलमुल कानून काम नहीं देंगे। नारी के विरुद्ध जो कानून बने हैं वे हटाए जाने हैं। 'ढोल गँवार सूद्र पसु नारी'—की चौपाई साहित्य के पाठयक्रमों से हटवानी पड़ेगी।

पति के विरुद्ध चलना नारीवाद नहीं है। नारी को पति के जारकर्म और बलात्कार के खिलाफ लड़ना है। इस प्रक्रिया में उसे खुद जार नहीं बनना है। देह की स्वतंत्रता की छूट लेना नारीवाद नहीं है बल्कि तलाक और पुनर्विवाह की स्वतंत्रता का अधिकार लेना नारीवाद है। खालिस देह की स्वतंत्रता में अश्लीलता का नंगा नाच हो जाएगा। नौटंकी की रौनक में कुछ नहीं है। स्त्री साहित्य को नौटंकी का साहित्य नहीं बनाया जा सकता। तलाक और पुनर्विवाह की स्वतंत्रता ले-दे कर स्त्री को बच्चों के प्रति जिम्मेदार बनना है। यह समाज हिस्से में उस का भी है। यह क्या देह आगे रख दी है? खालिस 'देहवाद' कभी नहीं चलेगा। बिना बलात्कार और जारकर्म के घर में देहवाद की सन्तुष्टि की जानी है। विवाह बलात्कार और जारकर्म का विलोम है। विवाह में भी देह की स्वतंत्रता वहाँ तक जायज है कि खुद पति अपनी पत्नी से बलात्कार न कर जाए। पता नहीं पति के

नाम पर कौन क्रूर व्यक्ति मिल जाए? विष्णु का वृन्दावाद और कृष्ण का राधावाद—दोनों खत्म किए जाने हैं। एक में बलात्कार और दूसरे में जारकर्म है। विवाह के सामने दोनों गलत हैं। 'पत्नीवाद' क्यों न चलाया जाए? यदि ऐसा आदर्श सामने नहीं है तो नारी न राधा रहती है और न रुक्मणि—सीधे कोठे पर जाती है या संन्यासिनी बनती है।

विवाहेतर सम्बन्धों की ऐसी तरफदारी को हिंसा से जोड़ा जा सकता है। यदि देह में विवाहेतर सेक्स भरा है तो दूसरा ऐसी देह को फूँक भी देता है। उसे कैसे रोकोगे? तर्क क्या है? फिर किसी बुराई पर कोई रोक नहीं लग सकती। फिर कोई भी क्रिया अपराध नहीं है। फिर समाज और राज्य की भी कोई जरूरत नहीं है। इसे कहते हैं 'निरा जंगल'। अपनी अपनी मर्जी। जो जीते सो जीते। आक्रमण इसीलिए होते हैं।

स्त्री के जारकर्म का रास्ता बलात्कार की स्वीकृति की ओर जाता है। जारकर्म के लिए देह की स्वतंत्रता बाज को झपट्टा मारने के लिए न्यौता देती है। यह कौन-सी सोच है? यह भयावह है। विवाह के नियम को न मान कर स्त्री अपने यौवन के बल पर विवाहेतर सम्बन्ध कायम करती है तो वह बलात्कारी को किस नियम के अन्तर्गत रोकना चाहेगी जो विवाह का उस से पहले उल्लंघन करता है? पतिव्रता के कामी पति के बजाय बलात्कारी को धमकी दे कर दिखाई जाए। लड़ना है तो फासिस्ट बलात्कारी से लड़ा जाए—पति को फासिस्ट क्यों कहा जा रहा है? पति के इतना चाहने पर कि उस की पत्नी उस के प्रति निष्ठावान रहे तो इसे काबू में रखना कहा जा रहा है, सीधे-सादे पति को फासिस्ट बताया जा रहा है, लेकिन स्त्री बलात्कारी के सामने दूध दूहने वाली बकरी की टांग बन जाती है। इन्हें कौन समझाए—पति की वैवाहिक मांग पर उसे फासिस्ट करार दिया जाता है? इन्हें आज तक फासिस्ट की पहचान नहीं है—पति और फासिस्ट! यदि पति फासिस्ट है तो उस से तलाक ले लो।

देह की स्वतंत्रता को लेकर इन नारी-लेखिकाओं की सोच जहाँ तक भी पहुँची है, इस में नयापन और आधुनिकता कुछ नहीं है। यह कुछ नारियों की सब से पुरानी सोच है। ऐसी सोच विवाह और कोन्ट्रक्ट के नामों से डरती है। देह की स्वतंत्रता का सवाल उठा कर नारी आगे कहाँ बढ़ी है, चक्कर खा कर वही गिर पड़ी है, जहाँ खड़ी थी।

देह की स्वतंत्रता की मांग में यह हक शामिल है कि यदि चाहे तो पत्नी पति के साथ नहीं सोएगी। यहाँ 'रेस्टिट्यूशन आफ कन्जुगल राइट्स' समाप्त हो जाते हैं। यह गलत बात ही कही जाएगी। नारी देह की स्वतन्त्रता चाहती है, हम कहते हैं कि वह विवाह की स्वतन्त्रता ले ले जिस में देह की स्वतन्त्रता अपने आप शामिल है। यह चिन्तन नारी को गुलाम नहीं बना रहा है, बल्कि उसे जिम्मेदार बना रहा है। नारी नियंत्रित न हो पर वह जिम्मेदार तो हो—किसी एक जगह तो टिके। यदि ऐसा नहीं है तो फिर हर बात बेईमानी है। और दलित लोग अपनी औरत को काबू में नहीं रखा करते। तलाक की समाज-व्यवस्था में इस की जरूरत नहीं है। तलाक पर्याप्त है और तलाक व्यभिचार की बुराई का समाधान है।

नारीवाद का मतलब देहवाद कैसे हो जाएगा? ऐसा देहवाद पुरुष भी चला सकते हैं। जार पुरुष चलाते ही हैं। नारीवाद हो या पुरुषवाद, मातृसत्ता हो या पितृसत्ता, उन में से हर किसी को समाज का नियमन करना आवश्यक है। प्रभा खेतान की यह निजी प्रवृत्ति ही जवाब में संन्यासी की आत्मशुद्धि बनती है। असल में, किसी नियमन के बिना ये दोनों गलत हैं,–जारकर्म भी और संन्यास भी।

किसे कहा जा रहा है कि हम ऐसे ही विवाहेतर सम्बन्ध बनाने कायम रखेंगी और जो तुम्हारे वश में हो, कर लो, हम नहीं रुकेंगी? इधर सुनने वाला द्विज पुरुष न हो कर दलित पुरुष है। द्विज पति घरबार छोड़ कर बुद्ध की तरह संन्यास धारण किया करता है लेकिन दलित पति कबीर की तरह तलाक ले कर अपना पुनर्विवाह किया करता है।

इस नारीवाद के विवाहेतर सम्बन्ध प्रेम के रूप में नहीं हैं। ये देहवाद के खिलौने हैं। ऐसा देहवाद सिगरेट पीने की लत है। यह प्रेम की स्वस्थता और तीव्रता नहीं है बल्कि सैक्स की बीमारी और संक्रमण है।

III

प्रभा खेतान ने अच्छा सवाल किया है कि 'क्या अच्छी स्त्री का विलोम अनैतिकता और महावेश्या होना ही है।'[12] लेकिन उन्हें सारी स्वतंत्रता है कि वे इस का विकल्प वाला उत्तर दें। जब निर्णय उद्धृत किए जा रहे हों तो इधर-उधर दौड़ने की जरूरत नहीं रह जाती। सन्दर्भ और प्रसंग से हटना नहीं चाहिए। **गौतम कुन्डू वाले मामले** पर निगाह गहरी जमानी चाहिए थी। वे विरोध में लिखती हैं–'पितृसत्ता का अर्थ हुआ पुरुष....के बीज को महत्व देना।'[13] सही बात है, यदि नारी 'बीज' को महत्व नहीं दे रही है तो जार के बजाय पति से ही बीज वपन करा ले। वह बीज के लिए इधर-उधर क्यों भागती है? उन्हें पता होना चाहिए कि कबीर के धर्मग्रन्थ का नाम 'बीजक' ही है–वह बीजक जो आजीवक धर्म का महापुरुष है और सभा में ललकारता है। तभी कबीर उच्च स्वर में बबकारते हैं :

> नारी कहावै पीव की, रहै और संग सोय।
> जार सदा मन में बसै, खसम खुशी क्यों होय।।[14]

यदि अब भी प्रभा खेतान के दिमाग में मेरी दलित परम्परा की समझ पैदा नहीं होती है तो अच्छा यह रहेगा कि वे बहस को यहीं पर रोक दें और अपनी द्विज परम्परा में मगन और मस्त रहें। कोई उन्हें टोकने नहीं आ रहा है।

उन्होंने बहुत अच्छा सवाल किया है–''क्या अच्छी स्त्री और बुरी स्त्री में कोई आपसी सम्बन्ध नहीं होता? क्या वे एक-दूसरे से इतनी कटी हुई हैं?''[15] मेरा उत्तर है, उन दोनों में गहरा सम्बन्ध होता है। वे एक-दूसरे से इतनी जुड़ी हुई हैं कि अद्वैत का सृजन करती हैं। यह एक ही स्त्री है जो पति के साथ बुरी और जारपुरुष के साथ अच्छी

बन कर पेश होती है। पति की बेइज्जती करती है और जारपुरुष के लिए घर लुटाती है। एक ही स्त्री अद्वैत की पूरी प्रतिष्ठा कर देती है। अलग से द्वैत खोजने और देखने की जरूरत नहीं पड़ती। फिर भी, द्वैत दर्शन की स्थापना करनी है तो अच्छी स्त्री और बुरी स्त्री में वैसा ही अन्तर होता है जैसा साहू और चोर में होता है। हम से नारी की प्रशंसा करवाइए, वह हम दस बार करेंगे, लेकिन हाथ जोड़ कर प्रार्थना है कि किसी भी तर्क के बल पर बद औरत को नेक कहने के लिए हमें बाध्य मत कीजिए। यह हम से नहीं हो सकेगा। यह दलित संस्कृति में सम्भव नहीं है। वे पूछती हैं—"अपने (अच्छी स्त्री और बुरी स्त्री होने के) आपसी सम्बन्ध को वे स्वयं निर्धारित करेंगी या फिर पुरुष?"[16] लेकिन इस का जवाब खुद लेखिका को देना है। यदि पुरुष से भरण-पोषण लेना है तो इस का निर्धारण पुरुष ही करेगा। यदि स्त्री जार है तो वह भरण-पोषण नहीं देगा। जार औरत को भरण-पोषण या स्थायी निर्वाहिका देने की व्यवस्था नहीं है। तब नेक और बद का निर्धारण करने का अधिकार स्त्रियों के हाथ से निकल जाता है। भगवान ऐसी स्थिति न लाए।

वे लिखती हैं—"...अपराध और कुकर्म तथा जार जैसे शब्द बार-बार स्त्री को यौन शुचिता की बाध्यकारी ग्रन्थि में तब्दील कर देते हैं।"[17] बताइए, चोर को चोर न कहा जाए, डकैत को डकैत न कहा जाए, हत्यारे को हत्यारा न कहा जाए और जार को जार न कहा जाए तो व्यवस्था का सब कुछ गड़बड़ा जाएगा। बात यह है कि रासायनिक प्रयोगशाला में तत्वों के गुण जाने जाते हैं। सामाजिक प्रयोगशाला में व्यक्तियों के गुण जाने जाते हैं। यदि प्रयोगशाला में कोई चोर साबित हुआ तो उसे चोर ही कहा जाएगा। ऐसे ही, यदि कोई जार सिद्ध होता है तो उसे जार ही कहा जाएगा। वेश्या सिद्ध होने पर उसे वेश्या न कहा जाए—यह कौन-सा तर्क है? औरत को वेश्या नहीं कहा जा रहा है, औरतों में जो वेश्या है, उसे वेश्या कहा जा रहा है। हर औरत को जार नहीं कहा जा रहा है, उन में जो जार है उसे अलग से छाँट कर जार कहा जा रहा है। क्या जार औरत को पतिव्रता कहलवाना चाहते हो? क्यों समाज-वैज्ञानिक की प्रयोगशाला के निष्कर्ष बदलवाना चाह रहे हो? इतिहास को धोखा दिया जा रहा है कि व्यभिचार के रिकार्ड दर्ज नहीं होने दे रहे हैं। घूस दे कर रपट बदलवाई जा रही है। देश की औरत और पुरुष जैसे हैं, वैसे बताए जाएँ। पितृत्व के परीक्षणों पर रोक लगा कर झूठमूठ का अध्यात्मशास्त्र क्यों खड़ा कर रखा है? मनुष्य को और देश को इस से कोई फायदा होने वाला नहीं है। घर से बाहर के इस झूठे अध्यात्मशास्त्र की रट छोड़ी जाए।

प्रभा खेतान ने मेरे खिलाफ मुद्दा उठाया है—"....हमारे ये विद्वान सारतत्व में स्त्री को पत्नी और माँ की भूमिका में सीमित कर रहे हैं।"[18] बड़ी अजीब बात है, स्त्री अपनी पचास भूमिकाएँ रखे, इस से किसी को क्या परेशानी हो सकती है? वह बेटी भी है, पोती भी है, बहन भी है, भतीजी भी है, भानजी भी है, चचेरी भी है, फुफेरी भी है, ननद भी है, भाभी भी है, साली भी है, सलज भी है, जिठानी भी है, दुरानी भी है, पुत्रवधू भी है,

सास भी है, चाची भी है, ताई भी है, दादी भी है, परदादी भी है, पत्नी भी है और माँ भी है। इस विस्तार में कहीं ऐसा नहीं है कि स्त्री की एक भूमिका उस की दूसरी भूमिका की विरोधी हो। वह सारी भूमिकाओं को बखूबी निभाती है। लेकिन लेखिका का दिमाग विचलन भरा है। उन की बात सीधी नहीं है। वे लिखती हैं—''जब तक स्त्री माँ नहीं बनती तब तक कोई सरदर्द नहीं, उस के माँ बनते ही सारी पूछताछ शुरू हो जाती है कि इस बच्चे का पिता कौन है...।''[19] लेकिन इस में स्त्री को डरने की क्या जरूरत है? नेक औरत पूछने वाले के दो थप्पड़ मारेगी कि मेरे पति का है। मुश्किल बद औरत की है। परिवार, रिश्तों और समाज में उस ने अपनी कौन-सी नई भूमिका खोजी है—रखैल की? इस की अनुमति नहीं है। यहीं से अपराध शुरू हो जाता है और इसी के साथ समाज में उस का सम्मान भी खत्म हो जाता है।

वे औरतों से हिम्मत के साथ कहलवाना चाहती हैं 'कि पत्नीत्व स्त्री की यौनता का पर्याय नहीं है।'[20] लेकिन ऐसी हिम्मत करने से पहले वे यह हिम्मत भी करके दिखातीं कि नारी को पत्नीत्व की जरूरत नहीं है। जब यौन-शुचिता को गिरवी रख दिया है तो पत्नीत्व की तो नीलामी ही हो जाती है। यह लुटने के लिए खुला आमंत्रण है। मेरठ के वैली बाजार में नीचे ग्राहक ही खड़े रहते हैं। उदाहरण दूसरे भी हैं कि यदि कोई व्यक्ति अपना सामान कहीं भूल गया है तो भला व्यक्ति उसे उठा कर वापिस पहुँचा देगा, पर चोर क्या करेगा? वह उस सामान को अपने घर लाएगा। यही सेक्स के मामले में सही है। जार जारकर्म में रत हो जाएंगे लेकिन गैर-जार ऐसा नहीं करेंगे। दोनों में भारी फर्क होता है।

यह खूब हुई कि जारी को मानवीय कमजोरी कह दिया जाए। कहा जा रहा है, कानून में जारी की इजाजत दी जाए। यह इन का जारी को मिटाने का रास्ता है। इन की चाहत है कि चोरी के खिलाफ बना कानून वापस लेने से समाज में 'चोरी' का शब्द नहीं रह जाएगा। इन के अनुसार, किसी घटना को चोरी का नाम दे कर कानून ने 'चोरी' को जन्म दिया है। वाह, जारी को जारी मत कहो, क्योंकि इस में नारी का अपमान भरा है। लेकिन नारी का सम्मान तब भी सुरक्षित रह सकता है जब वह जारी से बाज आ जाएगी। लेकिन कथनी से डर है, करनी से नहीं, शब्द रो डर है, क्रिया से नहीं। जिस अवस्था में औरत को वेश्या और जार कहा जा रहा है, उस अवस्था में पुरुष को भी भाड़ू और दलाल कहा जा रहा है। माफी किसी को नहीं है।

जाने इस में मैंने क्या गलत कह दिया, इस में आपत्ति दर्ज करने की क्या जरूरत थी, वे लिखती हैं—''डॉ. धर्मवीर के अनुसार, जार स्त्री को चाहिए कि पति को तलाक दे और जिस के साथ जारकर्म कर रही है उस के साथ विवाह करे।''[21] सीधी बात है, पुनर्विवाह करने पर वह जार नहीं कही जाएगी। इस चिन्तन में स्त्री 'पत्नी' के बजाय 'जार' होना पंसन्द क्यों करती है? वह पुनर्विवाह से इतनी बिदकती क्यों है? सम्मान और गरिमा से भय क्यों है? इज्जत को कब से बुरी कहा जाने लगा? सोच किस दिशा

में जा रही है? मैं हैरत में हूँ—बाकी लोगों ने उन का यह लेख पढ़ा होगा तो वे भी हैरत में होंगे। लेकिन लगता है, इस विवाहेतर सम्बन्धों के जार-चिन्तन ने जारकर्म की कोई सीमा नहीं बांध रखी है। शायद उन की चिन्ता है कि ऐसे कितने पुनर्विवाह किए जाएंगे क्योंकि जारकर्म तो पुनर्विवाह के बाद भी जन्म भर होने हैं। विवाह के बाद पुनर्विवाह में भी उस अगले एक पति के प्रति वफादार रहना है जो ऐसा चिन्तन नहीं निभा सकता। इसलिए इन के लिए सुभीते का यही रास्ता है कि जो विवाह हुआ है, उसे झूठमूठ के लिए तमाम जिन्दगी बनाए रख कर, सौ-पचास से जारकर्म करने की परमानेन्ट छूट ले ली जाए। यहाँ मेरा यही कहना है कि ऐसा द्विजों के ब्राह्म-विवाह में अनुमत है, दलितों के नैतिक-विवाह में नहीं। वैवाहिक जीवन की दोनों अलग-अलग शैलियाँ हैं—इस बेर-केर के संग को 'हिन्दू' नाम से दलितों पर थोपा न जाए। रहीम ने बहुत सही पूछा है :

कहु रहीम कैसे निभै, बेर केर को संग।
वे डोलत रस आपने, उन के फाटत अंग।।[22]

सच है, जार को जहाँ रासलीला की सूझती है, वहाँ सदाचारी के घर में आग लग जाती है।

नारी यह भूल जाए कि व्यभिचारिणी होने पर उसे सम्मान मिलेगा। तब उस का उपभोग ही होगा। जब भी सम्मान मिलेगा, उसे सदाचारिणी होने पर मिलेगा। विवाह और परिवार में गलत पक्ष ले कर वह आगे नहीं बढ़ सकती। अपने विकासमान चिन्तन में उसे थोड़ी-बहुत जगह त्याग और बलिदान के लिए भी देनी पड़ेगी। तिरछी-बंकी उसे खुद भी नहीं चलना चाहिए। व्यभिचार की स्तुति में कितने भी काव्यात्मक पद लिखे जाएँ, लेकिन सदाचार मनुष्य का ही गुण है—पुरुष का भी, स्त्री का भी। सदाचार मनुष्य के लिए पराई चीज नहीं है—यह उस ने खुद खोजी और अर्जित की है। ठीक ही मानववादी दार्शनिक इसे मनुष्य के साथ जन्मजात—अर्थात 'इन्नेट' कहते हैं। इस की रक्षा की जानी चाहिए, यह समाज की धरोहर है। इस का दायरा विकसित किया जाना चाहिए, यह हमारे भविष्य के लिए बड़े काम की चीज है। इस की खिल्ली उड़ाने से मनुष्य नीचे गिरेगा। सदाचार की पूँजी बच्चों को संभाल कर थमाने की चीज है। इस के साथ हलकी-सी भी मजाक मत कीजिए। हाँ, एक पतिनिष्ठा का पतिता के मुकाबले में सम्मान किया ही जाएगा। यदि कोई स्त्री पतिता अपनी इच्छा से हुई है तो उसे सम्मान की चाहत नहीं करनी चाहिए। जिन के साथ बलात्कार हुआ है, वे पतिता नहीं हैं, लेकिन विवाहेतर सम्बन्ध कायम रखने को पतिता की श्रेणी में जरूर रखा जाएगा। पुरुष से क्या, वह किसी पतिनिष्ठा से बात करे, वह उसे ज्यादा खरा जवाब देगी। पतिता पतिनिष्ठा की ड्योढ़ी पर भी खड़ी नहीं हो सकती।

बहुत जरूरी हो और नारी के हित में हो तो वेश्यावृत्ति को पेशा बना दिया जाए। जो नारियाँ उस पेशे में जाना चाहे वे जाएँ, कम से कम कई देशों में मिलट्री की सेवा

की तरह इसे सारी नारियों पर लागू होने वाली अनिवार्य सेवा तो न बनाया जाए। जार औरत को और वेश्या को बँटवारे के हिसाब से सम्पत्ति मिले, इसे कौन मना करता है, पर पति से क्यों मिले, उस के जार पुरुष से मिले। मैं कब कह रहा हूँ कि वह भूखी रहे? जारज बच्चे का पालन-पोषण जरूर हो पर यह पालन-पोषण उस का बीज-बाप करे।

जो बात प्रभा खेतान विवाहेतर सम्बन्ध के बारे में लिखती हैं, उसे कोई वेश्या ज्यादा मजबूती से कह सकती है। चूँकि, वह विवाह ही नहीं करती इसलिए उसे कोई झिझक या उस पर कोई बन्धन भी नहीं है। वेश्या अपने सेक्सी जीवन को वैज्ञानिक सिद्ध कर सकती है। वह यह भी कह सकती है कि उस का सेक्स जैविक है। इस के बाद उस के सेक्स को अनिवार्य क्यों नहीं कहा जा सकता क्योंकि वह उस की रोजी भी है? बिना सेक्स के वह भूखी है। लेकिन तब वेश्या के चिन्तन के पास क्या नहीं होगा? उत्तर में उस के पास शील नहीं होगा। दूसरे, वह प्रेम से भी वंचित रहती है। तीसरे, यदि जैविक वजह से उस के बच्चे पैदा होते हैं तो वे बेचारे कुत्तों के पिल्लों की तरह सड़कों पर भटकते हैं। चौथे, उस का कोई पति और उस के बच्चों का कोई बाप नहीं होता। ना उस का कोई ससुर होता है, ना कोई उस की कोई सास, ना उस का कोई देवर होता है, ना कोई उस का जेठ। उस की कोई ननद नहीं होती। यही गृहस्थी में और कोठे में फर्क है। एक देह की स्वतन्त्रता के चक्कर में कितना कुछ छूट जाता है।

जारकर्म को वैधता प्रदान करने से बेहतर होगा कि वेश्यावृत्ति को वैधता दे दी जाए। बाकायदा कोठों को नम्बर दिए जा सकते हैं और रेट फिक्स किए जा सकते हैं। कन्डोम सरकार की ओर से एड्स की बीमारी रोकने के लिए फ्री वितरित किए जा सकते हैं। वेश्याओं की मजबूरियाँ समझ में आती हैं पर घर बैठीं पति के माल-पूओं पर पलने वाली व्यभिचारिणियों के जारकर्म को कैसे समझा जाए?

तो, यही कहा जाए कि जब बात सम्मान की भूख की है तो काम भी सम्मान के किए जाने चाहिए। यह डबल अत्याचार है कि काम बेइज्जती के करके सम्मान हथियाएँ जाएँगे। तब उन का क्या होगा जो सदाचारी हैं, सम्मान प्राप्त करने का अधिकार सदाचारियों का है, दूसरों का नहीं। यह पर्चे लीक करवा के पास होना है जिस में मेहनती बच्चों का नुकसान होता है। पर्चे लीक होने से पूरे समाज का मोरल गिरता है। सदाचार की परीक्षा में विवाहेतर सम्बन्ध रखने वाले लोगों को फेल किया ही जाना चाहिए। क्या जार को 'विवाहेतर' कहने से अर्थ में कोई नया विकास हो जाता है? क्या 'विवाहेतर' कहने में जार व्यक्ति व्यभिचारी नहीं रहता? इसलिए, पुनः कहा जा रहा है कि सम्मान प्राप्त करने की ख्वाहिश है तो सम्मान के काम कीजिए। इस बहस में डायलमा यही है कि चोर चोरी भी करेगा और चोर को सम्मान भी चाहिए। ऐसे ही, जार जारी भी करेगा और उसे समाज में सम्मान भी चाहिए। बताइए, ऐसे कैसे चलेगा? चोरों को और जारों को अपने मूल्य खड़े करने चाहिए कि जो चोर सौ चोरियाँ कर लेगा उसे 'चोर शिरोमणि' और जो जार सौ जारियाँ कर लेगा उसे 'जार शिरोमणि' कहा जाएगा। वे साहू और

गृहस्थ समाज के मूल्यों के सम्मान क्यों चाहते हैं? वेश्या रहते हुए स्त्री को पत्नी को मिलने वाला सम्मान कैसे मिलेगा?

IV

प्रभा खेतान ने मुझ पर आरोप लगाया है—"डा. धर्मवीर जैसे लोग स्त्री आन्दोलन को पीछे ढकेल रहे हैं।"[23] पहली बात, मैं डा. पुरुषोत्तम अग्रवाल के मुकाबले में स्त्री आन्दोलन को आगे ले जा रहा हूँ। मैं स्त्री के रखैल और वेश्या रूप का पक्षधर नहीं हूँ। स्त्री के पत्नी रूप के पक्षधर को पीछे ढकेलने वाला कैसे माना जा सकता है? दूसरी बात मुझे यह कहनी है कि प्रभा खेतान सरीखी महिलाएँ स्त्री आन्दोलन को पीछे ढकेल रही हैं। वे स्त्री आन्दोलन में चरित्र और मोरल पैदा करें—तभी स्त्री आन्दोलन आगे बढ़ेगा। ऐसे विचारों को जो उन्होंने स्त्री आन्दोलन के नाम पर रखे हैं, पुरुष तो क्या, स्त्री भी पसन्द नहीं करेंगी। सुदीप्ति की आवाज मैत्रेयी पुष्पा के विरोध में आ ही चुकी है। यह बड़े दुख की बात होगी कि स्त्री आन्दोलन से विवाहेतर सम्बन्धों को जायज ठहराया जाएगा। इस में नारी ऐसा नया क्या कहती है? कई पुरुष विचारक भी ऐसे हैं जो विवाहेतर सम्बन्धों पर कविताएँ लिखने की बात करते हैं। नारी के ऐसे विचारों के काउन्टर-पार्ट पुरुष पहले से कतार बांधे खड़े हैं। दलित समाज ऐसे पुरुषों का भी विरोध करता है।

प्रभा खेतान लिखती हैं—"डॉ. धर्मवीर स्त्री का यौन शुचिता के आधार पर सवर्गीकरण कर रहे हैं...।"[24] इस का मतलब यह है कि वे मेरी बात को समझ नहीं पाई हैं। उन्होंने नहीं जाना कि जब मैं दलित परम्परा में स्त्री को तलाक और पुनर्विवाह का अधिकार देता हूँ तो यौन-शुचिता की बात कैसे कर सकता हूँ। पुनर्विवाह में यौन-शुचिता के सिद्धान्त का कोई स्थान नहीं है। दलित परम्परा विवाह में यौन-निष्ठा की बात करती है। यूँ, यौन-निष्ठा और यौन-शुचिता में फर्क है। अच्छाई यौन-शुचिता की नहीं बल्कि बुराई यौन-भ्रष्टता की है। इन के बीच में सही स्थिति यौन-निष्ठा की है। दलित विवाह न यौन-शुचिता का कायल है और न यौन-भ्रष्टता को शिरोधार्य करता है—उस का उद्देश्य यौन-निष्ठा का है। यदि यौन-निष्ठा कायम नहीं रखनी है तो उस से पहले विवाह तोड़ दिया जाए। इस में विवाह-व्यवस्था को खत्म करने की जरूरत नहीं है। यह बात सच है कि ब्राह्म-विवाह में पति और पत्नी दोनों परेशान हो कर अतियों पर चलने को मजबूर होते हैं। विवाह-व्यवस्था के भीतर कोई विकल्प न होने पर दोनों विवाह को समाप्त करने के विचार पर पहुँचते हैं। ब्राह्म-विवाह की अमानुषिकता के कारण पुरुष संन्यास के विचार पर पहुँचता है जो विवाह की मौत की घोषणा है। सही ही संन्यास को 'सामाजिक मृत्यु' कहा गया है। लेकिन जब स्त्री विवाह की व्यवस्था को समाप्त करती है तो वह प्रभा खेतान के चिन्तन पर पहुँचती है, मेरे ख्याल में, जिसे अभी नाम

दिया जाना बाकी है। आखिर, द्विज पति और द्विज पत्नी इतने अपाहिज और लाचार क्यों हैं कि उनके पास विवाह में सुधार और नैतिकता की कोई गुंजाइश नहीं है? निश्चित रूप से दलित समाज के पति और पत्नी की ऐसी लाचारी नहीं है। इस जगह मुझे प्रभा खेतान की सोच के प्रति पूरी-पूरी हमदर्दी है।

प्रभा खेतान लिखती हैं—"नारीवाद केवल एक विचारधारा नहीं बल्कि जीवन शैली है।"[25] मुझे लगता है, इस शब्द 'जीवन-शैली' का जितना दुरुपयोग हिन्दुओं ने किया है, संसार में किसी दूसरी कौम ने नहीं किया। इस का प्रयोग इतनी अधिक बार किया जाता है कि सुन कर मन में शंकाएँ पैदा होने लगती हैं। इन का धर्म भी धर्म न हो कर जीवन-शैली है। जीवन-शैली का मतलब है परिभाषाहीनता में रहना। न कोई कानून, न कोई धर्म और न कोई विचार—सब कुछ जीवन-शैली है। बिना सामाजिक, कानूनी और धार्मिक परिभाषाओं के यह हिन्दुओं का जंगल का राज है। प्रभा खेतान ने भी इस शब्द को उसी अर्थ में लिया है जहाँ धर्म को ले कर कोई मर्यादा और कानून को ले कर कोई मोरल खड़ा नहीं किया गया है। मेरे ख्याल में, जब वे लिखती हैं कि 'नारीवाद कोई विचारधारा नहीं बल्कि जीवन शैली है' तो उन की बात को एकदम खारिज किया जा सकता है। जिसे वे अपने लिए 'जीवन-शैली' बता रही हैं यदि वह दूसरे के लिए 'मरण-शैली' बन जाए तो उन की हर बात त्याज्य है। उन के पूरे लेख में ऐसी कोई बात नहीं मिलती जिस की मैं प्रशंसा कर सकूँ जबकि मुझे नीर और क्षीर का पूरा विवेक है। मुझे अच्छा लगता कि किसी न किसी जगह मैं उन के विचारों की कद्र कर सकता। उन्होंने मुझे कोई अवसर नहीं दिया। एक बार स्त्री के पत्नी पक्ष की बात जिम्मेदारी से कह जातीं तो उन का क्या बिगड़ जाता?

प्रभा खेतान मेरे लेख के बारे में लिखती हैं—"आप नारीवाद के लिए भी कोई स्पेस छोड़ते तो मुझे आप की नेक नीयत पर फक्र होता।"[26] बताइए, पत्नी के रूप में नारी की भूमिका के लिए सारा स्पेस छोड़ रखा है, लेकिन नारीवादी चिन्तन को यह दीखता नहीं है। विवाहेतर सम्बन्ध को आगे रख कर स्त्री ने अपना स्पेस आप ही तंग कर लिया है। किस महानता के लिए स्पेस मांग रहे हो—जारकर्म के लिए? कौन देगा? यह नारी का या पुरुष का आदर्श नहीं है। कितनी मासूमियत से लिखा है—"पुरुष समाज को अपनी किशोर मानसिकता से उबरना होगा और स्त्री को नया स्पेस देना होगा।"[27] लेकिन यह स्पेस है क्या बला? इसे उन्हीं के शब्दों में जाना जाए। वे लिखती हैं—"जिस के साथ रहो, उस की हो कर रहो। बड़ी कठोर नैतिकता है, किसी भी तरह के विचलन को प्रश्रय नहीं दिया जा सकता। जो इतना बड़ा निर्णय दे रहे हैं, क्या वे जनप्रतिनिधि हैं?"[28] लेकिन इस में जनप्रतिनिधि होने न होने की क्या बात है? यह सीधी-सी नैतिकता 'बड़ी कठोर' कैसे हो गई? विचलन की दरकार क्यों रखी जा रही है? सीधा रास्ता क्यों नहीं चला जा सकता? घोड़े की ढाई टांग ही क्यों धरी जाएगी? यह इधर-उधर मुँह मारते फिरना क्या है? कोई मुसीबत हो तो बताई जाए कि पति मर गया

है तो पुनर्विवाह की इजाजत मिले। विवाह में धोखा हो गया हो, वह बताया जाए। वर बदल दिया गया हो, नपुंसक हो, व्यभिचारी हो—ऐसा कुछ हो तो दलित नारी तलाक लेने के लिए सदा से स्वतंत्र रही है। जब विवाह का एक साफ रास्ता मिला है फिर विचलन किस बात के लिए चाहिए? कितने विचलन चाहिए? कब तक विचलन चाहिए? विचलनों के बिना क्यों नहीं रहा जा सकता? जिस के साथ ब्याही गई है उस की हो कर क्यों नहीं रहा जा सकता? जार का लफड़ा क्यों पाला जा रहा है? हाँ, यदि यहाँ पत्नी के लिए नैतिकता बड़ी कठोर हो गई है तो इस में विचलन की व्यवस्था करने से पति के लिए विधि बहुत कठोर हो जाती है कि वह मजबूर हो कर गैर की सन्तान को पालेगा और अपनी सम्पत्ति भी उसे देगा। कोई बैरोमीटर है तो पता किया जाए कि इन दो बातों में से कौन ज्यादा कठोर है।

एक 'नियंत्रण' शब्द के प्रयोग को छोड़ कर प्रभा खेतान ने मेरी बात को सही समझा है कि '...स्त्री पर नियंत्रण का उद्देश्य है पुरुष की सत्ता और सम्पत्ति की सुरक्षा। सवाल सत्ता के वारिस का है।'[29] लेकिन वे बता नहीं पाईं कि कौन औरत अपने नाम के बंगलों, बगीचों और फैक्ट्रियों को अपने बच्चों के बजाय अपनी सौतन के बच्चों को दे रही है। उन्हें पता होना चाहिए कि—'हिन्दू उत्तराधिकार अधिनियम, 1956', भारत की संसद ने निरस्त नहीं कर दिया है। अकबर का खड़ा किया गया साम्राज्य जहाँगीर को क्यों मिला था? ब्रिटेन के प्रिन्स चार्ल्स की चुप्पी में क्या रहस्य छिपा था? कहा जा सकता है कि प्रभा खेतान को इन सारी बातों का खूब पता है कि बच्चे को गोद कब और क्यों लिया जाता है।

प्रभा खेतान अपने मार्मिक शब्द लिखती हैं—"स्त्री के कुछ कहने से पहले ही औरत को तोड़ दिया जाता है।"[30] यदि ऐसा है तो बहुत गलत है, ऐसा नहीं होना चाहिए। लेकिन पूछा यह जाए कि स्त्री कहती क्या है। जो बात खुद स्त्री को सोचनी है वह यह है कि वह अपनी बात यहीं से शुरू क्यों करती है कि विवाहेतर सम्बन्ध वैज्ञानिक, जैविक और अनिवार्य हैं। इस सोच में आदर्श कहाँ है, क्रान्ति कहाँ है, कुर्बानी कहाँ है? आखिर, औरत किस बात के लिए धरती पर बलिदान करना चाहेगी ? उस ने अपनी महानता का कोई खाका तैयार किया होगा। देह की स्वतन्त्रता के नाम पर विवाहेतर सम्बन्ध में मरने को तो कुर्बानी नहीं कहा जाएगा। उस के लिए सब कुछ रहस्य हो गया है। आखिर देह हो गई, क्या हो गई—गगन में कहीं तो समाए। चरित्र को सामने रख कर आगे बढ़ा जाएगा, भला, चरित्रहीन हो कर संसार में किन लोगों ने क्रान्ति की है?

एक बात सच है, कानून नहीं मानता कि जारकर्म अच्छी चीज है। यह नारीवादी चिन्तन है जो जारकर्म को विवाहेतर सम्बन्ध कह कर वैधता दे रहा है। बुराई को बुराई नहीं कहने दिया जा रहा है। वैवाहिक जीवन में जारकर्म को वैज्ञानिक, जैविक और अनिवार्य तत्व माना जा रहा है। एक जगह इसे 'मानवीय कमजोरी' कहा गया है लेकिन

वहाँ भी इस का बचाव ही किया गया है। पूरे लेख में एक जगह भी जारकर्म को धिक्कारा नहीं गया। उल्टी लड़ाई इस बात के लिए हो रही है कि जारकर्म को अपराध न कहा जाए। यह आधुनिक नारीवादी चिन्तन है जो देश के सामने परोसा जा रहा है। क्या इस से इन के नारीवादी महान आन्दोलन खड़े होंगे? क्या ऐसा चिन्तन युगान्तकारी क्रान्ति करेगा? पूछा जाए, आन्दोलन और क्रान्ति में कुर्बानी की जरूरत पड़ती है—नारी किस बात के लिए कुर्बान होगी? एक जगह भी नारी को चरित्र नहीं दिया गया। ऐसे नारीवादी चिन्तन के लिए राष्ट्र, धर्म, समाज, राज, परिवार—सब बेकार की चीजें हैं, बस, इस के लिए एक विवाहेतर सम्बन्ध बनाने की ब्राह्म-विवाह वाली अनुमति जारी रखी जाए। इस से पता चलता है कि द्विज नारी क्रान्ति के पक्ष की न हो कर प्रतिक्रान्ति के पक्ष की है। दलित नारी की क्रान्ति में इस का कुछ जा रहा है, जिसे यह बचाने में लगी है। आश्चर्य है, महा आश्चर्य है, क्रान्ति-पक्ष की दीखने वाली प्रतिक्रान्ति के बचाव पक्ष में जा कर खड़ी हो गई है। और हाँ, एक बात और है। वे पूछ रही हैं—'क्या मैं जनप्रतिनिधि हूँ?' वे लेखिका हो कर भी लेखन की शक्ति को नहीं जानतीं। कितनी कमजोर लेखिका हैं? उन्हें मालूम नहीं कि विदेशों में लेखक की क्या परिभाषा और क्या शक्ति होती है। चिन्तन की तरह वे अपनी कमजोर लेखनी से लेखन को इतना कमजोर न करें।

V

प्रभा खेतान मातृसत्ता और पितृसत्ता को छोड़ कर मानवसत्ता पर आने की बात करती हैं पर उन की सारी ख्वाहिशें मातृसत्ता समाज की हैं। लेकिन इतिहास में मातृसत्ता इतनी दूर जा चुकी है कि उसे पकड़ पाना अब मुश्किल है। फिर भी, यदि मनुष्य को मातृसत्ता देखने की बहुत चाहत है तो वह कुत्तों और बिल्लियों में इसे देखता रह सकता है। दिल को खुश करने के लिए प्रकृति ने उसे बहुत बड़ा खजाना दे रखा है। मसलन, गायों और भैंसों का अध्ययन किया जा सकता है। पशुओं के ये मातृसत्तात्मक समाज वहीं के वहीं टिके हैं। ब्राहाणों की पितृसत्ता ने नारी को जितना अपमानित किया है, वह सब निन्दनीय और दण्डनीय है, लेकिन दलित समाज ने बेटी के साथ बुरा सलूक कभी नहीं किया। वह हमेशा अपनी बेटी का बाप बना रहता है। पति दुख दे सकता है, पीहर तो पुनर्विवाह करता है।

असल बात यह है कि प्रभा खेतान के विवाहेतर सम्बन्धों की पैरवी में मातृसत्ता बोल उठी है। यह उस समय की बात है जब वह अपने झुंड को नायिका बन कर ले कर चलती थी। लेकिन विवाह के बाद वह झुंड परिवार बन जाता है। फिर भी, नारी को याद उसी स्वतन्त्रता और वर्चस्व की आती है। वे लिखती हैं—''मातृसत्तात्मक समाज पितृसत्तात्मक समाज का विकल्प नहीं है, मगर व्यक्ति को माता-पिता की भूमिका से

और ऊपर उठ कर मनुष्य की भूमिका में आना होगा। अतः मातृसत्तात्मक और पितृसत्तात्मक की बहस में न पड़ कर मानवसत्तात्मक समाज की चर्चा की जानी चाहिए।''[31] क्या खूबसूरत शब्द रचे गए हैं। सारी दुनिया में शोर मचा हुआ है कि बच्चों के लिए माँ ज्यादा से ज्यादा माँ बने और पिता ज्यादा से ज्यादा पिता बने–तभी बच्चे का सही और सन्तुलित विकास होता है लेकिन एक नारीवादी विचारक इधर ये लेखिका हैं कि पहले तो बच्चे के लिए पिता को गायब कर दिया और अब माँ को भी हवा में उड़ा दिया। उन्हें ध्यान नहीं रहा कि बच्चे के लिए मानव बनने का मतलब यही है कि माता और पिता बना जाए। यहाँ मात-पिता को गायब करके उन्हें मानव बनाया जा रहा है–क्या कहा जाए–हर बात उलटी है। ऐसे मनुष्य ऊपर कैसे उठेगा? सौ फेर हैं, हजार चक्कर हैं–एक सही बात नहीं मानी जाती कि मनुष्य को सही व्यवस्था बना कर ईमानदारी से रहना चाहिए। यदि व्यवस्था छोटी और पुरानी पड़ रही है तो उसे समयानुकूल परिवर्तित और विकसित कर लेना चाहिए।

ऐसा मान लिया गया है जैसे मैं आधुनिक नहीं हूँ। एकदम कह दूँ कि मैं आधुनिकतम हूँ। आरोप लगाने वालों को मैंने हजारों साल पीछे छोड़ रखा है। आधुनिकता का मतलब यह कैसे लगा लिया गया है कि उस में हत्यारों, तस्करों, डकैतों, चोरों, जारों, बलात्कारियों और देशद्रोहियों को दण्ड नहीं दिया जाएगा? आधुनिकता यह है कि उस में ज्यादा अच्छी तरह और जल्दी दण्ड दिया जा सकेगा। आधुनिकता का मतलब यह नहीं है कि कानून और मोरल खत्म हो गए हैं। हाँ, कानून और मोरल विकास में बाधक हैं तो उन में सुधार और बदलाव होना चाहिए। लेकिन बताया जाए कि विवाहेतर सम्बन्धों में मनुष्य का कौन-सा विकास होना है। मूल बुराई न मातृसत्ता में है और न पितृसत्ता में है। मातृसत्ता ने मनुष्य को जीवित रखा है। पितृसत्ता ने भी उसे विकसित किया है। ये व्यवस्थाओं की बातें हैं। बुराई कहीं दूसरी जगह है। बुराई बेईमानी में है, झूठ में है, चोरी में है। ये दुर्गुण मातृसत्ता में भी हो सकते हैं और पितृसत्ता में भी–इन्हें मात्र पितृसत्ता के दुर्गुण बताना सही नहीं है। मातृसत्ता का मतलब यह नहीं है कि एक पत्नी बहुपति रखेगी। 'कई पत्नी' शब्द फिर भी कुछ ठीक है लेकिन अगले गलत शब्द 'भाडू' और 'गुलाम' के हैं। मुझे विश्वास है, एक प्रभा खेतान, और दूसरी मैत्रेयी पुष्पा, और तीसरी रमणिका गुप्ता को छोड़ कर खुद औरतें ही ऐसी प्रथा के खिलाफ लड़ेंगी।

विवाह के बिना कई-कई पुरुषों के साथ सोने की इजाजत न मातृसत्ता में मिल सकती है और न पितृसत्ता में। आखिर, स्त्री-पुरुष के सम्बन्धों को ले कर यदि सभी कुछ जटिलता और मानवीय कमजोरी है तो अपराध किसे कहा जाएगा? क्या इस विषय पर किसी कानून-निर्माण की जरूरत है कि नहीं? फिर, हिंसा, बलात्कार और अपहरण को कैसे परिभाषित किया जाएगा? अपनी बात कहने की मनुष्य में नैतिक शक्ति क्या रह जाएगी?

अनैतिकता और चरित्रहीनता किसी भी देश में और किसी भी समाज में उचित नहीं ठहराई जा सकतीं। यूरोप और अमरीका के समाजों में कहीं तक भी दौड़ो—यह सम्भव नहीं है कि चरित्रहीनता के उदाहरणों को सम्मान मिल सके। अभी कुछ वर्ष पहले का सभी को मालूम है कि अमरीका के तत्कालीन राष्ट्रपति बिल क्लिन्टन का मोनिका के मामले को ले कर क्या हाल हुआ था। घरेलू मामला बिगड़ने पर सिंहासन को ले कर ब्रिटेन के राजकुमार चार्ल्स की मानसिक अवस्था कैसी थी—वह एक नैतिक सवाल ही है। पराई औरतों से नाजायज सम्बन्ध रखने के कारण पश्चिमी समाज में बड़े ओहदों पर आसीन लोग पदच्युत हो रहे हैं। कौन कहता है कि उन देशों में इम्मोरैलिटी की भर्त्सना नहीं की जा रही है? बिल क्लिन्टन को बच्चों से सामना करने पर उन से माफी मांगनी पड़ी थी—"बच्चों से गलतियाँ होती रहती हैं, कभी राष्ट्रपति से भी गलती हो जाती है।"

कहा जाता है कि होलीवुड की हीरोइनें एक पति से तलाक ले कर दूसरे व्यक्ति से शादी कर लेती हैं और उन की ऐसी शादियों की कोई गिनती नहीं है। लेकिन इस चिन्तन के मुकाबले में जो यहाँ प्रभा खेतान, मैत्रेयी पुष्पा और रमणिका गुप्ता ने लेखबद्ध किया है, वे हीरोइनें हजार गुना मौरेलिस्ट हैं। वे मौरेलिस्ट ही हैं, वे जार नहीं हैं। उन्होंने अपनी देह की स्वतंत्रता की लड़ाई अपने बल पर लड़नी सीखी है। वे पहले पति को छोड़ कर दूसरा पति अखत्यार करती हैं। पहले पति से शादी तोड़े बिना परपुरुष से सम्बन्ध बनाना उन की अन्तरात्मा को गँवारा नहीं है। तलाक ले कर पुनर्विवाह में वे विवाह की व्यवस्था को मान्य और प्रतिष्ठित करती हैं, जारकर्म का ऐब करके विवाह की व्यवस्था को भंग और कलंकित नहीं करतीं। वे चोरी नहीं करतीं, वे झूठ नहीं बोलतीं। उन में तलाक लेने का और पुनर्विवाह करने का नैतिक साहस है। और इधर, बोलीवुड की बात कहाँ से शुरू करूँ? शुरू क्या करूँ—अन्त करूँ। हीरो और हीरोइन, दोनों के दोनों, बूढ़े हो गए हैं, लेकिन उन के अभी तक मामले नहीं सुलझे। मोनोगैमी के जमाने में बिना पहली पत्नी से तलाक दिलवाए, अपने हीरों के साथ 'पत्नी' शब्द को जलील करतीं रखैल बनी पड़ी हैं। क्या उन्हें बम्बई की फिल्मी दुनिया के इतने बड़े समाज में दूसरे कुँवारे पति नहीं मिल सकते थे जो सौतन बन कर औरतों का ही दिल जला रही हैं? उन की यह कुघात अपने स्त्रीपक्ष के ही विरुद्ध है।

मातृसत्ता और पितृसत्ता से ऊपर उठ कर मानवसत्ता की बात की जाती है और इस मानवसत्ता में यह सीधी-सी बात नहीं मानी गई कि जार पुरुष से सन्तान पैदा करके पति पर थोंपना अन्याय और अत्याचार है। यहाँ से बात शुरू होती तो मैं बहस में आगे बढ़ता। लेकिन अब बहस न हो कर बेमतलब युद्ध हो रहा है। तर्क की गुंजाइश नहीं है क्योंकि वे मेरे आधार-वाक्य को ही काट रही हैं। वे कह रही हैं कि नारियाँ ऐसे ही यारों से बच्चे पैदा करेंगी और अपने पतियों से पलवाएंगी—कर लो, जिसे जो कुछ करना है। अब क्या पुरुष और क्या नारी—सारी बात जारमय हो गई है। मुझे कोई सिरा ही नहीं मिल रहा है। एक सीधी-सी बात नहीं मानी जा रही है कि पुरुष के पुरुषोचित होने में

और स्त्री के स्त्रियोचित होने में कोई पारस्परिक वैर नहीं है। बैर होता तो यह मानवीय सृष्टि न चलती। जो विकास हुआ है इन सम्बन्धों के सहयोग से हुआ है।

मैं पुरुष हूँ। मुझे नारी की तरफ से बोलने का कितना अधिकार है? मेरा उत्तर है–तनिक भी नहीं। सच बात यह है कि मैं नारी का प्रतिनिधित्व नहीं कर सकता। नारी का प्रतिनिधित्व करने का हक केवल नारी को मिलना चाहिए। पर क्या नारी पुरुष का प्रतिनिधित्व कर पाएगी? मेरा फिर उत्तर है–तनिक भी नहीं। दोनों अपना-अपना आप प्रतिनिधित्व करें। न पुरुष की टांग टूट गई है और न स्त्री लूली हो गई है। भगवान की तरफ से दिए गए दोनों के अच्छे-भले शरीर हैं।

नारी किस से लड़ रही है? कुछ मामलों में उसे ठण्डे दिमाग से तय करना होगा कि उस की शिकायत बुद्ध की सी शिकायत तो नहीं है कि जन्म ही दुख का कारण है। वह पुरुष से लड़ रही है या आजीवक दर्शन की नियति से लड़ रही है? क्या उसे इस बात से गुरेज है कि वह स्तनधारी मादा क्यों है? वह किस से पूछ रही है कि पुरुष की छाती पर निशान छोड़ते हुए स्तन क्यों गायब हैं? खुद स्त्री के चार स्तन थे जो अब दो की गिनती में शेष हैं? पता नहीं कहाँ तक सही है, पर मुझे पता चला है कि पाँच सौ में से एक स्त्री के आज भी दो से ज्यादा स्तन होते हैं।[32] फिर, प्रभा खेतान तब से नारी हैं जब वे जानती भी नहीं थीं कि वे नारी हैं।

मूल नारी हमारी पकड़ में नहीं है लेकिन यह जरूर है कि मूल नारी बुरी और अपराधी नहीं हो सकती। ऐसा इसलिए है क्योंकि उस के जोड़ का मूल पुरुष भी बुरा और अपराधी नहीं है। मूल पुरुष और मूल नारी दोनों अच्छे हैं। उन के अच्छेपन ने ही विवाह और परिवार के विकास की यात्रा की है। वे दोनों उच्च स्तर के बौद्धिक भी हैं। तभी मैं औरत को बराबरी देता हूँ। लेकिन यदि वह बराबरी से बढ़ कर मुझे गुलाम बनाना चाहेगी, तब मैं गुलाम बनने के बजाय उस से लड़ूँगा। यदि दो में से कोई एक गुलाम होना जरूरी है तो मैं गुलाम क्यों बनूँ? तब वह गुलाम बने। ऐसे मैं किसी पुरुष का भी गुलाम क्यों बनूँगा?

प्रश्न इस से भी बढ़ कर है कि क्या स्त्री अपराध कर सकती है या नहीं? यदि स्त्री अपराध कर सकती है तो क्या वह अपराध पुरुष के खिलाफ कर सकती है या स्त्री के खिलाफ कर सकती है या दोनों के खिलाफ? क्या स्त्री चोरी, डकैती, हत्या, रिश्वत और झूठ बोलने के अपराधों से बरी पैदा हुई है? और फिर जारकर्म–क्या स्त्री द्वारा किया गया जारकर्म अपराध की श्रेणी में नहीं माना जाएगा? मेरे मत में, वे चिन्तक नारी के दुश्मन हैं जो यह नहीं मानते कि नारी अपराध कर सकती है। वे नारी को दया की चीज बनाते हैं जबकि नारी को बराबरी दी जानी है। बराबरी दिए जाने में ऐसा कैसे हो सकता है कि नारी को जारकर्म के लिए बराबर की दोषी और जिम्मेदार न ठहराया जाए?

एक बार पुनः कहा जाए कि मातृसत्ता बुरी चीज नहीं थी–उस के भी कुछ

अघोषित नियम रहे होंगे। जो मातृसत्ता से भी हट कर है वह नारी का दिगम्बर चिन्तन है। इस की पितृसत्ता में और मातृसत्ता में कही कोई गुंजाइश नहीं है। शायद, नारी के इसी दिगम्बर चिन्तन की दूसरी अति पुरुष में संन्यास का चिन्तन है। दिगम्बरा के मुकाबले में संन्यासी आया है। ये दोनों अतियाँ हैं, ये दोनों बीमारियाँ है। स्वस्थ चिन्तन इन दोनों से जुदा है। मनुष्य की जो लड़ाई चल रही है वह जारसत्ता से है।

पुरुष का संन्यास नारी की देह की स्वतन्त्रता का खुला जवाब है। दोनों चिन्तन एक दूसरे से तुल कर और परिवार के प्रति गैर-जिम्मेदार हैं। ये दोनों रोगी हैं, और विशेषकर, भारत में उसकी लम्बी दासता के कारण हैं। ये दोनों गृहस्थ के दुश्मन हैं। लेकिन जब पुरुष घरबार छोड़ कर संन्यास धारण करता है तो परिवार में वह मातृसत्ता को अधिकार भी दे देता है। संन्यास मात्र पुरुष की सामाजिक मृत्यु ही नहीं है बल्कि यह मातृसत्ता के सामने हार जाना भी है, राष्ट्र को दे बैठना है।

VI

नारीवादी विचारों के समुद्र में बड़ी मछलियाँ तैर रही थीं। अच्छा हुआ इस जाल में शार्क आ गईं। देख कर आश्चर्य हुआ कि पुरुष समाज से शिकायतें करने वाली नारियों के चिन्तन का प्रतिनिधित्व मोरल वाला नहीं हो सका। पुरुष से लड़ने के, उस के दमन का मुकाबला करने के, या उस की अच्छाइयों से सहयोग करने के लिए नारी को सच्चाई, नैतिकता और भलाई को आगे रख कर चलना चाहिए था। यह बदला लेने की प्रवृत्ति भी नहीं बल्कि कुछ अलग ही चीज है। यह झूठ है, बुराई है और अनैतिकता है। यदि ऐसा है तो दलित-चिन्तन और नारी-चिन्तन में मेल नहीं बैठ सकता। दलित-चिन्तन ने कभी भी झूठ, बुराई और अनैतिकता का पल्ला नहीं पकड़ा पर यह द्विज-नारी-वाद कहाँ जा रहा है? इसे फुर्सत नहीं है कि कहे कि विवाहेतर सम्बन्ध गलत चीज है। यह वही दर्शन हुआ कि शोषण बुरी चीज नहीं है। जैविक देह की स्वतन्त्रता के नाम पर विवाहेतर सम्बन्धों को जायज ठहरा कर द्विज नारी बाकी बातों में पुरुष से लड़ रही है। उस की सारी लड़ाई इस बात की है कि सम्पत्ति विवाहिता होने की वजह से पति से मिलेगी और जार के साथ सोने पर पति के द्वारा उस पर कोई बन्दिश नहीं लगाई जाएगी। पति उस के जारकर्म के लिए इस्तेमाल होता हुआ घर के बाहर का खड़ा पुलिस गार्ड बनेगा। नियोग की व्यवस्था में यही हुआ था। पति को उन दोनों के लिए पलंग और उन पलंगों पर बिछौने बिछाने पड़ते थे। सुगन्धित धूप-बत्तियों से महान मैथुन के योग्य सेज पर फूल सजा कर अपूर्व वातावरण खड़ा करना पड़ता था। बस्ती के लोगों का कोई व्यवधान उपस्थित न हो जाए इस का पूरा ख्याल रखना पड़ता था। अच्छी तरह मालूम है कि केरल के पारिवारिक इतिहास में नम्बूदरी ब्राह्मणों ने नायरों की स्त्रियों के साथ क्या गदर काटे थे जिन में वे नारियाँ खुश, मगन और लीन थीं। ऐसा उन के सहयोग से हुआ था।

सम्भोग नम्बूदरी ब्राह्मण करता था और बच्चों को नायर मामा पालता था। विश्व के स्तर पर मातृसत्ता के चिन्तन में विकास इतना हुआ है कि मामा की जगह अब स्त्री उसी निरन्तरता के लिए पति का इस्तेमाल करना चाहती है। लेकिन इस में एक कौम की पितृसत्ता की जीत और दूसरी कौम की मातृसत्ता की हार है। यह नम्बूदरियों की जीत और नायरों की हार थी। विश्व के राष्ट्रों में यह पूरा युद्ध जाति, वर्ण और नस्ल की सत्ता के आधार पर टिक कर हुआ था। विजित पक्ष की नारी इसे सार्वभौमिकता और समग्रता कह ले लेकिन विजित पक्ष के पुरुष के लिए यह न बताने लायक नामोशी थी। समाधान में नारी की बात जरूर जानी जाए लेकिन गुजारिश इतनी है कि मातृसत्ता की इस विजयगाथा में थोड़ी पुरुष की भी सुन ली जाए। एंग्लो-इन्डियन केवल बर्तानी काल में ही अस्तित्व में नहीं आए थे बल्कि जब भी विदेशी पितृसत्ता भारत पर काबिज हुई है, तभी यह वर्ग अस्तित्व में आया है। यहाँ मैं एंग्लो-इण्डियनों का तीन हजार सालों तक पीछे जाने वाला भारतीय इतिहास लिख सकता हूँ, लेकिन अंग्रेजों से पहले केवल मुगल काल की ही एक बात रखूँ। बर्नियर ने अपने समय का हवाला दिया है कि मुगल महानों के दरबार में पदाधिकारी बनने के बाद लगभग हर व्यक्ति की कोशिश यह होती थी कि वह अति सुन्दर होने की वजह से कश्मीरी औरतों में से अपने लिए पत्नियाँ और रखैल ढूंढ़े ताकि उन से पैदा सन्तान भारतीयों के मुकाबले ज्यादा गोरी-चिट्टी और मूल मुगल सी लगे।[33] उन्हें शील-अश्लील नहीं, नारी का नस्लगत खरना ही देखना था। सोचने की बात यह है कि ऐसे समय उन कश्मीरी औरतों का नजरिया क्या रहता होगा। उन की बात छोड़ो, यह जाना जाए कि हमारी आज की नारीवादी चिन्तकों का नजरिया क्या होगा। जो भी नजरिया आए, लेकिन उस की कन्डीशनिंग यह जरूर है कि यह देश पिछले तीन हजार सालों से विजितों के इतिहास का रहा है। विजयी भी यहाँ आ कर विजितों की श्रेणी में जुड़ते गए हैं। ऐसे समय, उघड़ने का मौका मिले तो वह चिन्तन कितने 'मोरल' का होगा—उसे दुत्कारा जाए या उसे अंगीकार किया जाए? फिर, सेनाओं का इतिहास लिखा जाए तो एंग्लो-इन्डियनों के प्राचीन इतिहास का पता चले, उस से अलग यह भारतीय संस्कृति का इतिहास क्या होता है? असल में, यह सच्चे इतिहास को रलाने का आधुनिक तरीका है जो हिन्दू लेखकों ने जवाब में अपनाया है। व्यास तो पौराणिक पात्र बना दिए गए हैं लेकिन सब से पहले ज्ञात एंग्लो-इन्डियन दार्शनिक महीदास हैं जिन्होंने अपने जैविक पिता के खोजने का वैज्ञानिक बीड़ा उठाया था। उन का बाप पितृत्व से और पितृत्व से पैदा होने वाली अनुगामी जिम्मेदारियों से मना कर रहा था और तब ऐतरेय आरण्यक लिखा गया था।[34] कहा जाए तो मनुस्मृति के नाम की झूठी पुस्तक महीदास की सही पुस्तक के विरोध में अस्तित्व में आई थी। सौ झिझकों के बाद, बाद में, बर्तानियों ने महीदास की पुरानी मांग को मान्यता दे कर एक सही कदम उठाया था। शायद, अंग्रेज भी मान्यता इसलिए दे सके थे क्योंकि उन्होंने कभी इस देश में बसने की नहीं सोची थी। समाज में रलते-घुलते तो रंग कुछ और ही दिखाते—वही

मनुस्मृति का पुराना रंग। ऐसे समय नारी की कितनी सुनी जाए–उन के मूल पति और मूल दादा-पुरुष तो विदेश में हैं। इसलिए, नारी की सारी व्यथा-कथा सुनने के साथ-साथ एंग्लो-इण्डियन पुरुष की भी थोड़ी बात जरूर सुनी जाए–इस में क्या बुराई है? आखिर, वह भी एक जीव है और नारी की कोख से ही पैदा है।

पति पर दोहरा अत्याचार क्यों? यदि पत्नी किसी अन्य पुरुष से सम्बन्ध बना लेती है, यही मुसीबत उस के लिए मारक है, लेकिन वह ऐसी औरत को भरण-पोषण भी देगा या पत्नी भी मानेगा,–यह उस पर दोहरा अत्याचार है। बताया जाए, इस दुनिया में कुछ अत्याचार भी कहा जाएगा या नहीं? यह पति के साथ तीसरा अत्याचार होगा कि वह ऐसी औरत की जार सन्तान को अपनी सम्पत्ति उत्तराधिकार में देगा। हो क्या रहा है? बहस किस जगह पर है? इसे डकैती से भिन्न कैसे माना जाएगा कि किसी के धन को कोई लूट रहा है? तर्क की या उन की सम्वेदना की कोई शर्तें होंगी कि नहीं? कुछ तय होने के खूँटे गड़ेंगे कि नहीं? जारकर्म के द्वारा पति को ही हटाया जा रहा है। घर में जारकर्म के चलते पति की भूमिका बहुत कम रह जाती है। वह नाममात्र का खोखला खेत में खड़ा है या कठपुतली का हाथ-पांव है।

प्रभा खेतान को जिस बात से सब से ज्यादा परेशानी है वह विवाह की व्यवस्था है। वे पति को मिटाने के लिए उस के मूल पर चोट करती हैं जो उन के अनुसार विवाह है। उन्होंने विवाह को पितृसत्ता से जोड़ा है। वे लिखती हैं–"व्यापक परिप्रेक्ष्य में विवाह व्यवस्था इसलिए दमनकारी है क्योंकि यह पितृसत्तात्मक समाज की अभिव्यक्ति है।"[35] वे नहीं मानतीं कि इस में किसी सुधार की गुंजाइश है। वे लिखती हैं कि 'पितृसत्ता से नैतिकता की अपेक्षा करना गलत होगा।'[36] हो सकता है, वे सही कह रही हों, बल्कि मुझे लगता है कि वे बिलकुल सही कह रही हैं क्योंकि उन का पाला ब्राह्म-विवाह से पड़ा हुआ है। मैं भी यही मानता हूँ कि ब्राह्म-विवाह में किसी सुधार की संभावना नहीं है और उस से किसी मौरैलिटी की अपेक्षा रखनी खुद की मजाक उड़वानी है। लेकिन तब वे दलित विवाह और दलित पति के बारे में बोलना बन्द कर दें क्योंकि यहाँ पत्नी को गलत पति से तलाक के द्वारा निजात मिलती है। उन के अनुभव द्विज नारी के हैं लेकिन मैं दलित बेटी की स्वतन्त्रता की बात कर रहा हूँ। वे विवाह में आग लगाएँ या पति को मिटाए, पर दलित विवाह और दलित पति से दूर रह कर ही। ब्राह्म-विवाह में पति परमेश्वर होता है लेकिन दलित-विवाह में पति अच्छा भी हो सकता है और बुरा भी हो सकता है। चूँकि, दलित-विवाह में पति के बारे में अच्छे और बुरे का अन्तर है इसलिए, इस में पत्नी को ले कर भी सदाचारिणी और व्यभिचारिणी का अन्तर है।

लेखिका की चाह है कि स्त्री जाति विवाह-व्यवस्था अर्थात पति नाम की चिड़िया से बरी हो जाए। लेकिन बच्चा गोड़-गोड़ कर अपने पिता का नाम पूछेगा। वह अपनी माँ के कान खा लेगा। वह 'रूट्स' तक जाता है। बच्चे के इस खोजी स्वभाव को वे तानाशाहन बन कर रोक नहीं सकेंगी। वह मनुष्य का बच्चा है, किसी बन्दर का नहीं।

उस के सामने कितने झूठ बोलेंगी? वह वीभत्स शब्दों में कहेगा—'मेरी सेक्सी माँ!' बिना पिता का नाम जाने वह पागल हो जाएगा। वे लिखती हैं—"तकनीकी और विज्ञान के चलते इस भूमंडलीकृत समाज में पिता की भूमिका कम से कमतर होती जा रही है। आज गर्भधारण और गर्भपात दोनों सरल हो गए हैं। अपनी देह की मालकिन स्त्री स्वयं होती जा रही है।"[37] बताइए, कितनी गलत सोच है? जिस चीज का समाज के हक में फायदा उठाया जाना चाहिए, उस का दुरुपयोग हो रहा है। तकनीकी और विज्ञान बेचारे क्या कर लेंगे यदि आदमी ठीक न हों? यह ऐसा हुआ है मानो तस्करों और आतंकवादियों के हाथों में ए. के.—47 आ गई हैं जबकि उन्हें पकड़ने वाली पुलिस को अभी वे मुहैया नहीं कराई गई हैं। यह कैसी मातृसत्ता है कि पिता को लुप्त कर रही है? जश्न मनाया जा रहा है कि पिता नाम की वस्तु परिवार में विलुप्त होने जा रही है। लेकिन यदि पिता की खोज तकनीकी और विज्ञान के विकास के साथ बच्चे के लिए और अधिक तीव्र होती गई तो औरत क्या कर लेगी? बिना पिता का बच्चा माँ का हत्यारा बनने लगा तो इस औरत को त्राण कहाँ है? क्या औरत अपने बच्चे को रोबोट बनाने जा रही है? यह सारी सोच आत्मघाती है। बच्चे को माँ भी चाहिए और पिता भी चाहिए। यह सोच ही गलत है कि उसे पिता नहीं चाहिए। यह नारी की पुरुष-विरोधी सोच है। उन की इस सीख को कौन नारी मानेगी? पुरुष पिता बन कर बच्चे को एक रिश्ता देता है—वह उस से कुछ छीनता नहीं है। लेकिन इस सोच की सुरंग जाने कहाँ खत्म होने वाली है कि बच्चे को पिता नहीं चाहिए? यह विक्षिप्त चिन्तन है। बच्चा पिता को ढूंढ़ता है और यहाँ पिता को मिटाया जा रहा है। पूरी लकीर गायब की जा रही है। हँसने के बजाय ऐसी जगह रोना चाहिए—नारी को भी।

विज्ञान और तकनीकी का हवाला देते हुए लेखिका ने यह ठीक लिखा है—"इतिहास में यह तो पहली बार घटा कि आधुनिक युग में स्त्री को गर्भनिरोधक दवाओं के इस्तेमाल की सुविधा मिली है, उसे गर्भपात का अधिकार दिया गया....।"[38] लेकिन कितनी अच्छी बात को कितने गलत मन्तव्य से पेश किया गया है। यह पति और पत्नी के हक में बात थी लेकिन जारकर्म के हक में ली जा रही है। मन मगन है पर किस बात में? और हाँ, विज्ञान और तकनीकी की बात उठी तो उस का क्या हुआ—नारी गर्भपात के लिए चीरफाड़ करवाती ओपरेशन थियेटर में तो पड़ी है लेकिन खून की दो बूँद पितृत्व की वैज्ञानिक जाँच के लिए देने को तैयार नहीं है।

पितृत्व के परीक्षणों पर रोक लगाने का नुकसान क्या है? नुकसान यह है कि जारकर्म बढ़ता ही रहेगा। किसी सुधार की गुंजाइश नहीं रहेगी। तीन हजार साल से ब्राह्म-विवाह में जारकर्म के विषय की चर्चा पर तानाशाही रोक लगी हुई है। यह रोक संविधान के विपरीत है। चर्चा चले, परीक्षण हो तो इस क्षेत्र में सुधार और परिवर्तन की संभावना बढ़ेगी।

प्रभा खेतान ने मेरे चिन्तन के बारे में लिखा है—"धर्मवीर की ज्ञानमीमांसा का

आधार अपने-आप में एक पुरुषोचित आधार है।"[39] इस में वे कुछ भी गलत नहीं कह रही हैं लेकिन मुकाबले में स्त्रियोचित आधार वाला नारी का चिन्तन आना चाहिए। मेरे चिन्तन के पुरुषोचित होने से नारी को कोई खतरा नहीं है। पुरुष और नारी दोनों अपनी-अपनी जगह सही हैं। पुरुष के बच्चा पैदा नहीं होता और उस की छाती से ममता का दूध नहीं टपकता। असल में, जब पुरुष और नारी विवाह के द्वारा पति और पत्नी बनते हैं तब यह भेद एक दूसरे के लिए बहुत काम का होता है। मैं जानता हूँ, कई नारियाँ स्त्रियोचित हो कर मेरी तरह की बातें करेंगी। वैसी समान विचारों की नारियों का पाना दुर्लभ नहीं है लेकिन जिस कौम का कानून ही खराब हो, वहाँ क्या किया जाए? वहाँ तो मुश्किल ही हो जाएगी। मुझे खुशी है कि मेरा जन्म आजीवक परिवार में हुआ है जिसे आजकाल भूल से दलित कहा जाता है।

मैं स्त्रियों से स्त्रियोचित चिन्तन की कामना करता हूँ। मैं जानता हूँ, वह चिन्तन मेरा विरोधी नहीं होगा। स्त्री भले ही पति को विलुप्त प्राणी घोषित कर दे लेकिन पुरुषोचित चिन्तन पत्नी के बिना जिन्दा नहीं है। पुरुषोचित चिन्तन पत्नी को विलुप्त प्रजाति घोषित करने की इच्छा का कभी नहीं हो सकता। स्त्री जार के मुकाबले में पति को विलुप्त कर दे पर वह पुत्र को विलुप्त कैसे करेगी? वह अपनी देह से पैदा अपने पुत्र के मुकाबले में कौन-सा पुतला खड़ा करेगी?

टाइगर कहाँ रहता है? वह जन्तु-विहार में रहता है। पति कहाँ रहता है? पति 'विवाह-विहार' में रहता है। विवाह की व्यवस्था पति के लिए सैंक्चुअरी है। यदि पति को बचाना है तो विवाह के अभयारण्य को बचाना ही पड़ेगा। पति को यदि किताबों की, म्यूजियमों की और चिड़ियाघरों की चीज नहीं बनने देना है तो इस के लिए 'टाइगर प्रोजेक्ट' के अनुकरण पर 'पति प्रोजेक्ट' चलानी ही पड़ेगी। मातृसत्ता चले, पितृसत्ता चले या मानवसत्ता चले, पति को तो विलुप्त नहीं किया जाना चाहिए। खतरा नारी को भी पूरा-पूरा है। यदि पति विलुप्त हो गया तो 'पत्नी' अपने आप विलुप्त हो जाएगी। यदि शेर नहीं है तो शेरनी कहाँ से आएगी? यदि महाराजा नहीं है तो 'महारानी' खेत में कौन-से खुरपे चलाएगी? भला, 'पति और पत्नी'—एक दूसरे के प्रति सम्मान के कितने सुन्दर शब्द हैं, इन्हें मिटाने वाले और जारकर्म से खुद को कलंकित करने वाले निश्चय ही निन्दनीय और दण्डनीय भी होने चाहिए। कितनी मुश्किल से मानव समाज को ये शब्द मिले होंगे लेकिन कुछ स्त्रियाँ और कुछ पुरुष इन शब्दों से शुरू से ही बचते और आज तक चोरी करते आ रहे हैं। उन्हें जितना भी धिक्कारा जाए उतना कम है—स्त्री को भी और उस के उस पुरुष को भी। स्त्री का बहाना ले कर वह भाग कर कहाँ जाएगा? जब पूरा गाँव रात को बाल-बच्चों समेत राम लीला देखने में लगा था तब यह जार पराई औरत को उस के घर में लिए पड़ा था। शोर मच गया, दौड़ो, पकड़ो, अंधेरे में वह खेतों-खेतों भाग रहा है—उस से अपनी धोती भी नहीं लिपट पा रही है। क्या चिन्तन है? क्या कर्म है? उस के पक्ष में नारीवाद बोल रहा है! उसे अपनी सफाई खुद देने दो।

VII

नारी के मामले को ले कर बड़ी जल्दी ब्राह्मणवाद और दलितवाद को एक कह दिया जाता है। कहा जा रहा है कि मनुपुत्र हों या दलित पुत्र, नारी के बारे में दोनों एक हैं। प्रभा खेतान लिखती हैं—"सवर्ण पुरुष तो पहले ही (स्त्री पर) शासक था, अब दलित पुरुष भी अपने समाज (की स्त्री) पर शासन करना चाहता है।"[40] लेकिन दोनों में ऐसी समानता की खोज करना एकदम गलत है। यह बात को न समझना ही हुआ। बात यह है कि सवर्ण पुरुष अपने समाज के दायरे से बाहर जाता है। वह दूसरों की स्त्रियों को छेड़ता है। नहीं मानतीं तो उन का अपहरण करता है। लेकिन दलित ऐसा नहीं करता। वह चाहता है कि उस की बहू-बेटियों को कोई बुरी नजर से न देखे। हाँ, प्रभा खेतान किस वर्ण और किस जाति के पार के दर्शन की बात कर रही हैं, क्योंकि वज्रसूची का यह वर्ण छोड़ और जातितोड़ सिद्धवाद दलितों की स्त्रियों के लिए बहुत कष्टकर साबित हुआ है। वर्ण और जाति के पार अनुलोम बलात्कार होते हैं, विवाह नहीं।

यूँ, द्विजों ने दलित औरतों के साथ, विवाह को छोड़ कर, जारकर्म में कभी वर्णवाद और जातिवाद को नहीं माना। प्रभा खेतान दलित औरतों को बहकाने में लगी हुई हैं, जब लिखती हैं—"नारीवादी बौद्धिकता के सामने सब से बड़ी चुनौती यही है कि नारीवादी लेखन और चर्चा में जातिवाद, वर्ग आधारित सोच...का प्रभाव खोज निकालना है। ये वही मूल्य और विचारधाराएँ हैं जो न केवल स्त्री को पुरुष के अधीनस्थ रखते हैं बल्कि स्त्री-स्त्री में भी भेद की खाई को भी चौड़ा कर देते हैं।"[41] एक सीधा-सा काम यह नहीं किया जाता कि द्विज पत्नी अपने द्विज पति से कहे कि आप गाँव में दूसरों की बहू-बेटियों को क्यों छेड़ते हो। पर जो नारी-चिन्तन खुद अपने लिए विवाहेतर सम्बन्ध बनाने को वैज्ञानिक, जैविक और अनिवार्य मानने का हक रखना चाहता है वह अपने पति को ऐसे कुकर्मों से कैसे रोक सकेगा? उस का मुँह क्या पड़ेगा? और इसी अवशता की स्थिति में इधर दलित नारी की इज्जत लुटती रही है। दलित पुरुषों में अपनी नारियों के मुकाबले में हजार कमियाँ हों, पर द्विज नारी दलित नारियों से सामूहिक बलात्कार करने वाले अपने पतियों को तो रोके। द्विज नारी द्वारा एक ऐसी अपील तो जारी की ही जा सकती है। मेरा ख्याल है, ऐसे लेख लिखने के मुकाबले में द्विज नारी का वह काम दलित नारी के ज्यादा हक में होगा कि अपने पति से कहे कि उस बेचारी दलित नारी के पति को साँटे से क्यों मार रहे हो। यदि द्विज नारी दलित नारी के प्रति बहुत दयावान हो गई है तो उस के द्वारा हवेली में अपने पति से यही एक लड़ाई लड़ ली जाए। तब उसे दलित नारियाँ सौ-सौ आशीष देंगी—'तेरे बच्चे बने रहें।' अब तो बच्चे सपौले हैं। इज्जत पर हावी हैं। द्विज नारी अपने घर में बैठी-बैठी दलित नारी की कई सहायताएँ कर सकती है। वह दलित नारी के पति की मजदूरी ही पूरी दिलवा दे ताकि उस के बच्चे के लिए जून-जुलाई के महीने में स्कूल की ड्रेस बन सके।

प्रभा खेतान नई मन्थरा बन कर दलित नारी को मंत्रणा देती हैं–"सवर्ण पुरुष तो पहले ही शासक था, अब दलित पुरुष भी अपने समाज पर शासन करना चाहता है। स्त्री को, ऐसे सामाजिक परिवर्तन से क्या लाभ पहुँचेगा?"[42] वे चेतावनी देती हुईं और भी लिखती हैं–"अनुभव के आधार पर मैं कहना चाहूँगी कि पुरुष द्वारा उठाए गए ऐसे आन्दोलनों में औरत को इस्तेमाल किया जाएगा और फिर उसे सड़क किनारे बिठा कर वह जत्था आगे निकल जायेगा।"[43] जत्था जाने कहाँ चला जाएगा? परिवर्तन से जाने कौन-सा लाभ नहीं होगा? उन्होंने यह सच छिपा लिया कि जब दलित समाज सवर्ण समाज से अपनी स्वतन्त्रता के लिए संघर्ष करने चला है तो यही मंशा है–"पैदल से तो पैदल भिड़ गए और असवारों से असवार।" हाँ, इसी क्रम में हाथियों से हाथी भिड़ेंगे। दलित पुरुष सवर्ण पुरुष की गुलामी से मुक्ति प्राप्त करेगा, दलित नारी को सवर्ण नारी के हिस्से के पीसने पीसने से निजात मिलेगी तथा दलित बालक के तन पर सवर्ण बालक की तरह स्कूल की नई और फिट ड्रेस सजेगी। यही होने जा रहा है। दलित नारी को सवर्ण नारी से अपना मोर्चा संभालना पड़ेगा। ऐसे बहुत सारे सवर्ण पुरुष भी दलित पुरुष को बहकाने में लगे हुए हैं–कभी दयानन्द बन कर, कभी विवेकानन्द बन कर और कभी गांधी बन कर लेकिन डा. अम्बेडकर इन में से किसी के बहकावे में नहीं आए थे। इसलिए दलित नारी भी ध्यान रखे कि अपने घर में किसी मन्थरा की सुननी नहीं है। मेरे पास बौद्ध काल तक के प्रमाण हैं कि सवर्ण नारी ने दलित नारी का जीवन बेहाल किया है।

जब मैं दलित समाज का हूँ तो द्विज समाज से मैं दलित नारी की तरफ से भी बोलूँगा। इस मेरे हक को कोई छीन नहीं सकता कि मैं द्विजों से दलित परिवार की लड़ाई लड़ूँ। जब दलित समाज गुलाम है तो ऐसा नहीं हो सकता कि दलित समाज की स्त्री स्वतन्त्र कही जाएगी। जब दलित पुरुष अछूत है तो दलित स्त्री भी अछूतानी होनी चाहिए। दलित स्त्री अकेली द्विजों के जारकर्म के लिए सछूतानी बन कर क्या करेगी? दलित पुरुष की इज्जत को गिरवी रख कर वह अपनी इज्जत नहीं पा सकती। इसलिए, मोरल का नाम ले कर दलित चिन्तन अपनी औरतों को गुलाम नहीं बना रहा है। 'दलित मोरल' स्त्री और पुरुष दोनों पर लागू है। पति के साथ एकनिष्ठ रहने का मतलब पति की दासता में रहना नहीं है। दलित कानून इस जिम्मेदारी में दूसरे समाजों की औरतों के मुकाबले में दलित औरतों को अनेक स्वतन्त्रताएँ दे रहा है। उन में कुछ यहाँ गिनाई जा सकती हैं :

1. दलित औरत को कभी सती नहीं किया जाएगा।
2. दलित विधवा का पुनर्विवाह अनुमत है।
3. दलित औरत अपने नापसन्द पति से तलाक ले सकती है।
4. ससुराल में मुश्किल के समय दलित औरत हमेशा पीहर में अपने बाप की बेटी और भाई की बहन है।

5. दलित औरत को कमाने की मात्र स्वतन्त्रता नहीं बल्कि यह उस के लिए लाजिमी भी है।
6. दलित औरत सरकार और गैर-सरकार में सारे सम्मानजनक पेशे अखत्यार कर सकती है।
7. दलित औरत धर्म, राज्य और समाज के किसी भी बड़े से बड़े ओहदे पर पहुँच सकती है।
8. दलित औरत अपनी सम्पत्ति की आप मालकिन है।
9. दलित औरत को दलित समाज में से अपना वर चुनने की आजादी है।

बस, दलित औरत पर एक ही पाबन्दी है कि वह पराए पुरुष से, दलित से या गैर-दलित से, अवैध सम्बन्ध कायम नहीं कर सकती। करेगी तो तलाक के रूप में उस की जिम्मेदारी भुगतेगी। इसे पाबन्दी भी कौन कहेगा? यह प्रेम और जिम्मेदारी है। यह पुरुष और स्त्री दोनों पर लागू है। परिवार में गैर-वफादारी घातक है। यूँ, सारी अनैतिकता द्विजों के हिस्से में आई है। हे भगवान, दलितों पर यह तेरी अपार कृपा हुई है कि दलितों का पक्ष नैतिकता का है। युद्ध में दो पक्ष सदा से रहे हैं—और दलित नैतिकता के पक्षधर हैं।

जार लोग राष्ट्र की रक्षा नहीं कर सकते। जो घरों को बर्बाद कर रहे हैं, वे राष्ट्र की रक्षा क्या करेंगे? इस सोच का यही सब से बड़ा नुकसान है कि राष्ट्र गुलाम हो जाता है। जार औरतें वीर पुरुषों और वीर नारियों को जन्म नहीं दे सकतीं। राष्ट्र को मजबूत करने की एक कीमिया होती है। वह घर है। यदि घर की ईंटें कमजोर कर दी गईं तो समाज का मजबूत किला खड़ा नहीं किया जा सकता। बजा कर देखो, ऐसी ईंटें सोयम दर्जे की हैं और थोथरी बजती हैं। ऐसी सोच का दाहर राजा सिन्ध में विदेशियों का मुकाबला नहीं कर सकता था। कहा जाता है, मजबूरी में हाथी के हौदे पर चढ़ने पर उस की बगलों में दो लड़कियाँ थीं। एक उसे तीर पकड़ाती थी और दूसरी पान की गिलौरी। यह सरहद की कहानी है। भीतर ज्यादा बुरा हाल था। यहाँ चाण्डाल की बारह वर्षीय कन्या से सम्भोग करके ब्राह्मणों द्वारा वज्रसूची के अनुसार जातितोड़ सिद्धियाँ प्राप्त की जा रही थीं। दलित नारियों के इन अपमानों का सिलसिला पूरा हुआ धुर तक की गुलामी में।

यदि प्राचीन भारतीय नारी बिना जारकर्म के बच्चे पैदा कर देती तो भारत को लाभ यह होता कि देश गुलाम न होता। कहीं चोरी से पैदा किए हुए बच्चे राष्ट्र की रक्षा कर सकते हैं? उन के दिमाग में राष्ट्र का सिद्धान्त कहाँ से आ जाएगा जब उन का घर ही नहीं बना? उन का बाप ही छुपा-छुपा फिरता है—डरपोक!

पूछा जाए कि जब अंग्रेज भारत में जीते थे तो क्या तब हिन्दुस्तानी पुरुषों की तरह हिन्दुस्तानी नारियाँ भी नहीं हारी थीं। क्या हिन्दुस्तानी नारियाँ उस समय वसुधैव

कुटुम्बकम्, सार्वभौमिकता और समग्रता के नाम पर अंग्रेजों के स्वागत में मंगलगान गाने लगी थीं? हम यह कह रहे हैं कि दलित जातियाँ वर्ण, जाति और अन्य आधारों पर आर्यों से हारी हुईं कौमें हैं? ऐसी स्थिति में, दलित नारियों का फर्ज क्या बनता है? वे जोधा बाई बनेंगी या दुर्गावती? उन की पसन्द क्या है?

तो, यह हिन्दू नारी का वह नारीवादी चिन्तन है जिस के लिए बाबा साहेब डा. अम्बेडकर मरे-खपे थे! अब पता चलता है कि उन्होंने नाहक में विधि मंत्री के पद से इस्तीफा दिया। उन के साथ दो धोखे हुए—एक नेहरू ने दिया और दूसरा द्विज नारी ने दिया। नेहरू के दिए हुए धोखे को सब जानते हैं लेकिन द्विज नारी द्वारा दिया गया धोखा अभी जगजाहिर नहीं हुआ था। 'कथादेश' को धन्यवाद कि लम्बी चलाई इस बहस से वह धोखा खुल कर सामने आ सका। ध्यान रखने की बात है कि इस लेख में भी लेखिका ने बाबा साहेब डा. अम्बेडकर के प्रति कृतज्ञता प्रकट नहीं की है बल्कि उन्हें गांधी के सामने प्रस्तुत कर दिया है। यदि नारीवाद की धारा जारमुक्त और सही दिशा में होती तो तमाम हिन्दू नारियाँ उन के हक में गुणगान करतीं। तहेदिल से न करतीं, कम से कम औपचारिक धन्यवाद तो दे देतीं। आज हमारे बाबा साहेब होते तो उन्हें बताया जाता कि द्विज नारी पति से तलाक नहीं मांग रही है बल्कि विवाहेतर सम्बन्ध रखने का हक मांग रही है। कितना फर्क है? बाबा साहेब ने संसद में कहा था कि हिन्दू कानून को निभाना असम्भव है।[44] भला, जिसे ब्राह्म-विवाह ने बिगाड़ा हो, उसे चरित्र के मामले में कौन सुधार देगा? इसलिए अब पर्सनल कानून में दलित पृथकता का सवाल उठाया जा रहा है।

मैं जनप्रतिनिधि नहीं हूँ, लेकिन 'मूल जन' तो हमेशा हूँ। यदि 'जन' दो प्रकार के हुए या 'जनी' दो प्रकार की हुईं तो उन दोनों के लिए अलग-अलग कानून बना दो। एक उन जनों के लिए जिन के यहाँ जारकर्म वैज्ञानिक, जैविक और अनिवार्य है तो दूसरा उन जनों के लिए जिन के यहाँ जारकर्म अवैज्ञानिक, अनैतिक और दण्डनीय है। इस में झगड़ा किस बात का है—दलितों और द्विजों के पर्सनल कानून हमेशा से अलग-अलग रहते आए हैं। यह अच्छा हिन्दू विवाह हुआ—'विवाह एक से और जारकर्म अनेक से!' दलित का ऐसे कानून से छत्तीस का नाता है, दलित नारी का भी। यह आदर्श ब्राह्म विवाह में द्विज नारी का हो सकता है, द्विज पुरुष का भी। ऐसी सोच को दलितों से जरा परे-परे रखें।

ब्राह्म-विवाह के कानून में इस की इजाजत है कि स्त्री चाहे जिस के साथ सोए। पति को तलाक की सुविधा उपलब्ध नहीं है। प्रभा खेतान औरत के लिए अलग से क्या मांग रही है? वहाँ ब्राह्म-विवाह में ऐसा क्या मौजूद नहीं है? गहराई से जानेंगी तो उन की लड़ाई ब्राह्म-विवाह से न हो कर दलित विवाह से है। दलितों में अपनी देह की बिना पर किसी के भी साथ सोने की स्वतन्त्रता के कारण तलाक ले लिया जाता है। कानून के स्तर पर जारकर्म मिटाने के लिए है, किसी पर थोंपने के लिए नहीं।

ब्राह्म-विवाह ने भुस पर लीप रखा था। अब जारकर्म का कूड़ा बाहर आया है। जारकर्म होता रहे, पर कोई लिखे ना, रिकार्ड दर्ज ना करे–यह ब्राह्म-विवाह है। उलटे, लिखा यह जाए कि द्विज नारी पतिव्रता और पवित्र है। हर जगह की तरह विवाह में भी कथनी कुछ है और करनी कुछ है। मोरल का तनिक दबाव बनते ही द्विज नारी भड़क उठती है। बस, सब कुछ छिपाए रखो। जबान पर लगाम कस लो। बोलो मत, करते रहो। दुनिया को वही बताते रहो जो पतजंलि ने योगसूत्र में लिखा है–यम, नियम, आसन, प्राणायाम, प्रतिहार, धारणा, ध्यान, समाधि। इस ब्रह्मचर्य, ईश्वर-प्रणिधान और अध्यात्म का कौन मुकाबला कर सकेगा? लेकिन करते वह रहो जो आप की मर्जी है। तभी, डा. अम्बेडकर ने लिखा है–"हर ब्राह्मण अपना कानून आप है।"[45]

मैं तो द्विज पुरुष से ही परेशान था, सवर्ण नारी तो उस की भी औतारी निकली। विवाहेतर सम्बन्धों पर उस के विचार सुन कर मैंने अपने कानों पर हाथ रख लिए हैं।

गोविन्द सेन ने मेरे आलेख के बारे में लिखा है–"'अस्मितावाद बनाम वर्चस्ववाद' आलेख बेहद विचारोत्तेजक है। डॉ. धर्मवीर की बात को काटना मुश्किल है। यह आलेख अंक की उपलब्धि है।"[46] स्पष्ट है, यह बात उन्होंने चरित्र, सदाचार और नैतिक बल के आधार पर कही है। लेकिन चरित्रहीनता, अनैतिकता और व्यभिचार का पक्ष ले कर मेरी बात शब्द-दर-शब्द बड़े मजे से काटी जा सकती है। प्रभा खेतान, मैत्रेयी पुष्पा और रमणिका गुप्ता के लेखों से यही सिद्ध होता है,–वे मेरी बात को खटाखट काट रही हैं।

VIII

सवाल यह है कि प्रभा खेतान का ऐसा चिन्तन क्यों बना है। इस का उत्तर जानना मुश्किल नहीं है क्योंकि उन्होंने एक आत्मकथ्य 'एक अनुपस्थित प्रतिबिम्ब' के शीर्षक से लिखा है जो राजेन्द्र यादव द्वारा सम्पादित पुस्तक 'देहरि भई विदेस' में संग्रहीत है। इस आत्मकथ्य में बताए अनुसार उन्होंने इसे अपनी साठ साल की उम्र होने पर लिखा है। उन्हीं के शब्द हैं–"...आज साठ साल की हो चुकी हूँ।"[47] इस का मतलब है कि मेरे इन शब्दों के लिखे जाने तक वे पैंसठ वर्ष की हो चुकी हैं।

खैर, इस बात से हमारा ज्यादा मतलब नहीं है। मतलब इस बात से है कि अपने 60वें वर्ष से बहुत वर्ष पहले वे एक पुरुष से मिली थीं जिन का नाम उन्होंने 'डॉक्टर सर्राफ' भर लिखा है। अपने 60वें वर्ष में वे डॉक्टर सर्राफ के साथ, या उन के लिए, न्यूयार्क उस समय पहुँची हुई हैं जब 'वर्ल्ड ट्रेड सेन्टर' ध्वस्त हो चुका है। मामला डाक्टर सर्राफ की बीमारी के इलाज का है जिस में उन्हें दिल का दौरा पड़ चुका है। वहाँ उन के मित्र डाक्टर केडिया हैं जिन के घर पर वे ठहरे हुए हैं। एक डाक्टर केडिया की पत्नी हैं जिन से प्रभा खेतान का संवाद हुआ है। संवाद क्या हुआ है, युद्ध हुआ है, जिस में मिसेज केडिया के एक तरफे हमले हुए हैं और जिन से प्रभा खेतान लहूलुहान होती चली गई हैं।

पहला हमला इस प्रकार है :

"डॉक्टर केडिया के यहाँ उनकी पत्नी ने मुझसे कितना खराब व्यवहार किया था। सेंट लुइस में हम डॉक्टर केडिया के घर पर ही ठहरे थे। घर में कदम रखते ही मिसेज केडिया ने पूछा था—'आप डॉक्टर सर्राफ की नर्स हैं?'

'जी, मैं प्रभा खेतान हूँ।'

'ओह' तो प्रभा खेतान नाम की कोई नर्स नहीं हो सकती?'

'क्यों नहीं?'

'हमने तो यही सुना था कि डॉक्टर सर्राफ बीमार हैं....उन्हें दिल का दौरा पड़ा है इसलिए इलाज के लिए अमेरिका आ रहे हैं। उनके साथ एक नर्स भी आएगी....उनकी देखभाल करने, आखिर दिल के मरीज हैं ना, अतः पूरी देख-रेख की जरूरत होगी।'

मेरा दिमाग सक-सक करने लगा था। यह क्या बोल रही है, भली औरत शिष्टता का नाम तक नहीं जानती।"[48]

दूसरा हमला इस प्रकार है :

'प्रभाजी! आपने शादी क्यों नहीं की?'

'शादी नहीं करने की कोई मजबूरी होगी।' डॉक्टर साहब ने मिसेज केडिया को समझाते हुए कहा।

'अजी, कैसी मजबूरी, जो औरत खुद कमाती है, पढ़ी-लिखी है, उसे कोई कुँवारा नजर नहीं आया?' मिसेज केडिया ने भोजन की मेज पर बैठते ही फिर से एक गोली दागी।

'शादी एक व्यक्तिगत मसला है, इस पर आप पब्लिक स्टेटमेंट तो नहीं देना चाहेंगी।'

'अरे...अरे...प्रभाजी! आप तो नाराज हो गईं। हम तो बस पूछ रहे थे।' होंठों को बड़ी अदा से गोल करते हुए उन्होंने नींबू को चूसा।"[49]

तीसरा हमला बिलकुल मारक हो गया है। वह इस प्रकार है :

"मैंने पानी के सहारे कुछ कौर निगले, मुझे मेज से उठते देख मिसेज केडिया ने फिर कहा, 'आपका बिस्तर नीचे बेसमेंट में लगा दिया है।' 'नहीं, डॉक्टर साहब जिस कमरे में सोएँगे, मैं वहीं पर सोऊँगी...उनकी तबीयत ठीक नहीं, आधी रात को यदि सीने में दर्द हो तो भला वे किसे जगाएँगे?'

'हम लोग हैं ना, उन्हें कोई परेशानी नहीं होगी।'

दोनों पुरुष खामोश थे लेकिन मैं नहीं मानी। कमरे में...मैं जमीन पर...डॉक्टर साहब पलंग पर। यों इसकी कोई जरूरत नहीं थी, मैं भी पलंग पर सो सकती थी पर शायद श्रीमती केडिया से मैं डर गई थी। मैंने अपना बिस्तर जमीन पर ही लगा लिया।''[50]

ऐसी स्थिति में प्रभा खेतान क्या कर सकती थीं? वे केवल डाक्टर सर्राफ से ही कुछ कह सकती थीं। वही उन्होंने किया भी। वे लिखती हैं :

''अब जाकर मैंने डॉक्टर साहब से कहा, 'सब कुछ मुझे अकेले ही झेलना पड़ेगा और आपके मुँह में दही जमा है?'

'अरे, तो उस मूर्ख फूहड़ औरत से मैं क्या बहस करता?'

'भली औरत सड़ाक-सड़ाक चाबुक चलाए जा रही थी। चोट तो मुझे ही लगनी थी।'

'अब क्या किया जाए? सोचना शुरू करूँगा तो परेशान हो जाऊँगा।'

'नहीं...नहीं, आप कुछ नहीं कहिए। बस, मुझे ही तो झेलना है सब कुछ।'''[51]

पर, ऐसी स्थिति में डाक्टर सर्राफ भी प्रभा खेतान की क्या मदद कर सकते थे? जो कुछ वे कर सकते थे, उन्होंने किया। वार्तालाप इस प्रकार है :

'' 'मिसेज केडिया के ताने-बोली तो तुम्हारे लिए कोई नई बात नहीं। व्यर्थ की संवेदनशीलता से लाभ?' डॉक्टर साहब कह रहे थे....'अब तक तो तुम्हें आदत पड़ जानी चाहिए।'

'आप ठीक ही कह रहे हैं। हम कोई नई बात नहीं सुन रहे, लेकिन हम लोग जहाँ भी साथ जाते हैं, ऐसे ही अटपटे सवालों का सामना करना पड़ता है।'

'हाँ, ठीक कह रही हो।' डॉक्टर साहब ने बात बढ़ाना उचित नहीं समझा। मुझे पता था, डॉक्टर साहब भी मेरे रोने-धोने से, अकारण क्रोध से, चीखने-चिल्लाने से घबड़ाते हैं। ऐसी परिस्थिति में मैं अपने ही बाल नोचने लगती, चप्पलों से अपना सिर पीटने लगती थी। उस वक्त मुझे अपने आपसे इतनी घृणा होती कि अपनी चिंदी-चिंदी बिखेर देना चाहती, चीखते हुए कहने लगती कि मैं मर क्यों नहीं जाती, खत्म क्यों नहीं हो जाती। क्या होगा जी कर? ऐसी स्थिति में डॉक्टर साहब कभी मुझसे प्यार करते, कभी नाराज होते, कभी समझाते—आखिर तुम इतनी हिस्टिरिक क्यों हो जाती हो? क्या शादी ही सब कुछ है? बिना शादी के तुम्हारा कोई

अस्तित्व नहीं? तुम्हारी पढ़ाई-लिखाई, तुम्हारा व्यापार, तुम्हारी साहित्यिक कृतियाँ, तुम कुछ नहीं? नहीं, मैं कुछ नहीं...मेरी कोई पहचान नहीं। माना कि मिसेज केडिया के शब्द नए नहीं, सुन चुकी हूँ पहले भी, बहुत-बहुत सुन चुकी हूँ। जहाँ जाती हूँ, वहीं तो सुनना पड़ता है—'आपकी शादी किससे हुई है?' डॉक्टर साहब के छोटे वाले लड़के-लड़कियों को देख, 'क्या ये आपके बच्चे हैं?' बड़े दोनों को देख, 'क्या ये आपके भाई-बहन हैं?' कभी हाँ कहती...कभी ना। बेचारे बच्चे...उन्हें भी क्यों सुनना पड़ता। अपराधबोध से मैं गलती रहती....फिर भी मैं और डॉक्टर साहब जुड़े हुए थे, एक-दूसरे को छोड़ नहीं पाते।''[52]

जाना यह जाए कि प्रभा खेतान के साथ जीवन में हुआ क्या था। संयोग से, आत्मकथ्य में उस की जानकारी मिल जाती है जब वे लिखती हैं—''पर मन? इस मन के सूनेपन का क्या करती? डॉक्टर साहब के अलावा और किसी से मैं क्यों नहीं जुड़ पाती? मेरा यह अजीब स्वभाव रहा है। अपनी माँ के बदले दाई माँ से जुड़ी रही, वही मेरा सर्वस्व थी...। बचपन में कभी उपले पाथने वाली का बेटा खेदरवा मेरा दोस्त था और आज डॉक्टर साहब। सुख-दुःख में साथ निभाते हुए। उनसे जान-पहचान हुए पच्चीस साल हो गए, पच्चीस साल...बहुत लंबे होते हैं। पर लोग अब भी हमारा संबंध स्वीकार नहीं पाते। उस दिन मिस्टर केडिया के घर जमीन पर पड़ी-पड़ी मैं देर रात तक रोती रही थी। दिन-भर के चुभे हुए काँटों को निकालते-निकालते ऐसी बहुतेरी रातें खत्म हुई थीं, आँखें जलने लगतीं... ।''[53] इस कटु अनुभव के बीच वे एक दार्शनिक की तरह अपनी पहचान करने पर उतर आती हैं—''ओफ! मैं भीतर ही भीतर सलाद की तरह कटती जा रही थी...कबाब की तरह भुनी जा रही थी। मैं जल रही थी आग की तरह, वे दाल में घी का तड़का लगा रही थी...मैं प्रभा खेतान...मैं कौन हूँ? क्या मेरी कोई पहचान नहीं? मैं सधवा नहीं, क्योंकि मेरी शादी नहीं हुई, मैं विधवा नहीं...क्योंकि कोई दिवंगत पति नहीं, मैं कोठे पर बैठी हुई रंडी भी नहीं...क्योंकि मैं अपनी देह का व्यापार नहीं करती। मैं किसी पर निर्भर नहीं करती, स्वावलंबी हूँ, अपना भरण-पोषण खुद करती हूँ। स्वेच्छा से एक जीवन का वरण किया है। तब मैं क्या हूँ? मैं अबोधा हूँ... अबोधा माने मूर्ख। दीन-दुनिया से बेखबर, समाज की सच्चाइयों से दूर। मैं विवाहित हो कर किसी से अफेयर चलाए रखती, कुछ दिनों तक...तब भी ठीक था। लोग स्वीकार लेते, आवारगी को समाज स्वीकार लेता है। मगर अविवाहित रहकर एक विवाहित पुरुष, पाँच बच्चों के पिता के साथ टँगे रहना, भला यह भी कोई बात हुई?''[54]

प्रभा खेतान ने अपने आप से सवाल-दर-सवाल किए हैं। वे समझना चाहती हैं—''मैं क्या लगती थी डॉक्टर साहब की? मैं क्यों ऐसे उनके साथ चली आई? प्रियतमा, मिस्ट्रेस, शायद आधी पत्नी, पूरी पत्नी तो मैं कभी नहीं बन सकती क्योंकि

एक पत्नी पहले से मौजूद थी। वे बाल-बच्चों वाले व्यक्ति थे। पिछले बीस सालों से मैं उनके साथ थी मगर किस रूप में....? इस रिश्ते को...नाम नहीं दे पाऊँगी। भला प्रेमिका की भूमिका भी कोई भूमिका हुई? प्रेम तो सभी करते हैं। प्रेम करने वाली स्त्री, माँ, बहन, पत्नी, वह कुछ भी हो सकती है या फिर सीधे-सीधे उसे रखैल कहो ना! रखैल का क्या अर्थ हुआ? वही जिसे रखा जाता है, जिसका भरण-पोषण पुरुष करता हो। लेकिन डॉक्टर साहब तो मेरा भरण-पोषण नहीं करते, उनसे मैंने कभी कोई आर्थिक सहायता नहीं ली। मैं तो खुद कमाती थी, स्वावलंबी थी, एक आत्मनिर्भर, संघर्षशील महिला थी। हाँ, डॉक्टर साहब से प्यार जरूर करती थी, मैंने स्वेच्छा से अपने इस अकेले जीवन का वरण भी किया। मुझे मालूम था कि वे एक शादीशुदा व्यक्ति हैं। भला एक शादीशुदा व्यक्ति से दूसरी स्त्री को पत्नीत्व का अधिकार कैसे मिल सकता है? लेकिन उस स्त्री से प्यार तो किया ही जा सकता है, प्यार में भला कैसी बाधा? मुझे भी मालूम है कि वह मुझसे शादी नहीं करेगा। मगर कौन कहता है कि मुझसे शादी करें? मैं ऐसे ही ठीक हूँ, अकेले जिंदगी जी लूँगी। बस, जिसे अपना मान लिया, मान लिया। वैसे डॉक्टर साहब के प्रति शुरू में इतना लगाव नहीं था, मैं तो आँखों का इलाज कराने एक रोगी के रूप में उनके पास आई थी और वे मेरी आँखों में ही खो गए। माना वह क्षणों की कमजोरी थी, एक भूल थी, मगर अपनी इस भूल को अपराध कैसे मान लूँ? क्या ऐसा कभी घटता नहीं? विवाहित व्यक्ति से एक कुँआरी लड़की कभी प्रेम नहीं करती। हमने आखिर ऐसा अनोखा क्या किया था? जिस दिन हम मिले थे, उस क्षण भी न जाने कितने-कितने लोग इस दुनिया में आपस में मिल रहे थे, वादा कर रहे थे, साथ-साथ जीवन निभाने का वादा।"[55] वे स्वयं से पुनः पूछती हैं—"क्या यह देह का आकर्षण था? नहीं, देह के लिए भला इतनी कीमत देने की क्या जरूरत? देह तो हर जगह उपलब्ध है, कहीं भी, किसी भी कोने में। तब मन का लगाव था? इसे प्रेम कहा जाए, हाँ....नहीं ...सब कुछ देह से शुरू होता है। फिर पर्त-दर-पर्त धूल मन पर जमती चली जाती है। और फिर एक दिन प्रेम के मीठे से भी मन भर जाता है। बची रहती है—एक रुग्ण निर्भरता, डॉक्टर साहब मेरे लिए सुरक्षा के प्रतीक थे। मानो उनके लिए मैं जिंदा थी। उनको कुछ हो जाए, ऐसा मैं सोच भी नहीं पाती। डॉक्टर साहब मेरे लिए बरगद की छाँव थे।"[56] वे पूरी परेशान खड़ी हैं जब लिखती हैं—"डॉक्टर साहब के अलावा अन्य किसी से भी मुझे लगाव नहीं था। कुछ भी तो मुझे बाँध नहीं पाता। सब कुछ आधा-अधूरा रह जाता, मगर क्यों? क्या मैं यह विश्वास करूँ कि प्रेम का विकल्प तर्क-वितर्क, नहीं कि प्रेम और घृणा, स्वतंत्रता और गुलामी, झूठ और सच, जीवन और मृत्यु....कुछ ऐसे स्थायी द्वित्व हैं, जिनके बीच कहीं कोई स्पेस नहीं, कोई तीसरा विकल्प है ही नहीं। इसी द्वित्व में से किसी एक का चुनाव करना होगा और इसे ही हम व्यक्तिगत जिजीविषा कहें तो? निरपेक्ष कुछ नहीं, सब कुछ सापेक्ष, पर यह द्वित्व...अपने आप में क्या यह द्वित्व भी निरपेक्ष नहीं हो जाता?"[57]

ये दार्शनिक समस्याएँ अपनी जगह, लेकिन उन की सब से बड़ी परेशानी उन के इन शब्दों में व्यक्त हुई है–"....मैं अकेली हूँ, मेरा अपना कोई नहीं।"[58] वे डाक्टर सर्राफ की पत्नी से खुद की तुलना कर बैठती हैं और मुँह के बल गिरती हैं। उन के वे शब्द इस प्रकार हैं–"एयरपोर्ट पर मिसेज सर्राफ ने चलते वक्त कहा था–'आप जैसे इन्हें लेकर जा रही हैं, वैसे ही ले भी आइएगा। ये मेरी अमानत हैं, मेरा सुहाग, मेरे बच्चों के पिता...' और मेरे? मैं पूछना चाहती थी, आसपास खड़े हुए लोगों से पूछना चाहती थी, क्या पच्चीस सालों के संबंध के बावजूद डॉक्टर साहब मेरे कुछ नहीं लगते? मेरे जीवन में इस व्यक्ति का कोई महत्त्व नहीं? सब कुछ जानते हुए भी लोग क्यों इस संबंध को नकारना चाहते हैं? और यदि थोड़ा-बहुत जान भी जाते हैं तो स्वीकारने में उनका अहम क्यों टूटता है?"[59]

अब जाना जाए कि प्रभा खेतान के इस आत्मकथ्य की केस स्टडी के परिणाम क्या निकलते हैं। वे इस प्रकार गिनाए जा सकते हैं :

1. प्रभा खेतान को माँ नहीं मिलीं। अपनी माँ के बदले वे दाई माँ से जुड़ी रहीं। पालन-पोषण ठीक नहीं रहा। बचपन की आधार-शिला बिगड़ गई। उस बचपन की वजह से उन के जीवन का जो महल बना, वह हमारे और उन के सामने है। वे मारवाड़ी परिवार की बेटी हैं।
2. लगता है, प्रभा खेतान का जीवन डाक्टर सर्राफ से मिलने से पहले भी बर्बाद रहा है। उम्र पर शादी नहीं हुई। ऐसे समय महिला ऐसे पुरुष से ही जुड़ना चाहती हैं जो शादीशुदा हो। इस का मतलब है कि सब कुछ बेमेल है।
3. आत्मकथ्य से पता नहीं चलता कि डाक्टर सर्राफ प्रभा खेतान से क्यों जुड़े। उन की पत्नी है, उन के पाँच बच्चे हैं। उन के परिवार में गड़बड़ है या वे स्वयं चरित्रहीन हैं? इतना स्पष्ट है कि डाक्टर सर्राफ को दिल का दौरा पड़ चुका है। मैं यह मानना चाहता हूँ कि उन की इस बीमारी का कारण प्रभा खेतान से उन का यह अवैध रिश्ता हो सकता है।

डाक्टर सर्राफ से अपनी आँख का इलाज करा लिया और डाक्टर को दिल के दौरे की बीमारी दे दी–उन के घर में कलह की जड़ बन गईं।

4. डाक्टर केडिया की पत्नी ने प्रभा खेतान से सारे सवाल वाजिब पूछे हैं। ये सवाल उन से डाक्टर सर्राफ की पत्नी ने भी पूछे होंगे। इन सवालों के पूछे जाने पर प्रभा खेतान ने मिसेज केडिया

के बारे में लिखा है कि 'भली औरत शिष्टता का नाम तक नहीं जानती।' लेकिन प्रभा खेतान यह नहीं जान सकीं कि वैवाहिक जीवन की सारी शिष्टताएँ खुद उन्होंने तोड़ रखी हैं।

5. मिसेज केडिया का प्रभा खेतान से यह पूछना बिलकुल सही था कि आपने शादी क्यों नहीं की और डाक्टर सर्राफ के साथ ऐसे क्यों रहती हो। उन्हें यह डर भी हो सकता है कि जैसे प्रभा खेतान ने डाक्टर सर्राफ को उन की पत्नी से छीन या बाँट रखा है, वैसे ही कुछ दिनों के लिए उन के घर पर रहतीं वे उन के पति डाक्टर केडिया पर भी डोरे डाल सकती हैं। मिसेज केडिया को ऐसा सोचने से कोई नहीं रोक सकता। मेरे हिसाब से, उन्हें प्रभा खेतान को अपने घर पर एक मिनट भी नहीं टिकने देना चाहिए था। मिसेज केडिया यही तो कह रही थीं कि विवाह करके अपना जीवन आराम से गुजारो। इस में क्या गलती है?—एक पत्नी अपने मिशन को फैला रही है। वेश्या दूसरी औरतों को अपने धंधे की ओर लाना चाहती है। लेकिन प्रभा खेतान चाह रही हैं कि उन के डाक्टर सर्राफ के साथ रहने के तरीके पर कोई टीका-टिप्पणी न करे। भला, ऐसा कैसे हो जाएगा? समाज टोकेगा। पत्नी जरूर टोकेगी। मेलजोल बढ़ाने में चाल-चलन इसीलिए दरयाफ्त किया जाता है। प्रभा खेतान को उन से कुछ जानने पर परेशानी क्यों हो रही है? समाज के लोग उन्हें चैन से कैसे रहने देंगे? वे किरोद-किरोद कर पूछेंगे। उन्हें हक है कि वे पूरे व्यंग्य-बाण भी चलाएँ।
6. यह कोई बात नहीं हुई कि बीमारी में आँख दिखाने गईं और डाक्टर की हो गईं। यह गलत बात है कि डाक्टर में ऐसा कुछ खास था। उन से कुछ कम खास वाले से शादी कर लेतीं। किसी विधुर को ढूंढ़ लेतीं। जात से बाहर चली जातीं। कोई मुसलमान या ईसाई मिल जाता। कोई तलाकशुदा होता।
7. प्रभा खेतान का कोई बच्चा नहीं है। इसे मैं एक पूरी सृष्टि का नुकसान मानता हूँ।

IX

प्रभा खेतान को महान औरत बनने की पड़ी हुई है। यह कोई गलत इच्छा नहीं है कि वे बड़ी स्त्री बनना चाहती हैं। ऐसा हर स्त्री और हर पुरुष को सोचने का अधिकार है।

पूछना यह है कि उन की इस महान बनने की ललक का लक्ष्य क्या है। क्या उन्होंने कोई सामाजिक या राष्ट्रीय मुद्दा उठाया है? उन्होंने व्यक्ति, परिवार या समाज में कौन-सा आदर्श खड़ा किया है? वे बच्चों को क्या सिखा रही हैं? क्या उन के पास कुछ सिखाने के लिए है?

जाना जाए कि प्रभा खेतान के मन में है क्या—अर्थात वहाँ क्या भरा हुआ है?

कुछ शीर्षकों से अन्दाजा लगाया जा सकता है। 'तद्भव' में जो उन की आत्मकथा छपी है, उस का शीर्षक 'मैं केवल प्रभा खेतान बन सकती हूँ'[60] है। यह शीर्षक बहुत कुछ बताता है। एक बात यही है कि वे व्यापारी परिवार की हैं और उन पर जैन दर्शन का प्रत्यक्ष या अप्रत्यक्ष प्रभाव हो सकता है। इसी सन्दर्भ में बताया जा रहा है कि जैन दर्शन का लक्ष्य 'कैवल्य' को प्राप्त करना है। वे ब्राह्मणों के मोक्ष और बौद्धों के निर्वाण की बजाय अपने कैवल्य की प्राप्ति करना चाहते हैं। शीर्षक 'मैं केवल प्रभा खेतान बन सकती हूँ' में 'केवल' शब्द महत्वपूर्ण है। यह 'केवल' ही जैनियों के यहाँ 'कैवल्य' बनता है। इसे इस तरह भी समझा जा सकता है कि शीर्षक अपने आप में पूरा होता है लेकिन उन्होंने इसे विशेष रूप से 'सिंगल इन्वर्टेड कोमा' में रखा है। कहने का मतलब यह है कि शीर्षक 'मैं केवल प्रभा खेतान बन सकती हूँ' नहीं है बल्कि '' 'मैं केवल प्रभा खेतान बन सकती हूँ।' '' है।

प्रभा खेतान को खुद को विशिष्ट कहलाने की कुछ ज्यादा ही पड़ी हुई है। 'हंस' में उस के सम्पादक राजेन्द्र यादव द्वारा की गई घोषणा के अनुसार अब उन की आत्मकथा का शीर्षक 'अन्या से अनन्या' है जो 'हंस' में नियमित रूप से छपने जा रही है। उस घोषणा में राजेन्द्र यादव लिखते हैं—''हमें पूरा विश्वास है कि अपनी साहसिकता, सच्चाई और ईमानदारी के लिए यह आत्मकथा हिन्दी में ही नहीं, भारतीय भाषाओं की उल्लेखनीय रचना होगी। प्रभा वैसे भी किसी परिचय की मोहताज नहीं, अपने कथा-लेखन, वैचारिकता और प्रतिबद्धता के लिए प्रभा का स्थान किसी भी विवाद से ऊपर है। उन्हें हिन्दी की सियॉन द बोउवार कहा जाता है।''[61]

आत्मकथा के शीर्षक में 'तद्भव' के अंक में 'केवल' बन रही थीं और 'हंस' में दिए इस शीर्षक में 'अनन्या' बन गई हैं। तभी गालिब याद आते हैं—''हजारों ख्वाहिशें ऐसी कि हर ख्वाहिश पै दम निकले।'' पूछना यही है कि 'केवली' और 'अनन्या' बन गईं पर इसे मानेगा कौन? सुनेगा कौन—? यहाँ सृष्टि रुकी पड़ी है। कोख से होने वाले सृजन का कहीं नाम नहीं है।

मुसीबत यह है कि इस बड़ी बनने और कहलाने के चक्कर में वे खुद अपने लिए जानलेवा सिद्ध हो कर रह गई हैं। उन्होंने समाज को कोई औलाद नहीं दी जिसे वे अपनी बात बताएँ और सिखाएँ। जानबूझ कर और उन की अपनी वजह से, उन की कोई औलाद नहीं है, वे उपदेश या शिक्षा किसे दे रही हैं? उन्होंने कोई साकार परम्परा नहीं छोड़ी। एक डाक्टर के चक्कर में वे अपनी औलाद की हत्यारन बनी हैं। वे सभ्य

समाज की अंग नहीं रह गई हैं क्योंकि बन्ध्या औरतें डाक्टरों से इलाज करवाती फिरती हैं कि उन्हें कोई औलाद हो जाए। बन्ध्या होना गर्व की बात नहीं है, गर्भवती और माँ होना गर्व की बात है। तभी औरत भरी-पूरी कही जाती है। यदि औलाद नहीं हो रही है तो औलाद की ख्वाहिश की जाती है। बर्थ कंट्रोल समझ में आता है क्योंकि वह परिवार का नियोजन है। यह भी समझ में आता है कि एक पति ने अपनी पत्नी को इसलिए गर्भवती नहीं किया क्योंकि डाक्टरों की सलाह थी कि ऐसा होने से पत्नी की जान को खतरा पैदा हो जाएगा। 'सीमन्तनी उपदेश' की अज्ञात हिन्दू औरत का बेऔलादी रह जाना समझ से बाहर की चीज नहीं है क्योंकि विधवा होने की वजह से उन का विवाह नहीं हो रहा था। पर प्रभा खेतान कैसी 'केवला' हैं कि गर्भ गिरवाने के चक्कर में अपनी बच्चेदानी ही पेट से बाहर खिंचवा दी? बात यह थी कि उस समय जब ये ओटी रूप में टेबल पर इन्जेक्शन दिए जाने के कारण बेहोश होती जा रही थीं तब बूढ़े डाक्टर ने इन की टांगों के बीच झुक कर अपनी नर्स अंजू से कहा था—"हम सक्शन मेथड से एक सेकेन्ड में सब कुछ खींच लेते हैं, बाद में ब्लीडिंग वगैरह कुछ नहीं होगी।"[62] उस घटना पर प्रभा खेतान लिखती हैं—"मेरे लिए मां बनने की सम्भावना खत्म हो गई थी...।"[63]

मैं यही कहूंगा, उस दिन एक सृष्टि खत्म हो गई थी। हर औरत एक अलग और पूरी सृष्टि है। मैं यहाँ फफक-फफक कर रोऊँगा और प्रभा खेतान को भी रुलाऊँगा, जबरन रुलाऊँगा। उन के राजेन्द्र यादव जैसे प्रशंसकों को भी रुलाऊँगा। रोओ, सब रोओ, हमारी आदि माता अफ्रीका में, इथोपिया की 'लूसी' ऐसा कर बैठती तो क्या होता! न तू होती, न मैं होता और न यह आत्मकथा होती।

इन के डाक्टर 'अनन्य' ने इन्हें सलाह दी थी—"तुम यदि अमेरिका चली जाओ तो वहां बच्चे को जन्म दे सकती हो। मैं सारा बन्दोबस्त कर देता हूँ। मेरे कुछ अच्छे दोस्त वहां रहते हैं। उन के परिवार में तुम्हें जगह मिल जाएगी।"[64] इस पर प्रभा खेतान को गुस्सा आता है और उन से कहती हैं—"अच्छा! यानी एक बच्चे के लिए जो फिलहाल जन्मा नहीं है मैं अपना शहर, अपना देश छोड़ दूँ।"[65]

अब यह माँओ से पूछो कि वे अपने बच्चों के लिए क्या-क्या करती और छोड़ती हैं। चूँकि, प्रभा खेतान माँ नहीं थीं, इसलिए उन की समझ में इस में से कुछ नहीं आ सकता। इस में घमण्ड किस बात का, जैसी वे एक, निराली और विलक्षण 'अनन्या' बनने को फिर रही हैं, ऐसी 'अनन्याएँ' गलियों में हजार मिलती हैं, उन की अलग से मतगणना की जा सकती है। और ऐसे 'अनन्य' तो घर-घर में भरे पड़े हैं जिन डाक्टर महोदय की ये 'अनन्या' बनी हैं। हिन्दुओं के किसी भी घर से शुरूआत की जा सकती है। क्या प्रभा खेतान हिन्दुओं को जानती हैं? क्या वे खुद हिन्दू नहीं हैं? प्रभा खेतान जैसी एक 'केवली' और 'अनन्या' प्रेमचंद ने भी पाल रखी थी।

पेट से बच्चेदानी खिंचवा दी और अनन्या बनती फिर रही हैं। ऐसी अनन्या में

क्या विशेषता और क्या विलक्षणता है? यह कौन सा नारा है कि गर्व से बोलो कि हम बन्धाएँ हैं? इस में सलीके और सभ्यता की बात क्या हुई? क्या सीखा और दूसरों की बच्चियों के लिए उन के पास क्या सिखाने को है? फिर, फूहड़पन में क्या शामिल होगा? वंश खत्म है और उस पर इतराने की इन्तहा नहीं! ये सृजन के कौन से नए गीत हैं? इन के बहकावे में कौन नारी आ सकती है? खुद बांझ बन कर जाने धरती पर कौन से तीर मार लिए? लोग इलाज करवाते फिरते हैं। जो रोने की जगह है, वहाँ हँसना कितना गलत लगता है! इन्हें कोई समझाने वाला नहीं मिला कि अपने हिस्से की सृष्टि को ऐसे रोकना उचित नहीं है? 'परिवार नियोजन' सही है पर ये तो 'परिवार भंजन' कर बैठीं।

X

मैं ओक्सफोर्ड शहर में था। एक डाक्टर के पास गया था। जब तक डाक्टर मिले तब तक बाहर बैठना पड़ता है। मेरी ही तरह कुछ दूसरे लोग भी वहाँ बैठे थे। अच्छी-भली जगह थी। मरीजों में या माँ-बापों के साथ आए हुए बच्चे भी थे। बच्चों के लिए बहुत सारे खिलौने रखे हुए थे कि बच्चे उन में मस्त हो जाएँ। एक बच्चा खिलौने से पहले ही खेल रहा था। एक और जवान माँ अपने बच्चे को ले कर आई। उस ने भी अपना बच्चा खिलौनों से खेलने के लिए छोड़ दिया। नया आया बच्चा पहले वाले बच्चे के पास के खिलौने पर झपट पड़ा। पहले वाले बच्चे ने वह खिलौना नहीं दिया। नया बच्चा रोने लगा। उस की माँ ने उसे बहुत प्यार से समझाया—"बेटा, तुम दूसरा खिलौना लो। उस से भी अच्छा खिलौना लो। यह लो, यह दूसरा है। यहाँ कितने ही खिलौने हैं।" लेकिन नया बच्चा पहले वाले बच्चे के खिलौने के लिए जिद पर अड़ रहा था।

उस दिन उस माँ ने बहुत अच्छा काम किया था। उस ने अपने बच्चे को पूरा सभ्य बनाने की कोशिश की। उस के बच्चे ने दूसरे बच्चे के खिलौने पर छीन-झपटना बन्द कर दिया था। उस ने रोना भी बन्द कर दिया था। कितने बाकी खिलौनों में से छाँट कर यह अपने खिलौने से खेलने लगा था। उस की माँ तीस-पैंतीस साल की बहुत ही अच्छी अंग्रेज माँ थी। उस ने अपने बच्चे को जन्म ही नहीं दिया था, बल्कि पालने और संवारने के साथ-साथ वह उसे समाज के लिए उपयोगी भी बना रही थी। सारा समाजवाद यही तो है कि मिल-बाँट कर सम्मान और गरिमा से रोटी खाएँ और जिएँ।

प्रभा खेतान की अपने जीवन में यही गलती रही है कि उस अंग्रेज माँ की तरह वे उन की माँ के द्वारा सभ्य और समाज लायक नहीं बनाई गईं। जरूर उन के पालन-पोषण में कमी रही है। उन्हें एक छोटी सी बात नहीं समझाई गई कि बेटी, खिलौनों की कमी नहीं है, पर दूसरे का खिलौना मत छीनो। अंग्रेज माँ बड़े प्यार से अपने बच्चे को समझा रही थी पर जरूरत पड़ती तो वह उस के चपत भी लगाती। लेकिन प्रभा खेतान की माँ ने इन दोनों में से एक भी काम नहीं किया। प्यार उन्होंने दिया ही नहीं

क्योंकि खुद प्रभा खेतान कह रही हैं कि 'अपनी माँ के बदले दाई माँ से जुड़ी रही, वही मेरा सर्वस्व थी।'[66]

तो, माँ का प्यार और दुलार एकदम अनुपलब्ध है और दाई माँ को यह अधिकार नहीं मिला है कि वह इन के कभी चपत लगाती। इसी हिसाब से यह पौध बड़ी हो गई। सभ्य बनने का मौका नहीं मिला और बाद में ये किसी की सुनने वाली नहीं थीं। लिहाजा अपनी खुद की अच्छी-खासी संभावनाओं की जिन्दगी बर्बाद कर ली। एक अच्छी-भली बालक का नुकसान हो गया। ढेर हो गई जीवन की इस राख पर मुझे सच में दुख आ रहा है। खुद उन्हें न हो, क्योंकि उन्हें पता ही नहीं कि उन का कितना बड़ा नुकसान हो गया है, पर उन के लिए मुझे पश्चाताप है। याद आ रहा है, जो मैंने दर्शनशास्त्र की पढ़ाई करते समय प्रोफेसर आर. जी. कोलिंगवुड की पुस्तक 'द न्यू लेवियेथिन' में पढ़ा था। प्रोफेसर कोलिंगवुड ने संसार की सभी माताओं को सलाह दी है–"माताओ, अपने बच्चों के लिए ज्यादा से ज्यादा माँ बनो।" ऐसे ही उन्होंने संसार के सारे पिताओं से कहा है–"पिताओ, अपने बच्चों के लिए ज्यादा से ज्यादा पिता बनो।" गणित यह है कि यदि माँ अपने बच्चे के लिए ज्यादा से ज्यादा माँ नहीं बनती है और पिता अपने बच्चे के लिए ज्यादा से ज्यादा पिता नहीं बनता है तो हिटलर के जन्म लेने का खतरा पैदा हो जाता है। इस बाबत प्रेमचंद ने यथार्थ का चित्रण किया था–"...जर्मनी में नाजी दल ने आते ही आते यहूदियों पर धावा बोल दिया है। यहूदियों की दूकानें लूटी जा रही हैं, यहूदियों की जायदादें जब्त की जा रही हैं, यहूदी विद्वानों और पदाधिकारियों का अपमान किया जा रहा है। मार-पीट, खून-खच्चर होना शुरू हो गया है, और यहूदियों को जर्मनी से भागने भी नहीं दिया जाता। चारों ओर नाकाबन्दी हो गई है। वह अपने प्राणों की रक्षा नहीं कर सकते।"[67] प्रेमचन्द ने अन्यों के साथ अपने भी शब्द दर्ज किए हैं–"हिटलर ने कह दिया है कि उसे रहने को और जगह चाहिए।"[68]

यह वही बालक है जिस का मैंने ऊपर जिक्र किया है। विश्व स्तर पर उस समय ऐसे चार बच्चे पैदा हो गए थे जिन्हें प्रेमचन्द ने इन नामों से रखा है–"जापान का सैनिकवाद, इटली का फासिज्म, जर्मनी का नाजीवाद, इंग्लैंड की कठोरतर साम्राज्यवादी नीतियाँ–सब का एक ही संकेत है।"[69] उन्होंने लिखा है–"जापान ने चीन पर धावा बोल दिया है। दुनिया की शान्ति खतरे में है, एक नये महाभारत की तैयारी है।"[70]

मैं यह कह रहा हूँ कि पारिवारिक स्तर पर यही प्रभा खेतान ने डा. सर्राफ की पत्नी के घर पर किया है। उन्होंने उस घर को तहस-नहस कर दिया है। डा. सर्राफ की पत्नी के हिसाब से प्रभा खेतान बिल्कुल एक हिटलरानी बनी हैं। उन्हें क्या हक था कि वे किसी दूसरे के घरौंदे पर इस प्रकार आक्रमण करें? तुलना यही है कि जो अपराध हिटलर ने राष्ट्रीय और नस्लीय स्तर पर किया है, वही अपराध प्रभा खेतान ने पारिवारिक और नैतिक स्तर पर किया है। अन्तर केवल अपने-अपने स्तरों का है जबकि मानसिकता में किसी हिटलरानी और प्रभा खेतान में कोई अन्तर नहीं है। वे उस बच्चे

की मानिन्द भी हैं जो 'यही खिलौना लेहो' की जिद पर अड़ गया था।

यह पराई भूमि पर अतिक्रमण है। हिटलर ने अपनी ऐसी सोच को नस्लीय श्रेष्ठता का आधार दिया था जबकि प्रभा खेतान इसे प्रेम का नाम दे रही हैं। ऐसा प्रेम किस काम का जो दूसरों के बसे-बसाए घरों में आग लगा दे? इसे प्रेम कहा जाएगा कि घृणा का उत्स? अतिक्रमण को प्रेम कह देने से अतिक्रमण को वैधानिकता नहीं दी जा सकती। अपराध अपराध है और बर्बरता बर्बरता है चाहे उन्हें नस्ल के आधार पर बरता जाए या प्रेम के नाम से किया जाए। ये ही लोग हैं जो बाद में हत्या के चिन्तन पर उतर आते हैं और उन्हें हारने पर आत्महत्या करनी पड़ती है।

प्रभा खेतान के मामले में भी हत्या के चिन्तन की पूरी गुंजाइश थी। आज का नया हिन्दू कानून यही तो कह रहा है कि डा. सर्राफ अपनी पहली पत्नी के जीवित रहते प्रभा खेतान से पुनर्विवाह नहीं कर सकते। तो, प्रभा खेतान के सामने कानून अड़चन नहीं है बल्कि डा. सर्राफ की पत्नी हैं। यदि वे पत्नी मर जाती तो प्रभा खेतान का डा. सर्राफ से विवाह का रास्ता साफ हो जाता। तब प्रभा खेतान के मन में यह बात क्यों नहीं आ सकती कि यदि डा. सर्राफ की पत्नी अपने आप नहीं मरती हैं तो उन्हें मार या मरवा दिया जाए? ऐसा डा. सर्राफ की पत्नी भी सोच सकती थीं कि इस औरत का सफाया कराया जाए। हिन्दू औरतें जादू-टोनों के अन्धविश्वासों में इसी जगह आ कर घिरती हैं।

हिन्दी की एक फिल्म 'प्यार तूने क्या किया' में इस समस्या को अच्छी तरह फिल्माया गया है। फिल्मी नायिका उर्मिला मातोंडकर ने उस में प्रभा खेतान के चरित्र की बेहद अच्छी भूमिका निभाई है और वह अन्त में पागलों के अस्पताल में भर्ती हुई दिखाई गई है।

XI

प्रभा खेतान ने बहुत अच्छा काम यह किया है कि 'मैं केवल प्रभा खेतान बन सकती हूँ' के शीर्षक से अपनी आत्मकथा लिख दी है। एक 'थेरीगाथा' की आत्म झलकियों को छोड़ कर पुराने हिन्दुस्तान की औरतों ने अपनी ऐसी आत्मकथाएँ नहीं लिखी थी। अब हिन्दू स्त्रियों की आत्मकथाएँ देखने को मिल रही हैं। विचारकों और विश्लेषकों के लिए यह बहुत अच्छा सुयोग्य है। सामग्री पूरी उपलब्ध है और इसे हाथ से जाने नहीं देना चाहिए।

प्रभा खेतान की सारी मुसीबत डा. अम्बेडकर ने खड़ी की है। ना डा. अम्बेडकर का हिन्दू कोड बिल कानून के रूप में लागू होता और ना प्रभा खेतान को इस जलालत का सामना करना पड़ता जो उन्होंने अपनी आत्मकथा में व्यक्त की है। असल में, प्रभा खेतान की मूल लड़ाई केवल डा. अम्बेडकर से है कि वे उन के खिलाफ कैसा कानून बनवा कर गए हैं। यदि उन्होंने अपने जीवन में और आत्मकथा में किसी को कोसा है

तो केवल डॉ. अम्बेडकर को। डा. अम्बेडकर का नाम लिए बिना उन की पूरी लड़ाई 'हिन्दू विवाह अधिनियम, 1955' से ही है जिसे कानून के रूप में लाने और दबाव बनाने का काम डा. अम्बेडकर का था। बात सही भी है, डा. अम्बेडकर ने ही उन्हें इस जगह पहुँचाया और धँसाया है जहाँ वे अपने जीवन में खड़ी हैं–न विवाहिता और न परित्यक्ता, न कुँआरी और न माँ।

डा. सर्राफ प्रभा खेतान के बारे में अपने दोस्त से कहते हैं–"यह औरत मानसिक रूप से स्वस्थ नहीं, इसे इतना गुस्सा आता है कि क्या कहूँ? गुस्से में बिलकुल पागल हो जाती है, कभी अपने सर के बाल नोंचने लगती है, कभी मुझे गालियाँ देती है।"[71] उनके दोस्त डा. सर्राफ को सलाह देते हैं–"यार! तुम खुद डाक्टर हो, अतः प्रभा जी को किसी मनोचिकित्सक को क्यों नहीं दिखलाते?"[72] हुआ यह कि एक डाक्टर डेविस इस 'पागल औरत' प्रभा खेतान को देखने आए भी थे। पर उन्होंने डा. सर्राफ से जो कहा वह इस प्रकार है–"डाक्टर सर्राफ यह लड़की तो ठीक है, मुझे तो आप ही न्यूरोटिक लगते हैं, आप का व्यक्तित्व खण्डित है, जो आप को निर्णय नहीं लेने देता।"[73]

पर यदि प्रभा खेतान मानसिक रूप से स्वस्थ नहीं हैं और यदि डा. सर्राफ न्यूरोटिक हैं, तो ऐसी स्थिति डा. अम्बेडकर के हिन्दू कोड बिल के 'हिन्दू विवाह अधिनियम, 1955' में तब्दील होने पर हिन्दू पतियों की और ज्यादातर हिन्दू स्त्रियों की हो गई है। यदि एक समय में एक पत्नी रखने का कानून पास न होता तो डा. सर्राफ अपने पहले हिन्दू कानून के अनुसार मजे से दो पत्नियाँ रख सकते थे। तब प्रभा खेतान को अपनी आत्मकथा 'मैं केवल प्रभा खेतान बन सकती हूँ' लिखने की जरूरत ही न पड़ती। वे आराम से डा. सर्राफ की छोटी पत्नी कही जातीं और उन के बच्चे की मां बनतीं। तब उन्हें गर्भपात नहीं कराना पड़ता जिस में मेरी व्यवस्था में, डा. सर्राफ ने इतनी जालिम चाल चली है कि एक आपरेशन के नाम पर प्रभा खेतान से उन का मातृत्व सदा-सदा के लिए छिनवा लिया है।

प्रभा खेतान का यह सारा व्यक्तिगत मामला एक कानून से भी जुड़ा है। 'भारतीय दंड संहिता, 1860' की धारा 497 में लिखा गया है–"जो कोई ऐसे व्यक्ति के साथ जो कि किसी अन्य पुरुष की पत्नी है...मैथुन करेगा...वह जारकर्म के अपराध का दोषी होगा और वह दोनों में से किसी भाँति के कारावास से, जिस की अवधि, पाँच वर्ष तक ही हो सकती है, या जुर्माने से या दोनों से दण्डित किया जाएगा।"[74] तो, इस धारा के अन्तर्गत डा. सर्राफ को यह अधिकार मिला है कि यदि कोई पुरुष उन की पत्नी के साथ मैथुन करेगा तो उस पुरुष को वे पाँच साल की जेल करवा देंगे और जुर्माना भी लेंगे। यूँ, कानून में, डा. सर्राफ को यह बहुत बड़ी ताकत मिली है कि कोई पुरुष उन की पत्नी के साथ मैथुन नहीं कर सकता। तब डा. सर्राफ की पत्नी को क्या ताकत मिली है? यदि कोई स्त्री उन के पति के साथ मैथुन करेगी तो क्या डा. सर्राफ की पत्नी भी उस स्त्री को पाँच साल की जेल भिजवा देंगी और जुर्माना भी हासिल करेंगी? लेकिन

कानून ने उन्हें ऐसा कोई अधिकार नहीं दिया है। भली स्त्रियों को यह बात नागवार गुजरी। वे समानता के अधिकार को ले कर सुप्रीम कोर्ट में पहुँच गईं। सुप्रीम कोर्ट ने जो फैसला दिया है, वह इस प्रकार है–"इस उपबन्ध के अधीन अपराध हेतु अभियोजन का अधिकार जारकर्म करने वाले व्यक्ति की पत्नी या जारकर्म में सहभागी पत्नी के पति को, अपनी पत्नी के विरुद्‌ध उपलब्ध नहीं है। अभियोजन केवल कथित पुरुष ही जार के विरुद्‌ध प्रस्तुत कर सकता है। इस का उद्देश्य पति-पत्नी के मध्य मुकदमेबाजी का परिहार कर परिवारों को टूटने से बचाना है। इस उद्देश्य को ध्यान में रखते हुए यह उपबन्ध भेदभावजनक नहीं माना जा सकता।"[75]

जान यह लिया जाए कि पूरी कानूनी स्थिति क्या है। सुप्रीम कोर्ट ने इसे अपने 'सौमित्रि विष्णु बनाम भारत संघ' वाले मामले में व्याख्यायित किया है। वादिनी सौमित्री विष्णु की एडवोकेट श्रीमती नलिनि चिदम्बरम ने अपने तर्क को बहुत ही वजनदार ढंग से रखा था कि बाज मैथुन के मामलों में स्त्रियाँ भी अपराधी होती हैं। अच्छा होगा कि यहाँ सुप्रीम कोर्ट के निर्णय के ही शब्द उद्‌धृत कर दिए जाएँ जो इस प्रकार हैं–"श्रीमती चिदम्बरम (श्रीमती नलिनी चिदम्बरम, वादिनी की एडवोकेट) कहती हैं कि विवाहित और अविवाहित दोनों प्रकार की औरतों ने पिछले वर्षों से अपनी जीवन शैली बदल डाली है और ऐसे उदाहरण मौजूद हैं जहाँ उन्होंने दूसरे वैवाहिक घरों की शान्ति और सुख तहस-नहस कर डाले हैं।"[76] इस पर सुप्रीम कोर्ट ने जिम्मेदारी विधायिका पर डाली है–"स्त्रियों के दृष्टिकोणों में आरोपित परिवर्तन, अच्छे के लिए या बुरे के लिए, उस समय कानून-निर्माताओं के मद्‌देनजर होने की जरूरत महसूस करता है जब पीनल कानून के सुधार का काम हाथ में लिया जाता है। वे 'जारकर्म' की परिभाषा का दायरा समय के बदलावों के साथ ज्यादा बड़ा कर सकते हैं। लेकिन जब तक ऐसा नहीं होता, कानून वैसा ही यथातथ्य रहना है जैसा वह है।"[77] सुप्रीम कोर्ट ने निर्णय दिया है–"बीते सालों में इस स्थिति में कुछ बदलाव आ गया होगा लेकिन यह काम विधायिका के सोचने के लिए है कि समाज में जो 'बदलाब' आ चुका है, उसे देखते हुए क्या धारा 497 को मुनासिब तरीके से संशोधित किया जाए।"[78]

यूँ, न्यायपालिका और विधायिका के सामने मूल सवाल आज भी मुँह बाए ज्यों का त्यों खड़ा है। अच्छा यह हुआ है कि सुप्रीम कोर्ट ने उस सवाल को शब्द दे दिए हैं जो इस प्रकार हैं–"संयोगवश, वादिनी की यह मांग कि पति के एक अविवाहित औरत से मैथुन-सम्बन्ध को भी 'जारकर्म' की परिभाषा में शामिल किया जाना चाहिए, एक औरत का दूसरी औरत के खिलाफ जिहाद का युद्‌ध है। यदि एक विवाहित औरत का यार जारकर्म का दोषी हो सकता है, तो एक अविवाहित लड़की जो एक विवाहित पुरुष से मैथुन सम्बन्ध रखती है, जारकर्म की दोषी क्यों नहीं हो सकती?"[79] तो, डा. सर्राफ की कथित पत्नी के पास कानून के इस प्रावधान के न होने की वजह का ही प्रभा खेतान दुरुपयोग कर रही हैं। यदि स्त्री और पुरुष की तथा पत्नी और पति की समानता का

कानून बन जाता तो प्रभा खेतान की डा. सर्राफ के साथ इतनी लम्बी कहानी नहीं चल सकती थी। तब वे चमड़े के उद्योग का सारा व्यवसाय और व्यापार भूल कर जेल में चक्की पीस रही होतीं। जरूरत इस बात की है कि 'भारतीय दंड संहिता, 1860' में एक धारा '497 क' इस रूप में जोड़ दी जाए–"जो कोई, ऐसे व्यक्ति के साथ, जो कि किसी अन्य स्त्री का पति है...मैथुन करेगी...वह जारकर्म के अपराध की दोषी होगी और वह दोनों में से किसी भाँति के कारावास से, जिस की अवधि, पाँच वर्ष तक की हो सकती है, या जुर्माने से, या दोनों से दण्डित की जाएगी।"

इसी एक कानून के न होने की वजह से प्रभा खेतान समाज में ऊधम तारतीं खुली और छुट्टी फिर रही हैं–'आगे नाथ न पीछे पगहा।' पति नहीं, कोई बच्चा नहीं, जिन की जिम्मेदारी ये समझें। बाल-बच्चों की शिक्षा-दीक्षा, कामधाम और ब्याह-शादी का दिमाग में कीड़ा नहीं रेंगता। किसी बच्चे को गोद नहीं लिया। कानून में स्त्री-पुरुष की समानता के स्तर पर ऊपर सुझाया गया ऐक प्रावधान जोड़ दिया जाए तो प्रभा खेतान और प्रभा खेतान जैसी सारी औरतों की 'दादागिरी' धरी की धरी रह जाए।

तभी कहा जा रहा है कि हिन्दुओं ने बाबा साहेब डा. अम्बेडकर के हिन्दू कोड के पैकेज को स्वीकार नहीं किया है। उस का अंग-भंग करके उस पैकेज का तमाशा बना दिया है। एक पति और एक पत्नी का कानून बना लिया है पर रखैल रखने पर या आध्यात्मिक पत्नी राधा के रखने पर कोई पाबन्दी नहीं लगाई। तभी आज भी रखैल और रखैल के पुत्र अस्तित्व में आ रहे हैं। इसी वजह से पारिवारिक मामलों में चाकू-छुरों और गोली-बन्दूकों के लिए स्पेस बना रह गया है। यदि बाबा साहेब डा. अम्बेडकर के कानून को नेकमन हो कर उस के पूरे पैकेज में लागू किया जाता तो हत्या और आत्महत्या परिवार से नदारद हो जातीं। लेकिन इस मामले में हिन्दुओं ने एक डा. अम्बेडकर की क्या, कभी किसी की नहीं मानी। आखिर प्रभा खेतान का सारा जीवन हिन्दू विवाह पर एक भार बना बैठा है। ऐसी सोच की वजह से हिन्दू परिवार को साँस नहीं आ रहा है। उस का दम घुटा पड़ा है।

और हाँ, फिर कहूँ कि प्रभा खेतान एक भूल में ही रह कर खुद को 'अनन्या' मान बैठी है, क्योंकि डा. सर्राफ के पास अब भी पचास हो सकती हैं। इस दृष्टि से, 'अनन्य' डा. सर्राफ ठहरते हैं, प्रभा खेतान 'अनन्या' नहीं ठहर रही हैं। और यहाँ इतना और कह दूँ कि मैं यह मान कर चला था कि रमणिका गुप्ता मेरठ में सरधने की बेगम सुमरू बनी हुई हैं। मैंने माना था कि प्रभा खेतान ऐसी नहीं होंगी। लेकिन उन की आत्मकथा पढ़ कर मेरी धारणा पूरी तरह से बदल गई है। अब पता चला है कि इस मामले में वे रमणिका गुप्ता से आगे बढ़ी हुई हैं। मैं उन्हें 10 में से 9 अंक देता हूँ यह सोच कर कि जाने कोई उन से भी आगे बढ़ी हुई स्त्री द्विजों के हिन्दू समाज में छिपी पड़ी हो। जी हाँ, प्रभा खेतान की यह बात बिलकुल बेकार और धृष्टता की है कि यह 'लाल किला' मेरा है। कोई भी किसी के घर पर कब्जा जमाने लगे कि यह मुझे अच्छा लगता है!

समाज में हर बात का एक नियम और कानून होता है। प्रभा खेतान को एक आदमी की पड़ी हुई है, अपने बच्चों की नहीं पड़ी। बच्चों के बिना हम हैं क्या? स्कूलों और विश्वविद्यालयों के पाठ्यक्रमों में पुस्तकें रखने का एक नियम बना लेना चाहिए कि जिन कथाओं में बच्चे और बूढ़े नहीं हैं या उनमें उनकी हत्याएं या भ्रूण हत्याएं हैं उन्हें पाठ्य पुस्तक न बनाया जाए। समाज सबसे मिल कर बनता है। प्रभा खेतान की एकांगी कहानी किसी लायब्रेरी के रैक की शोभा नहीं बढ़ाएगी। किसी भी रूप में मनुष्य की गरिमा को गिराना सभ्यता के खिलाफ है। विकास का रास्ता पलट कर और दूसरा है। हमारी नजरों में डा. सर्राफ गलत हैं पर प्रभा खेतान की तुलना में वे गलत नहीं हैं। उन के पास उन के डाक्टरी जीवन में हजारों लड़कियाँ अपनी आँखों का इलाज कराने आई होंगी, डा. सर्राफ का उन में से किसी से क्या वास्ता? फिर, यदि डा. सर्राफ ने इन के प्रति कुचेष्टा की बेहूदगी दिखाई थी तो ये स्वयं निर्णय लेने वाली एक खुद्दार लड़की की तरह उन्हें तभी धता बता देतीं। डा. सर्राफ के तमाचा मारना था तो सेक्स सम्बन्ध बनने से पहले मारतीं, सेक्स सम्बन्ध बनाने के बाद नहीं। बाद वाले तमाचे का क्या अर्थ है कि डा. सर्राफ से हट नहीं रही हैं? इन्हें पता ही नहीं है कि तलाक क्या होता है। रमणिका गुप्ता की तुलना में ये ब्राह्म-विवाह के बाहर ही ब्रह्म-चारिणी बनी फिर रही हैं। मेरे गाँव में ऐसी बातों को बदफैलियां कहा जाता है, इन्हें कौन सुने? 'हंस' के सम्पादक क्या कर रहे हैं? उम्र के भी कुछ तकाजे होते हैं। वे बाकायदा बूढ़े हो चुके हैं। केशव दास बनने से बाज आया जाए। कृष्ण का बाल जीवन बिगड़ा था, बुढ़ापा तो नहीं। किसी से जवानी में गलती हो जाए तो उस गलती को बुढ़ापे तक खींचने को कौन बुद्धिमत्ता की निशानी मानेगा? कभी तो तौबा हो। कभी छोटी उम्र वालों की भी बात मान लेनी चाहिए। इस में कोई हेठी नहीं होती बल्कि इसे सुअवसर माना जाए। उन के लिए समय है कि बचपन से आगे बढ़ा जाए। अब बचपन से उसी रूप में जुड़ें जैसे दादा और नाना अपने पौतों और धेवतों से जुड़ा करते हैं। मैं प्रभा खेतान से हाथ जोड़ कर भीख मांग रहा हूँ कि डा. सर्राफ के घरेलू जीवन से अलग हट कर अब भी किसी बच्ची को गोद ले कर पाल लें तो उन का जीवन किसी हद तक सार्थक और सम्पूर्ण हो जाएगा। वे कोशिश करके देखें, उन्हें सच में सुख मिलेगा। ढंग से चला जाए तो धरती सुखों से भरपूर है।

और बिलकुल अन्त में एक बात और है—जितनी सामग्री मेरे पास उपलब्ध है, और जो खुद प्रभा खेतान ने ही अपने लेखन के द्वारा अपने बारे में उपलब्ध कराई है, उस के आधार पर मैंने उन की जैनेटिकता पर एक लेख अलग से लिखा है। शायद मेरी वैज्ञानिक खोज उन के ज्ञान में इजाफा करा कर उन की कुछ मदद कर सके। उसे मैं यहाँ नहीं दे रहा हूँ।

संदर्भ

1. सवर्ण पति बनाम दलित पति, प्रभा खेतान, कथादेश, सी-52/जेड-3, दिलशाद गार्डन, दिल्ली-110095, जून, 2003, पृ.-55

2. वही, पृ.-55 3. वही, पृ.-55

4. वही, पृ.-55 5. वही, पृ.-56

6. वही, पृ.-55 7. वही, पृ.-55

8. वही, पृ.-55 9. वही, पृ.-55

10. वही, पृ.-53 11. वही, पृ.-55

12. वही, पृ.-54 13. वही, पृ.-54

14. कबीर समग्र : प्रथम खण्ड, सम्पादक और लेखक प्रो. युगेश्वर, हिन्दी प्रचारक संस्थान, पो. बा. 1106, पिशाचमोचन, वाराणसी-221010, द्वितीय संस्करण 1995, पृ.-418

15. सवर्ण पति बनाम दलित पति, प्रभा खेतान, कथादेश, सी-52/जेड-3, दिलशाद गार्डन, दिल्ली-110095, जून, 2003, पृ.-56

16. वही, पृ.-56 17. वही, पृ.-55

18. वही, पृ.-55 19. वही, पृ.-55

20. वही, पृ.-53 21. वही, पृ.-54

22. रहीम के दोहे, कवि अब्दुर्र रहीम 'खानखाना', सम्पादन आबिद रिजवी, रजत प्रकाशन, केदार काम्पलैक्स, देहली गेट, मेरठ-250002, पृ.-29

23. सवर्ण पति बनाम दलित पति, प्रभा खेतान, कथादेश, सी-52/जेड-3, दिलशाद गार्डन, दिल्ली-110095, जून 2003, पृ.-57

24. वही, पृ.-56 25. वही, पृ.-57

26. वही, पृ.-57 27. वही, पृ.-55

28. वही, पृ.-53 29. वही, पृ.-53

30. वही, पृ.-56 31. वही, पृ.-55

32. "BEDROOM

Percentage	Secret Revealed
1/500	Women have more than two ripples"

Ultimate Erotica, Sep-Oct. 2003, Creative Publications, Ashina Building, 4-19-A, Ground Floor, Khariwad, Nani U.T.-396210, p.-132

33. "The women (of Kashmir) especially are very handsome; and it is from this country that nearly every individual, when first admitted to the court of the Great Mogol, selects wives or concubines, that his children may be whiter than the Indians and pass for genuine mogols".
The Mansabdari System and the Moghul Army, Abdul Aziz, Idarah-I-Adabiyat-1-Delhi, 2009, Qasimjan Street, Delhi, Edition, 1972, p.-185, Quoted in.

34. A History of Pre-Buddhist Indian Philosophy Benimadhab Baruna, University of Calcutta, Edition 1921, pp.-51-87

35. सवर्ण पति बनाम दलित पति, प्रभा खेतान, कथादेश, सी-52/जेड-3, दिलशाद गार्डन, दिल्ली-110095, जून 2003, पृ.-56

36. वही, पृ.-56 37. वही, पृ.-54

38. वही, पृ.-54 39. वही, पृ.-55

40. वही, पृ.-56 41. वही, पृ.-58

42. वही, पृ.-56 43. वही, पृ.-57

44. "Impossible for anybody to practice."
Dr. Babasaheb Ambedkar : Writings and Speaches, Vol. 14, Part Two, Section IV, Dr. Ambedkar and the Hindu Code Bill, Edited by Vasant Moon, Education Department, Govt. of Maharasthra, Ist Edition 1995, p.-1162

45. भगवान बुद्ध और उन का धर्म, लेखक डॉ. भीमराव रामजी आम्बेडकर, अनुवादक भदन्त आनन्द कौसल्यायन, भारतीय बौद्ध शिक्षा परिषद, जेतवन महाविहार, श्रावस्ती, बलरामपुर, उत्तर प्रदेश, द्वितीय संस्करण 1970, पृ.-346

46. बेजोड़ है, गोविन्द सेन, कथादेश, सी-52/जेड-3, दिलशाद गार्डन, दिल्ली-110095, जून 2003, पृ.-5

47. देहरि भई विदेस : लेखिकाओं के आत्मकथांश, सम्पादन राजेन्द्र यादव, किताब घर प्रकाशन, 4855-56/24, अन्सारी रोड, दरियागंज, नई दिल्ली-110002, प्रथम संस्करण 2005, पृ.-242

48. वही, पृ.-247 49. वही, पृ.-248

50. वही, पृ.-248 51. वही, पृ.-248

52. वही, पृ.-249 53. वही, पृ.-250

54. वही, पृ.-247-48 55. वही, पृ.-245

56. वही, पृ.-249 57. वही, पृ.-250

58. वही, पृ.-246 59. वही, पृ.-249

60. 'मैं केवल प्रभा खेतान बन सकती हूँ', प्रभा खेतान, तद्भव, 18/201, इन्दिरा नगर, लखनऊ-226016, अक्टूबर, 2005

61. बेवक्त गुजर गया माली, श्यौराज सिंह बेचैन, हंस, 2/36, अन्सारी रोड, दरिया गंज, नई दिल्ली-110 002, फरवरी 2006, पृ.-28

62. 'मैं केवल प्रभा खेतान बन सकती हूँ', प्रभा खेतान, तद्भव, 18/201, इन्दिरा नगर, लखनऊ-226016, अक्टूबर, 2005, पृ.-251

63. वही, पृ.-252 64. वही, पृ.-250

65. वही, पृ.-250

66. देहरि भई विदेस : लेखिकाओं के आत्मकथांश, सम्पादन राजेन्द्र यादव, अर्चना वर्मा और बलवंत कौर, किताब घर प्रकाशन 1855-56/24, अंसारी रोड, दरियागंज, नई दिल्ली-110 002, प्रथम संस्करण, 2003, पृ.-250

67. प्रेमचन्द : कलम का सिपाही, अमृत राय, हंस प्रकाशन, इलाहाबाद, संस्करण, अप्रैल, 1992, पृ.-513-14

68. वही, पृ.-514 69. वही, पृ.-514

70. वही, पृ.-514

71. 'मैं केवल प्रभा खेतान बन सकती हूँ', प्रभा खेतान, तद्भव, 18/201, इन्दिरा नगर, लखनऊ-226016, अक्टूबर, 2005, पृ.-267

72. वही, पृ.-267 73. वही, पृ.-267

74. भारतीय दंड संहिता, 1860, भाग-2, शैलेन्द्र कुमार अवस्थी, अशोका लॉ हाउस, 16-2/ए, लाउदर रोड, जार्ज टाउन, इलाहाबाद-211002, संस्करण 1992, पृ.-610

75. व्ही. रेवती बनाम यूनियन आफ इण्डिया : 1988 : सी. सी. आर. जे. (एस. सी.) : 75, भारतीय दण्ड संहिता, 1860, भाग-2, शैलेन्द्र कुमार अवस्थी, अशोका लॉ हाउस, 16-2/ए, लाउदर रोड, जॉर्ज टाउन, इलाहाबाद-211002, संस्करण 1992, पृ.-611

76. "Mrs. Chidambaram says that women, both married and unmarried, have changed their life style over the years and there are cases where they have wrecked the peace and happiness of other matrimonial homes."
Sowmithri Vishnu v. Union of India and another A.I.R. 1985 SUPREME COURT 1621

77. "The alleged transformation in feminine attitudes, for good or for bad, may justly engage the attention of the law-makers when the reform of penal law is undertaken. They may enlarge the definition of 'adultery' to keep pace with the moving times. But, until then, the law must remian as it is."
ibid., p.-1621

78. "This position may have undergone some change over the years but it is for the legislation to consider whether S. 497 should be amended appropriately so as to take not of the 'transformation' which the society has undergone."
ibid., p.-1620

79. "Incidentally, the demand of the petitioner that sexual relationship of a husband with an unmarried woman should aso be comprehended within the definition of 'adultery' is a crusade by a woman against a woman. If the paramour of a married woman can be guilty of adultery, why can an unmarried girl who has sexual relations with a married man not be guilty of adultery?"
ibid., p.-1621

अध्याय–4

मैत्रेयी पुष्पा : जारबुद्धि एक अपराध है

I

मैत्रेयी पुष्पा की चुनौती है–"यदि अपने शरीर के लिए कोई फैसला लेना मुक्ति का कारण बनता है तो मेरे लिए मुक्ति का साधन यही है।"[1] उन्होंने देहवाद की दुन्दुभी बजा दी है। लेकिन उन के इस फैसले से डर किसे है? मर्दों में उन के काउन्टर देहवादी इस चिन्तन को तत्काल लपक लेंगे। मर्दों में भी ऐसे योद्धा हैं जो देहवाद की ताल ठोंक कर बैठे हैं। हर गाँव में दो-चार बिजार खुड्डी करते फिरते ही हैं। पूछना यह है कि अपने शरीर के लिए यह फैसला कब लिया जाना है। किसी भी फैसले के साथ जिम्मेदारी आती है। फैसला खुल कर लीजिए, चोरी मत कीजिए। तलाक लीजिए, जारकर्म मत कीजिए। दूसरे पक्षकार को तलाक लेने की स्वतन्त्रता दीजिए। बीच की समझौते और सुलह तथा सुभीते और सहूलियतों की दोनों जोड़ियों को अपने शब्दकोश से बाहर निकाल फेंकिए। कुछ भी फैसला लीजिए, उस फैसले के प्रति ईमानदार रहिए। जहाँ जा रहे हो, वहाँ ईमानदार रहो। एक समय में एक के साथ एकनिष्ठता बरतने में कुछ भी बुराई नहीं है। पराए धन में लात मारिये। जो कमाया नहीं है, उस का लोभ मत कीजिए। उत्तराधिकार में हिस्सा अपने माता-पिता से लीजिए। पति से भरण-पोषण और स्थायी निर्वाहिका की मांग छोड़ दीजिए। यदि पुनर्विवाह नहीं करना है तो अपना भरण-पोषण आप कीजिए। सच्ची स्वतन्त्रता तो तब की है जब पुनर्विवाह में भी भरण-पोषण की मोहताज न हों। फैसले के साथ बहुत कुछ आता है, उस बाकी के लिए तैयार रहिए। फैसले में दूसरों के लिए डिक्टेटरी नहीं चलनी चाहिए। विवाह में देह की स्वतन्त्रता तलाक की स्वतन्त्रता से जुड़नी चाहिए। दूसरे पर विवाह का बन्धन क्यों थोंपा जाए? अपनी ओर होने में दूसरों से गुनाह न करो–अपने किए के लिए खुद जिम्मेदार बनो।

मैत्रेयी पुष्पा ने शोर मचा रखा है कि स्त्री को उस की देह की स्वतन्त्रता चाहिए। यह अच्छी बात हुई–मेरी देह है, मैं जिसे चाहे सौंपू। तो क्या स्त्री वेश्या बनना चाहती है? वेश्या की मर्जी है कि वह अपनी देह एक को सौंपे और दूसरे को न सौंपे। फिर,

देह हो गई, क्या हो गई? स्वतन्त्रता में जबान की स्वतन्त्रता भी मिलती है पर संसार के संविधान उसे भी सीमित, नियन्त्रित और संयमित करते हैं। जबान की स्वतन्त्रता में किसी को गाली देने की स्वतन्त्रता नहीं मिल सकती। फिर, देह की स्वतन्त्रता ठोक-बजा कर लेने में दूसरे व्यक्ति को तलाक लेने की बराबर की स्वतन्त्रता दे दो। स्त्री को देह की स्वतन्त्रता चाहिए तो पुरुष को तलाक की स्वतन्त्रता चाहिए। ठाठ से देह को जहाँ चाहो वहाँ सौंपो पर किसी की पत्नी बनी न रहिए। विवाह करने के बाद देह की स्वतन्त्रता का मतलब क्या है? मतलब यही है कि उस पुरुष से तलाक ले लो। इसलिए, स्त्री के भी वे जमाने लद चुके हैं जिस में वह एक साथ 'बहु पुरुषन की नारी' रहा करती थी।

स्त्री देह की स्वतन्त्रता जरूर ले लेकिन बदले में पुरुष को तलाक की स्वतन्त्रता का अधिकार दे। स्त्री इस लेनदेन की बराबरी से क्यों डरती है? देह की स्वतन्त्रता में तलाक की स्वतन्त्रता ओटोमेटिक रूप से निहित है। किसी भी कानून में उसे इस समझौते पर हस्ताक्षर करने ही पड़ेंगे। खुद के लिए देह की स्वतन्त्रता ले कर और पुरुष को तलाक की स्वतन्त्रता न दे कर वह बेईमान क्यों बनती है? अपनी स्वतन्त्रता के लिए विवाह के जो फायदे हैं उन्हें वह छोड़ने को तैयार क्यों नहीं है? एक ओर वह विवाह की व्यवस्था के सारे फायदे लेना चाहती है लेकिन दूसरी तरफ विवाह का एक नियम भी नहीं मानना चाहती। यह दोहरी और दोगली नीति ठीक नहीं है।

जब भी स्त्री विवाहेतर सम्बन्ध, जारकर्म और देह की स्वतन्त्रता के पक्ष में बोलती है, जान लीजिए कि वह अकेली नहीं है। तब वह स्वयं में व्यक्ति और व्यक्तित्व भी नहीं है बल्कि किसी अन्य का भोंपू है। शब्द किसी और के हैं जो उस के मुख से निकल रहे हैं—और वह केवल पुरुष है। कभी पुरुष दीखता है और कभी नहीं दीखता लेकिन सुतनों के पीछे होता वही है। मेरी आँखों को धोखा नहीं हो सकता क्योंकि वह मुझे दुबका बैठा दीख रहा है। असल में, मैं उसी को ढूंढ़ रहा हूँ पर वह हमेशा स्त्री को सामने कर देता है। स्त्री अपनी लड़ाई नहीं लड़ रही है बल्कि उस की लड़ाई लड़ रही है जो खलनायक होने के भी काबिल नहीं है।

मैत्रेयी पुष्पा 'कथादेश' में छपे अपने लेख 'मान न मान, मैं तेरा मेहरबान' में मेरे खिलाफ लिखती हैं—"पाडुरंग वामन काणे के हवाले आप रहिए, जिस ने आप को और डा. पुरुषोत्तम अग्रवाल को एक ही तोहमत से नवाजा है, वह है स्त्री की रखवाली का अभाव।"[2] वे आगे लिखती हैं—"मगर पुरुषोत्तम अग्रवाल उस की परवाह न करके औरतों की स्वतन्त्रता की बात करते हैं और आप उसी घेरे में खड़े 'पत्नी' के चरित्र की धुलाई-पुछाई करते नजर आते हैं। दोनों के अन्तर को समझाने की मुझे जरूरत नहीं है।"[3]

मैत्रेयी पुष्पा मेरे खिलाफ लिखती हैं—"आपने स्त्रियों का साथ देने की बात अपने अप्रैल 2003 के लेख में कथादेश के माध्यम से कही है, सौ कैसे कही है? क्या औरत से व्यवहार करने का तरीका आप को आता है?"[4] मैं हाथ जोड़ कर कह रहा हूँ कि

औरत से व्यवहार करने का ऐसा तरीका डा. पुरुषोत्तम अग्रवाल को आता है। प्रेम कविता की स्तुति में सामाजिक संस्थाओं के रिश्तों से बेखबर हो कर वे ही लिख सकते हैं—"...संबोध्य स्त्री चाहे तथाकथित स्वकीया हो या परकीया।"[5] उन के इस वाक्य का विस्तार किया जा सकता है—चाहे हिरण्यकश्यपु अपनी बेटी रोहिणी से, वशिष्ठ अपनी बेटी शत्रुप से, जाह्नु अपनी बेटी जाह्नवी से और सूर्य अपनी बेटी उषा से शादी करे।[6] महोदया, मैं ऐसे चिन्तन का साथ नहीं दे सकता—चोर-चोर मौसेरे भाई। मुझ से गलती हुई जो मैंने ऐसा लिख दिया। आपने स्त्री की आत्म-निर्भरता को जारकर्म से जोड़ दिया है जब लिखा है—"ऊपर से आप उन्हें जारकर्म की गुनहगार कह कर जकड़ने आए हैं। सहभागिता की बात पुरुषों के गले नहीं उतरती। आत्मनिर्भर स्त्री को आप किस तरह काबू में करेंगे....।"[7] बताइए, आत्म-निर्भर स्त्री क्या चरित्रहीन रहेगी? क्या पुरुष आत्म-निर्भर है तो वह सच्चरित्र नहीं हो सकता? काबू और बेकाबू के तर्क फर्जी हैं—बताया यह जाए कि जो स्त्री और पुरुष आत्मनिर्भर हैं क्या वे व्यभिचारी हुए फिरते हैं? मुद्दा व्यभिचार का है, निर्भर और आत्म-निर्भर का नहीं, काबू और बेकाबूपन का नहीं। मुद्दे को रलाया न जाए क्योंकि आत्म-निर्भरता में शील और भी खिलता है। वे आत्म-निर्भर नहीं बल्कि गैर-जिम्मेदार हैं जो मन का झुकाव व्यभिचार की ओर ले जाते हैं। भला, आत्म-निर्भर स्त्री से ज्यादा बड़ी जिम्मेदार कौन हो सकती है? वही कमाई को जानेगी और उसे खोएगी नहीं। निठल्ले और निठल्लियों को क्या पता कि कितनी मुश्किल से आत्म-निर्भर बना जाता है? वे दूसरे के धन को और इज्जत को धूल-मिट्टी की तरह उड़ाते और पानी की तरह बहाते हैं। इतना बड़ा शब्द—'आत्म-निर्भरता' और उस का इतना गलत अर्थ—अर्थात जारकर्म। हे भगवान, अब पता चला कि महान शब्द अपने अर्थ कैसे खोते हैं!

क्या यह माना जाए कि मैत्रेयी पुष्पा ने इन लेखों में जो लिखा है वह मानसिक बीमारी की अवस्था में लिखा है? कोई स्वस्थ व्यक्ति ऐसा नहीं कह सकता कि वह बिना किसी हिसाब के देह की स्वतन्त्रता कायम रखेगा। आखिर, अपनी देह की स्वतन्त्रता लेने में दूसरे को तलाक लेने की स्वतन्त्रता देनी पड़ेगी। तब क्या यह माना जाए कि मानसिक बीमारी के बजाय यह शातिर अपराध करने की घातक प्रवृत्ति है? मैत्रेयी पुष्पा की बात छोड़ी जाए क्योंकि वे समझाने-बुझाने से सुधर भी सकती हैं, उन का जिक्र किया जाए तो इतिहास में ध्रुवस्वामिनियों के नाम से प्रख्यात हैं। पति को मरवा कर देवर से शादी—और फिर महान—किन चालाक लोगों ने उस का इस्तेमाल करके चर्चित उद्घोष किया है कि वह नारी श्रेष्ठ है? जिस समाज में नारी का पुनर्विवाह अनुमत नहीं है उस समाज के लेखक ध्रुवस्वामिनी के इस पुनर्विवाह में कमी क्यों नहीं देखते?

आरोप लगता है कि स्त्री की बात नहीं सुनी जा रही है। स्त्री की बात जरूर सुनी जाए पर जब वह जार-चिन्तन की बन कर अपनी बात कहने पर उतर आती है, तब उसे सुनने की जरूरत नहीं रहती। वह पत्नी के रूप में अपनी बात सुनाए, जार और वेश्या बन कर न सुनाए,—सभ्य समाज का यही तरीका है।

यह स्वस्थ नारी-चिन्तन नहीं है। इसे नारी-चिन्तन कहने से भी एतराज किया जा सकता है। यह व्यभिचारी पुरुष का चिन्तन है जिस ने नारी को अपने रक्षाकवच के रूप में इस्तेमाल करना चाहा है। यह बिगड़ा हुआ पुरुष-चिन्तन है जिस ने अपने साथ नारी-चिन्तन को भी भ्रष्ट कर दिया है। आखिर, ऐसा क्यों नहीं हो सकता कि नारी-चिन्तन सदाचार को ले कर आगे बढ़े?

यह सब बेईमानी हुई। जार-चिन्तन से नारी की इज्जत नहीं बढ़ेगी। वह जार का बच्चा पैदा करके पति पर थोप रही है। जब यह बुराई नही है तो संवाद किस ढंग का हो सकता है? सवाल यह है कि क्या कोई नारी कभी अपराध कर सकती है कि नहीं। इन लेखों से ऐसा नहीं लगता कि किसी भी मामले में नारी को अपराधी मान कर उसे दण्डित करने की कोई योजना या उपाय हो। इन के हिसाब से न वह तस्करी करती है, न डकैती डालती है, न हत्या करती है और न देशद्रोह का रास्ता अपनाती है। अजीब चिन्तन है—नारी जन्म से निरपराधिनी है। इस सोच का उल्टा नुकसान यह होता है कि नारी का कोई अस्तित्व नहीं माना जाता। अस्तित्व हो तो वह किसी अच्छी या बुरी बात के लिए जिम्मेदार ठहराई जाए। जिम्मेदारी से ही हक बनते हैं। जिम्मेदारी के बिना हक खे-कुसुम हैं। नारी-चिन्तन जिम्मेदारी से क्यों भाग रहा है? अपराध करने वाली औरतें जेल क्यों नहीं जाएंगी? केवल नारी होने की वजह से उन्हें अपराधी क्यों नहीं माना जाएगा?

मैं अपने लेखों में शुरू से ही अच्छी नारी और बुरी नारी में भेद करके चल रहा हूँ। दलित नारियों की यह आपत्ति बेबुनियाद है कि मेरे चिन्तन में सारी नारियों को एक हाथ से हाँका जा रहा है। उलटे, मेरी आपत्ति दर्ज होनी चाहिए कि वे मुझे एक नारी में और दूसरी नारी में विवाह और सेक्स को ले कर फर्क नहीं करने दे रही हैं। वे मुझे व्यभिचारी स्त्री का विरोध करने से रोकना चाहती हैं। उन के विरोध करने से ऐसा जाहिर होता है कि सारी नारियाँ व्यभिचारिणी हैं जबकि मैं ऐसा नहीं मानता। यदि मैं सारी स्त्रियों को व्यभिचारिणी मानता तो संन्यास का और मोक्ष का दर्शन सामने रखता। मैं गृहस्थ जीवन में ही पुनर्विवाह के विकल्प की और स्त्री तथा पुरुष की स्वतन्त्रता और गरिमा की पारिवारिकता सामने रख रहा हूँ।

ब्राह्मणों की संन्यास-व्यवस्था का मतलब है कि ब्राह्म-विवाह को व्यभिचार के आधार पर भी कोई नहीं तोड़ सकता। जिसे मोरल निभाना है वह घर और संसार को छोड़े। घर और परिवार जारकर्मियों और बलात्कारियों के लिए सुरक्षित क्षेत्र हैं। विवाह जारकर्मियों और बलात्कारियों की जूरिस्डिक्शन का एरिया बन गया है। मोरल की जूरिस्डिक्शन की बात उठानी है तो घर छोड़ो, मठों में पहुँचो, जंगलों में जाओ, और संन्यास धारण करो। लेकिन दलित और दूसरे समाजों के लिए मोरलिटी इसी लौकिक और पारिवारिक समाज में निभाने के लिए होती है। मोरलिटी को अध्यात्म और संन्यास से खींच कर वापिस घर और परिवार में लाया जाना है। लेकिन लौकिक होने का मतलब

यह नहीं है कि जंगल राज हो जाए। घर-बारी होने में मानवता बहुत आगे निकल आई है। हमारे सामने बिल्ली और बिलौटे अपने आदिम युग में ही रह रहे हैं। उन में बहन, बेटी और माँ का फर्क नहीं किया जाता। उस में भी सब कुछ जारकर्म और बलात्कार के हवाले कर दिया जाता है जो दूसरे सिरे से बुराई है।

मैं किसी औरत के खिलाफ नहीं हूँ, मैं व्यभिचार के खिलाफ हूँ। मैं किसी व्यक्ति के खिलाफ नहीं हूँ, मैं चोरी के खिलाफ हूँ। मैं किसी मनुष्य के खिलाफ नहीं हूँ, मैं अपराध के खिलाफ हूँ। यह गलत बात है कि व्यभिचार के खिलाफ होने को नारी का विरोधी होना माना जा रहा है, चोरी के खिलाफ बोलने को व्यक्ति के खिलाफ बोलना माना जा रहा है और अपराध की खिलाफत को मानव की खिलाफत कहा जा रहा है। मानववाद का मतलब यह कतई नहीं है कि समाज में कानून और व्यवस्था नहीं रहेगी। सच्चाई तो यह है कि मानववाद के रहते ही समाज में अपराधों को रोका जा सकता है। मानववाद मनुष्य की कमजोरियों का हामी नहीं है बल्कि अपराध के खिलाफ लड़ने की मनुष्य की शक्ति की घोषणा है। व्यभिचारी, चोर और हत्यारे नारीवाद और मानववाद की ओट ले रहे हैं जैसे अपराधी लोग राष्ट्र की शरण लेते रहे हैं। व्यभिचारियों और चोरों की धरपकड़ की जाए, इन्हें किसी भी नाम पर छोड़ा न जाए। व्यभिचारिणी औरत नारीवादी नहीं हो सकती और चोर आदमी मानववादी नहीं हो सकता। ये मनुष्यों और औरतों के चोलों में मनुष्यों और औरतों से ही लड़ रहे हैं। कानून और व्यवहार में इन्हें कोई ठिकाना नहीं मिलना चाहिए।

नारी यह कह सकती है कि पुरुष भी जारकर्म करता है। असल में, ऐसा उसे कहना ही चाहिए। कमी इस बात की है कि वह ऐसा कहने से रुक जाती है। इसे वह टाल जाती है या दबी जुबान से कहती है। इस वजह से नारी चिन्तन का तर्क यह हो जाता है कि चूँकि पुरुष भी जारकर्म करता है इसलिए जारकर्म को न रोका जाए। यदि नारी नाजायज गर्भ ग्रहण करती है तो पुरुष ने ही उसे गर्भिणी किया है, इसलिए सन्तान का जायज और नाजायज होना न जाना जाए। लेकिन ऐसे तर्क में एक नारी में और दूसरी नारी में तथा एक पुरुष में और दूसरे पुरुष में फर्क नहीं किया गया है। सच यह है कि बदमाश में और नेकमाश में फर्क होता है चाहे वह पुरुष का मामला हो या नारी का। 'जारकर्म पर रोक न लगे'—का मतलब है—'चोरी पर रोक न लगे।' ऐसे तर्क को कौन मान लेगा? इसलिए नारी को चाहिए कि वह इस तर्क को आगे बढ़ाए कि जारकर्म पर जरूर रोक लगनी चाहिए, चाहे वह पुरुष का हो या नारी का।

जब नारी का चिन्तन यह कहता है कि पुरुष ने भी नाजायज सन्तान पैदा की है तो इस दिशा में उसे थोड़ा और आगे बढ़ना चाहिए। सब से अच्छी तरह यह जार नारी ही जानती है कि वह जार पुरुष कौन है। लेकिन उस का वह कभी नाम नहीं खोलती। वह उसे सदा बचाती है। इसी जगह मेरा झगड़ा है। वह न बताए, अब डी. एन. ए. का टैस्ट बता देगा। वह दोनों को पकड़ेगा। यही मैं चाहता हूँ कि झूठ का नाश हो। इस में

मैंने कुछ भी ज्यादा नहीं मांगा है।

मैत्रेयी पुष्पा पूछ रही हैं–"...क्या गारन्टी है कि दलित पुरुष दलित स्त्री से जारकर्म नहीं करता?"[8] लेकिन ऐसा मैंने कभी नहीं कहा कि दलित पुरुष दलित स्त्री से व्यभिचार नहीं कर सकता। मैंने कब कहा है कि दलित पुरुष चोरी नहीं करता, हत्या नहीं करता और बलात्कार नहीं करता? दलित समाज की तरफ से मैं जारकर्म के खिलाफ कानून की गारन्टी दे रहा हूँ, व्यक्ति की नहीं। इतना ही किया जा सकता है, जरूरतमन्दों को इतना ही पर्याप्त है।

विवाह में खराबियाँ हैं तो उन्हें ठीक करो, विवाह को ही समाप्त क्यों किया जा रहा है? हिन्दू विवाह में ब्राह्म-विवाह की पुरुष-ज्यादतियाँ कायम हैं या बची हुई हैं तो उन्हें हटाने को किस ने मना किया है? विवाह के विकास के उस काम को क्यों नहीं करती हो, विवाह पर ही क्यों बरस पड़ी हो? विवाह के बिना जीवन अराजकता है। अभी मनुष्य को अपने मानसिक और सामाजिक विकास के लिए विवाह की संस्था की बहुत जरूरत है। इसे छोड़ने में संन्यासी और संन्यासिनी ही बना जाता है जो व्यवस्था किसी स्वस्थ समाज को कभी कबूल नहीं हो सकती। दूसरी तरह से विवाह को छोड़ा जाता है तो जारकर्म और वेश्यावृत्ति में लौटना पड़ता है। संन्यास और जारकर्म दोनों गलत सोच के नतीजे हैं। ये दोनों विवाह को भंग करते हुए एक दूसरे की गठजोड़ से निकलते हैं। हाँ, यदि विवाह को छोड़ा गया तो बन्दर समाज की दुनिया सामने आ जाती है। मैंने मठों की मुंडेरों पर रहने वाले लंका के बन्दरों के बारे में जाना है कि बन्दरिया से सेक्स के झगड़े में पहला चौधरी कैसे खूनमखून होता है–और मर जाता है।

आज स्त्री कुछ भी कहे, पर विवाह ने स्त्री की बलात्कार से रक्षा की है जिस में जारकर्म से उसे खुद बाज आना है। उसे ऐसी हीरोइन नहीं बनना चाहिए जिस के पीछे गाँव के सारे लुंघाड़े फिरते हों। विवाह एक से होना है, सब से या हर किसी से नहीं। स्त्री और पुरुष आपसी सम्बन्धों को ले कर किसी भी चाल से चलें, उस के नियम-कायदे खोजने या बनाने ही पड़ेंगे। सेक्स को बेनियम और अनियंत्रित कैसे रखा जा सकता है? मनुष्य ने रोटी कमाने और खाने के भी नियम बनाए हैं। किसी एक मैत्रेयी पुष्पा को आदिम युग में, जंगल राज में या बर्बर काल में कैसे रहने दिया जाएगा? सभ्यता ने तन पर पहनने को वस्त्र और आराम से रहने को घर दिए हैं तब ऐसा कैसे हो जाएगा कि लोगों को नग्न और नंग अवस्था में लौटने दिया जाए? मनुष्य के लिए विवाह में सदाचार और उस की भाषा में शिष्टाचार की जरूरत बढ़ती ही जानी है। समाज में गालियाँ कैसे सजेंगी?

मेरे सामने आईं लेखिकाएँ पितृसत्ता को कोस रही हैं। मुझे उन के इस कोसने से तनिक भी गुरेज नहीं। जो पितृसत्ता की कमियाँ या गलतियाँ हैं, वे हैं, और उन की प्रशंसा नहीं की जा सकती। वे निश्चित रूप से दूर होनी चाहिए। इसलिए मैं 'मात्र पितृसत्ता' की वकालत नहीं कर रहा हूँ। वकालत की बात दूर, मैं उस का बचाव भी नहीं

कर रहा हूँ। लेकिन ये लेखिकाएँ इतनी ईमानदार क्यों नहीं हो रही हैं कि मुझे 'मात्र मातृसत्ता' के दोष गिनाने दें। वे मातृसत्ता का बचाव और वकालत क्यों कर रही हैं? वे पितृसत्ता के अपराध बताएँ और मुझे मातृसत्ता की कमजोरियाँ बताने दें—यही समझ-बूझ का रास्ता है। उन्होंने कैसे मान लिया है कि अपनी चलती में मातृसत्ता ने जारसत्ता बन कर पुरुषों के खिलाफ गदर नहीं काटे हैं? हमें दोनों की मिला कर सत्ता बनानी है—वे आज भी कैसे कह रही हैं कि उन के बच्चे को पिता की जरूरत नहीं है? ऐसा आदिम समाज की नारी ने भी नहीं कहा होगा। बच्चे को अपने पिता की हमेशा जरूरत रहेगी। नारी बच्चे से उस का बाप क्यों छीन रही है?

मैत्रेयी पुष्पा 'जनसत्ता' में लिखती हैं कि बच्चे को माँ बिना पति के पाल सकती है। इस में तीन बातें हैं :

1. नारी अपने आप विधवा क्यों होने जा रही है? पति को क्यों मार रही है?
2. बच्चे को ज्यादा से ज्यादा लोग पालें, नारी उस में संख्या कम क्यों कर रही है? दादा, दादी, चाचा, चाची, ताऊ, ताई आदि का एक पूरा सम्बन्ध तोड़ा जा रहा है।
3. नारी बच्चे को अकेली पालेगी तो बच्चा कमजोर रह जाएगा। अकेला बाप पालेगा तो खूंखार हो जाएगा। बच्चे को दोनों मिल कर क्यों न पालें?

इसलिए, स्त्री को पति की जरूरत न हो, बच्चे को अपने पिता की जरूरत है। उन स्त्रियों की सोच बिलकुल गलत है जो दावा करती हैं कि उन्हें पति नहीं चाहिए। यदि वे माँ हैं, जो उन्हें रहना ही है, क्योंकि उन्हें परमात्मा ने अपनी प्रकृति के द्वारा माँ बनाया है, तो वे अपने बच्चे से उसके पिता प्राप्त करने का अधिकार नहीं छीन सकतीं। स्त्री अपने बच्चे को अकेली कहाँ बचाने में समर्थ है? माँ अपने बच्चे को बचाती है, सौ बार बचाती है, पर यदि पिता अपने बच्चे को एक बार भी बचाता है तो बच्चे को उसी एक बार की जरूरत है। सच यह है कि वह माँ की तुलना में बच्चे को हजार अपे-झपों से बचाता है।

रोटी खानी है तो क्या रोटी खाने के तरीके नहीं खोजे जाने हैं? मैथुन किया जाना है तो क्या उस के कोई नियम नहीं बनाए जाने हैं? रोटी को बांट कर देने में व्यक्ति को भूखा नहीं रखा जा रहा है। बस, समाज को छीन-झपट, शोषण और भुखमरी से दूर रखा जा रहा है। विवाह में यही कोशिश की जा रही है कि बिना लड़ाई-झगड़े, हिंसा और बलात्कार के हर स्त्री को पुरुष और हर पुरुष को स्त्री सम्मानजनक और स्वीकार्य रूप में प्राप्त हो जाए। क्या मैत्रेयी पुष्पा का नारीवादी चिन्तन सेक्स के क्षेत्र में पूंजीवाद नहीं है कि विवाहेतर सम्बन्धों का दावा सामने रखा जा रहा है? पुरुष की ओर से ऐसा

चिन्तन फासीवाद और बलात्कार की ओर जाता है। सेक्स की ठेकेदारनी बनने के साथ-साथ हर औरत को अपने पेट के लिए कमाना भी है। कमाने के नाम पर विवाह के द्वारा कानूनी भरण-पोषण और सेक्स के रूप में सौ लोगों के साथ विवाहेतर सम्बन्ध औरत का अपमान और फजीता है। यदि औरत अपने इस रूप में खुश है तो वह सड़क की लुटेरन है। जब अर्थ का पूँजीवाद एक बुराई है तो सेक्स के पूँजीवाद को भी खत्म किया जाना है। गरिमा इस में है कि औरत अपने पति के साथ कमाए और विवाहेतर सम्बन्ध न रखे। घर तभी बनता है, आँगन में बच्चों की फुलवारी तभी खिलती और हिरणों की तरह चौकड़ी भरती है। यह महाकवियों की कौन-सी एकांगी कविता चल रही है जिस में बच्चों का जिक्र नहीं है? जहाँ घर के बच्चे बर्बाद हो रहे हों, वहाँ परकीया और परपुरुष के महाकाव्यों में आग लगा दी जाए।

विवाहेतर सम्बन्धों के दावों में चरित्रवान स्त्री का कहीं नम्बर नहीं आता। उस का पति भी उस से खुआ हुआ रहता है। उस के पति को विवाहेतर सम्बन्ध बनाने वाली दूसरी औरतें उडंग कर ले जाती हैं। चरित्रवान पत्नी ऐसे कहीं आँय-बाँय मुँह नहीं मारेगी। लेकिन दूसरी औरतें चरित्र के बजाय अपने जिस्म की वजह से दूसरों के खेतों में चरती रहती हैं। यह शीलप्राण पत्नियों के साथ स्वैरणियों का घात है। यहाँ औरत के खिलाफ ही औरत पड़ी है—और पुरुष अपना घर बिगाड़े रहता है।

अकबर ने यौन-अपराध को रोका था। इस के लिए कड़े दण्ड दिए जाते थे। 'अकबरनामा' की साक्षी से बताया गया है कि 'एक स्त्री का शीलभंग करने के कारण अकबर की आज्ञा से हाफिज कासिम बधिया कर दिया गया'[9] था। ऐसे ही, सन् 1589 में एक किसान की पुत्री के शीलभंग के अपराध में अकबर ने अपराधी को मृत्युदण्ड दिया[10] था। जाहिर है, ऐसे राज को ब्राह्मण पसन्द नहीं कर सकते क्योंकि उन के ब्राह्म-विवाह में जारकर्म और बलात्कार के यौन-अपराध उन के लिए अपराध की श्रेणी में नहीं आते। इस बारे में हिन्दू स्वामी राम सुखदास और हिन्दू लेखक डा. हजारी प्रसाद द्विवेदी के विचार देखे जा सकते हैं।

ब्राह्म-विवाह में जारकर्म और बलात्कार को बेरोके, अदण्डित और अचर्चित छोड़ने का मतलब है कि जंगलराज को ज्यों का त्यों घटित होने के लिए छोड़ दिया गया है। इस का मतलब है कि मोरलिस्ट को कानून बनने का कोई फायदा नहीं दिया गया। ब्राह्म-विवाह की पवित्रता और अटूटता में मोरलिस्ट को गुलाम बनाया गया है। हिन्दू-विवाह तलाक चाहने वाले व्यक्ति को घेर कर मारता है। तलाक साक्ष्य और समझौते आदि की शर्तें लगा कर नहीं दिया जाता। यूँ, जो स्वतन्त्रता और सम्मान का रास्ता है वह बन्द कर दिया जाता है और व्यक्ति चारों ओर से घिर कर रह जाता है। उसे अपने चारों ओर जारकर्म और बलात्कार के भेड़िये खड़े मिलते हैं—वह उन्हीं का आसान शिकार हो जाता है। विधवा के पुनर्विवाह पर रोक का भी यही परिणाम निकलता है। स्त्री को ब्राह्म-विवाह में बदफैली के लिए मौका दिया गया है लेकिन

मोरलिटी के पक्ष में विकास की स्वतन्त्रता नहीं दी गई। मैत्रेयी पुष्पा का विचार इसी जगह दुर्घटनाग्रस्त हुआ है।

मैत्रेयी पुष्पा ने मुझ से अपेक्षा रखी है कि मैं यह पूछने की जहमत उठाऊँ 'कि मनुष्य होने के नाते उस (स्त्री) की अपनी इच्छा, जरूरतें और आकांक्षाएँ क्या हैं... ।'[11] यह बात सही है कि मुझे औरत के बारे में अधिक जानना चाहिए। अनुभव और ज्ञान सदा बढ़ा करते हैं। लेकिन औरत जो कुछ चाहती है वह सदा अच्छा ही होता है, यह मेरे जानने की शर्त नहीं रखी जानी चाहिए। मसलन, कोई औरत यह चाहने लगे कि हर संभोग में उसे नया पुरुष चाहिए तो घर-परिवार कैसे चलेंगे? विवाह एक स्वयंवर ही होता है, यह स्वयंवर चाहे उस स्त्री का हो या उस के माँ-बाप, भाई-बहन और रिश्तेदारों ने तय किया हो। लेकिन हर बार ऋतुमती होने पर स्त्री को यह इजाजत कैसे दी जा सकती है कि वह दुबारा और तिबारा पति चुनेगी? जब एक बार पति चुन लिया तो उस के साथ निचलाई रह कर जिन्दगी गुजारने की अक्ल और सहलास का परिचय देना चाहिए। हर संभोग पर नया पुरुष चाहने वाली औरतों के लिए इजाजत और बेइजाजत का समानान्तर वेश्या समाज खड़ा है। तब औरत इतनी पीछे क्यों रहना चाहती है कि वेश्यावृत्ति के धंधे में पड़ जाती है? यदि औरत सेक्स चाहती है और परिवार नहीं चाहती तो उस की इस चाह की कद्र नहीं की जा सकती। औरत अपनी उस चाह को बताए कि वह पुरुष से मिल कर, पुरुष से मदद ले कर और पुरुष को मदद दे कर एकजुट हो कर क्या करना चाहती है। यह कोई चाहत नहीं हुई कि मर्दों में से छाँटने को आज भी गाँव में ढोल बजा कर भिड़तू करवाए जा रहे हैं कि जो पहलवान जीतेगा उस के साथ आज की रात गुजारेगी। अलाउद्दीन खिलजी राणा रतन सिंह की पत्नी पद्मिनी को पाने के लिए चित्तौड़ पर चढ़ाई कर देता है। औरत के लिए यह कत्लेआम और धुंधुकार इतिहास को जानने के लिए पुरानी बात हो जानी चाहिए, नये चलन की नहीं। औरत कब तक पुरुषों के कपालों को धड़ों से अलग करा कर युद्ध के मैदानों में गेंद की तरह ठोकरों से लुढ़कवाती रहेगी? यह देह के आकर्षण का रक्तरंजित खेल बन्द हो और मनुष्य की साहसिक वीरता का लाभ अन्तरिक्ष में नए ग्रहों और नए तारों का पता लगाने में उठाया जाए।

मैत्रेयी पुष्पा ने मुझे बताया है कि मुझे क्या पता कि नारी के मन में क्या रहता है। कुछ भी रहता हो, बदचलनी की प्रशंसा नहीं की जा सकती। नारी के मन में बहुत कुछ अच्छा-अच्छा भी रह सकता है। क्या सारे अच्छे काम कर लिए जो बुरे कामों के लिए वक्त मिल गया? मनुष्य को अच्छे कामों से ही फुर्सत नहीं मिलनी चाहिए। न विज्ञान की खोज की, प्रकाश के बारे में तय नहीं कर पाई कि यह तरंग है या कण है, बस, नारी के मन की बात अलग से जानो कि इस के मन में क्या-क्या अबाल-बबाल भरा है। मंगल ग्रह तक चक्कर नहीं लगा पाई और जाने इस के मन में यहीं पर क्या-क्या ठहरा हुआ है? एक मारक बीमारी एड्स का इलाज नहीं ढूँढ़ पाई और मन में

जाने-जाने क्या-क्या रख कर नारी उसे फैलाने में लगी है। खेती तभी होती है जब नूढ़ कर हल की मूठ पर हाथ रखा जाए या टैक्टर को खेत में फड़फड़ चलाया जाए। फिर, कुछ भी हो, दलितों के आजीवक समाज को यही कहना समझ में आता है कि ठाली दिमाग शैतान का घर बन सकता है—जाने मन में क्या-क्या आ जाए—स्त्री के ही नहीं, पुरुष के भी। इसलिए संसार के सभी सन्तों ने मन पर थोड़ी लगाम रखने की सलाह जरूर दी है—जाने मन में कौन से सपौले तन कर और फण फैला कर खड़े हो जाएँ। पुरुष की तरह स्त्री को भी समझना चाहिए कि मन में विकार भी पैदा हो जाते हैं जिन्हें बढ़ाने की जरूरत नहीं बल्कि उन्हें रोकने या उन के परिष्कारों की जरूरत पड़ा करती है।

मैत्रेयी पुष्पा लिखती हैं—"विवाह, तलाक और बहिष्कार की धमकी हमें मत दीजिए।...हमारा अपना सूत्र तो सदा से प्रेम रहा है...।"[12] यहाँ मेरा निवेदन है कि इस 'प्रेम' शब्द पर ही टिक जाइए। प्रेम को गन्दा मत कीजिए। इसे जारसूत्र न बनने दीजिए। हिन्दुओं के धर्मसूत्र गलत हैं, हिन्दुओं का कामसूत्र भी गलत है लेकिन उन का विकल्प जारसूत्र के रूप में मत दीजिए। प्रेमसूत्र ही सही है पर यदि वह सन्तान के पालने और समाज के विकास के लिए विवाहसूत्र तक नहीं पहुँचता तो वह प्रेम ही नहीं है। कोई इसे मंगलसूत्र कह सकता है पर दलित लोग उसी प्रेम को इज्जत देंगे जो विवाहसूत्र में तब्दील होगा। विवाह के बिना जीवन में सब कुछ व्यभिचार है।

हिन्दुओं के विवाह में जारकर्म इस प्रकार प्रचलन में है जैसे उन के समाज में अस्पृश्यता का प्रचलन है। संविधान ने अस्पृश्यता के प्रचलन पर रोक लगा कर उसे दंडित किया है लेकिन हमारे संविधान निर्माताओं का ध्यान जारकर्म के दस्तूर पर नहीं गया। जब अस्पृश्यता को दंडित किया गया है तो जारकर्म को भी दण्डित किया जाना जरूरी है। दलित पुरुषों के साथ अस्पृश्यता बरती जाती है लेकिन दलित नारियों के साथ जारकर्म और बलात्कार के अपराध किए जाते हैं। दलित नारियों से कोई द्विज पुरुष छुआछूत नहीं बरतता बल्कि जारकर्म और बलात्कार के द्वारा उन का मान भंग करता है। जारकर्म के द्वारा दलित नारी की ताकत खत्म की जाती है। एक जार औरत किस बात के लिए कुर्बान होगी?

यदि जारकर्म पर पाबन्दी नहीं लगाई जाएगी तो बलात्कार की घटनाओं को रोकना भी मुश्किल हो जाएगा। जारकर्म और बलात्कार में मूल प्रवृत्ति एक ही है—अर्थात अपराध की। इसलिए ब्राह्म-विवाह में—जारकर्म और बलात्कार—दोनों को कानून के स्तर पर गोपनीय और क्षम्य माना गया है। जारकर्मी और बलात्कारी इस मामले में भी एक हैं कि दोनों गैर-जिम्मेदार हैं। न ऐसी स्त्री को वे भरण-पोषण देंगे और यदि ऐसी अवस्था में सन्तान पैदा होती है तो वैधता दे कर न उस बच्चे के पालन-पोषण की जिम्मेदारी लेंगे।

सवाल यह पूछा जाना है कि घर और परिवार को व्यभिचार के रास्ते पर ले जाना है या सदाचार के रास्ते पर ले जाना है। रला-मिला रास्ता कोई रास्ता नहीं है। कानून ऐसे नहीं बना करते। यदि सदाचार के रास्ते पर ले जाना है तो उस के लिए उपाय भी

किए जाने हैं। मात्र कहने से कुछ नहीं होता क्योंकि वह बेईमान लोगों के मुँह की करनी होती है। सदाचार का बढ़ावा और व्यभिचार पर रोक अपने आप नहीं हो सकती। इस के लिए हिलना-डुलना है। व्यक्ति को जिम्मेदार बनाना है। बिना संस्थाओं के वह जिम्मेदार नहीं बन सकता। उसे उस के रास्ते दिए जाने हैं। इस के लिए पुरानी संस्थाओं को मिटाना भी है। भारत में विष्णु का बलात्कार और कृष्ण का परकीया भाव समाप्त होना चाहिए। ये कथाएँ और कविताएँ देश की शक्ति और उस के सम्मान के हक में नहीं हैं। विष्णु के वृन्दा से और कृष्ण के राधा से सम्बन्ध को धी-बेटी के समाज में सम्मानजनक रूप में नहीं देखा जा सकता।

II

सगुण भक्ति में गाया गया है कि 'सबै भूमि गोपाल की' लेकिन ब्राह्म-विवाह की व्यवस्था में इस का अर्थ 'सबै नारी जमीदार की' का निकलता है। मैत्रेयी पुष्पा हामी भरती जा रही हैं मगर दलित के दुख का निदान नहीं दे रही हैं। वे लिखती हैं–"...सवर्ण पुरुष दलित से छुआछूत करे, घृणा करे, बहिष्कार करे, मगर एकान्त में उस की स्त्री से ऐसा बहिष्कार नहीं करता। सहवास में दूरियों के तत्व होते ही कहाँ हैं?"[13] मेरा पूछना है कि वे सत्य उगल रही हैं या दलित पुरुष की मजाक फोड़ रही हैं। यदि उन के पास दलित पुरुष की इस समस्या का समाधान नहीं है तो यह उस पर हँसना ही है। बात उभारी थी तो हल भी देना चाहिए था वर्ना यह असभ्य और क्रूर हँसी है।

मैत्रेयी पुष्पा स्वयं शंकालु हो जाती हैं–"मगर ऐसा कितनी जगह व्यावहारिक होगा?...यह बात भी सब जानते हैं कि न्यायालयों की लचर कार्यवाहियाँ खास तौर पर कमजोर वर्ग को इतना पीस देती हैं कि उन में लड़ने की ताकत न रहे।"[14] वे स्वीकार करती हुईं लिखती हैं–"माना कि इस रोदन में कहीं तक वह मजबूरी भी शामिल है, जिस के चलते, दलित सवर्णों के 'वीर्य और बीज' का औलाद के रूप में बोझ ढोता रहा है, क्योंकि दलित स्त्री से उत्पन्न बच्चे को सवर्ण पुरुष कभी नहीं स्वीकारता।"[15] उन्होंने जो चुनौती खड़ी की है वह इस प्रकार है–"डी. एन. ए. टैस्ट करा कर किस को सजा देना चाहते हैं? स्त्री को या अघोषित/घोषित पिता को? यदि छली पिता को कोई दण्डित कर सके तो स्त्रियाँ उस का लोहा मान जायेंगी?"[16]

यहाँ तक एक बात हुई। यह सही दिशा का तर्क है कि द्विज लोग दलित नारी से छुआछूत नहीं मानते, कि दलित पुरुषों को द्विज पुरुषों के वीर्य पालने और ढोने पड़ते हैं। यह चुनौती भी सही है कि कौन माई का लाल पैदा हुआ है जो छली पिता को दण्डित कर देगा। लेकिन इस से आगे वे यह बहकी बात क्यों कर रही हैं–"हमें मालूम है कि आप उस नैसर्गिक ताकत पर सिर धुन रहे हैं, जिस ने स्त्री को ही यह बताने का हक

दिया है कि उस की सन्तान का पिता कौन है?"[17] उन्हें मालूम होना चाहिए कि पितृत्व को ले कर अब अन्धकार युग खत्म हो गया है। यह डी. एन. ए. टैस्ट की जानकारी का वैज्ञानिक युग है। अब स्त्री का यह घमण्ड चूर-चूर हो गया है कि प्रकृति की ओर से 'स्त्री को ही यह बताने का हक दिया गया है कि उस की सन्तान का पिता कौन है।'[17]

जाबाला को यह पता नहीं था कि उस की सन्तान का पिता कौन था। लेकिन अब पितृत्व का वैज्ञानिक परीक्षण करके दलित लोग ढोल-ढपड़े बजा कर बच्चे को उस जमीदार के घर ले जाएंगे जिस का वह बच्चा निकलेगा। वह औरत भी उसे ही दे दी जाएगी कि इस का भरण-पोषण कर और गाँव की चौधरानी बना। जब ठाकुर का बच्चा पैदा कर दिया तो अब वह चमारी या धोबन कहाँ से रह गई? उस का तो रुतबा बढ़ गया है। वह तो ब्राह्मण ने छू कर ब्राह्मणी कर दी। वह तो पारस की हो गई। उस के तो दिन फिर गए। मैत्रेयी पुष्पा क्या सलाह दे रही हैं, हम जय-जयकारे करते हुए खुद ही उस दलित नारी को वहाँ ले जा रहे है। अजी, कोई छोटी बात है, एक औरत की जात बदल गई है।

मैत्रेयी पुष्पा का 'जनसत्ता' में छपा एक अद्‌भुत वाक्य इस प्रकार है—"यदि वे (पत्नियाँ) गर्भ के पिता से अपने लिए कोई जिद करती हैं तो मौत के घाट उतार दी जाती हैं।"[18] उन के इस वाक्य का अर्थ है कि उन्होंने अब तक दलित नारी को जो सीख दी थी वह सब उल्टी थी। जो नारीवादी दर्शन जारकर्म के हक में बढ़-चढ़ कर बोल रहा था यहाँ आ कर वह कितना डर जाता है। उन्हें देवदत्त ने अकारण 'साहसिक महिला लेखक' मान लिया है जबकि वे बेहद डरपोक किस्म की महिला लेखिका सिद्ध हो रही हैं। उन का लेखन जारकर्मी पुरुष से डर गया है। जब ऐसा नारीवाद जारकर्म से नहीं डरता तो जारकर्मी पुरुष से क्यों भय खा गया? नारियाँ गर्भ के पिता से अपने लिए और उस बच्चे के लिए जिद क्यों नहीं करतीं? जो उन के गर्भ का पिता नहीं है, उस से भरण-पोषण के लिए बहादुर बनीं क्यों लड़ रही हैं? आश्चर्य है, विवाह के विरोध में बोलने वाला नारीवाद सारी सुरक्षा विवाह में तलाश कर रहा है। आखिर, यह नारीवाद न हो गया, बेईमानवाद हो गया। यह डरपोकवाद भी हुआ। गर्भ के पिता से खुद को मौत के घाट उतरने का डर है लेकिन वैवाहिक पति को खुद मौत के घाट उतार रहा है। पहली सीख यही थी—"आपको ठिकाने करने के लिए वह विरोधी पाले में जा खड़ी हुई तो? ज्यादा ताकत का सहयोग पा कर ज्यादा ताकतवर हो गई तो?"[19] ताकतवर कहाँ हुई, वह तो मौत के घाट उतार दी गई। हिटलर से दूर गई और कबीर से भिड़ पड़ी—वाह री नारी की बहादुरी! मैं समझता हूँ, कोई दलित नारी सवर्ण नारी की इस सीख को कभी नहीं मान सकती। फिर, जब औरत किसी जार पुरुष से जुड़ चुकी है तो वह पति के मुकाबले में बेचारी और कमजोर कैसे रह गई है? उस स्थिति में वह अपने पति से दुगनी ताकतवर हो चुकी है और झूठ-कपट के कारण धोखे रचती हुई अतिरिक्त तिगनी भी।

तो, समाधान यह है कि पैतृकता की वैज्ञानिक जाँच की अनुमति का नया कानून

बना दिया जाए। न्यायालय अलग से क्या कर लेंगे? वे संविधान और कानून के अधीन होते हैं। विदेशों में ऐसी जाँच की अनुमति दी जा चुकी है। क्या इस देश का जार ज्यादा पावरफुल है जो ऐसी जाँच का कानून नहीं बनने देगा? यह खुद औरत बताए—वह इस कानून के पक्ष में हैं या विरोध में? मैत्रेयी पुष्पा बहस की सारी दिशा ही बदल देती हैं जब वे लिखती हैं—"दंड विधान भी हर विसंगति का इलाज नहीं होता, खास तौर पर उन रोगों का, जिन का सम्बन्ध मानसिक धरातल पर समझदारी और सन्तुलन से होता है।"[20] उन्होंने दंडविधान से तो किनारा कर लिया लेकिन खोल कर नहीं बताया कि दूसरे की औलाद पालने में समझदारी और सन्तुलन क्या होता है। कानून ने भी सुलह और समझौता करने के लिए लिख रखा है। कौन-सी समझदारी और कैसा सन्तुलन, किस से सुलह और क्या समझौता—इन बातों की परिभाषा कहीं नहीं की गई है।

यदि सुलह और समझौते करने की बात मान ली तो ये कहाँ जा कर रुकेंगे? वे वेश्यावृत्ति और भाड़ूपन पर जा कर रुकेंगे। आखिर, वेश्या और भाड़ू ने आपस में वक्त से सुलह और समझौते ही तो कर रखे हैं—और क्या इस दृष्टि से वे सबसे ज्यादा अच्छे सुलह और समझौते नहीं हैं? हाँ, जार की सन्तान पैदा कर के नारी ने पति के रूप में मर्द को मुर्दा जानवर बनाना चाहा है। लेकिन जहाँ तक पितृत्व की बात है, वेश्यावृत्ति करवाने वाला भाड़ू भी नारी के सामने मर्द बन उठता है। तब मुर्दे में भी जान आ जाती है। जारकर्म कर, पर सन्तान मेरी पैदा कर,—ऐसा वह भी कह सकता है।

सेक्स में हिंसा को कैसे खत्म किया जाएगा? क्या आदमी और औरतें चून के बने होते हैं? मनुष्य को इतना नीचे क्यों गिराते हो कि उस में अपनी गरिमा की रक्षा के लिए लड़ने की ताकत न रह जाए? मेरा सवाल है, फिर वह राष्ट्र की रक्षा कैसे करेगा? मेरा अगला सवाल है, फिर वह किसी दूसरी बात के लिए भी क्यों लड़ेगा? असल में, तब वह आदमी ही नहीं रह जाता है जब वह जारकर्म के खिलाफ जिहादी नहीं रह जाता।

धर्म, समाज, राज्य और राष्ट्र की संस्थाएँ घर से शुरू होती हैं। जब घर ही फोड़ दिया गया हो तो शेष सारी संस्थाओं के गढ़ल अपने आप चकनाचूर हो जाते हैं। जब घर ध्वस्त है तो राष्ट्र भी ध्वस्त ही है।

हर पत्नी चाहा करती है कि उस के पति की तरक्की हो, उस की आमदनी बढ़े, उस का दुनिया में नाम हो। लेकिन मैत्रेयी पुष्पा दलित नारी को गलत सीख दे रही हैं। वे 'ये पढ़े-लिखे पद्वीयाफ्ता तथाकथित दलित'[21] कह कर उन का विरोध करती हैं। मैत्रेयी पुष्पा को बहुत कोफ्त हो रही है—"पर कोई क्या करे, आप जैसों को अफसरी मिल गयी, आदेश देने का चस्का लगा है।"[22] उन्होंने दर्ज किया है—"...गुलाम रहने वाले पुरुषों की हसरत मूँछें ऐंठने की हैं। उन के मुँह पर क्षत्रियों जैसी मूँछें जो उग आयी हैं।"[23] उन के इन शब्दों को पढ़ने से पता चलता है कि दलित पुरुषों की खुशहाली को ले कर उन्हें कितनी जलन हो रही है। कुछ न बनते, शब्दों से ही अपनी जातीय खुन्दक निकाल रही हैं—बहाना दलित नारी के पक्ष लेने का है। वे दलित नारी के नाम पर

नाजायज सम्बन्धों का बचाव करती हुई लिखती हैं–"तभी न पत्नी के जारकर्म की पड़ताल करने लगे और प्रताड़ना-परित्याग जैसी सजाएँ तजबिजने लगे। डी. एन. ए. टैस्ट कराने के लिए बिलबिलाते हुए क्रूर से क्रूर होते गए।"[24]

मैंने यहाँ प्रभा खेतान और मैत्रेयी पुष्पा के लेखों का ज़वाब दे दिया है लेकिन इन का पूरा जवाब हिन्दू पुरुषों को देना चाहिए। यह आफत उन पर है। मैं दलित समाज का बालक हूँ। मैं सिद्ध कर दूँगा कि हिन्दू कानून मुझ पर लागू नहीं हो सकता लेकिन वे सोचें कि उन की नारियाँ क्या लिख रही हैं। प्रभा खेतान लिख रही हैं कि विवाहेतर सम्बन्ध वैज्ञानिक, जैविक और अनिवार्य हैं। चार वर्णों में सम्मिलित मैत्रेयी पुष्पा लिखती हैं–"अब कौन समझाये कि ब्रिटेन और पश्चिमी देशों में पति नाम का जीव काबू करने वाला मालिक नहीं होता। यदि समझने लायक बुद्धि होती तो बेचारे रोते क्योंकि उन से 'स्त्री के पतिव्रत धर्म और व्यभिचार में भेद करने की कबीरी कसौटी छीन ली।'"[25] ये विवाहेतर सम्बन्धों के द्वारा हिन्दुओं को पैदा कर रही हैं। दलित ऐसी सन्तान नहीं हैं–तलाक की व्यवस्था के चलते कौन दलित नारी ऐसी घोषणा कर देगी? इतनी सुनते ही दलित पुरुष तलाक के लिए कोर्ट के पास जाता है। चार वर्णों के भीतर और हिन्दू पुरुष क्या करेगा–वह खुद बताए।

मैत्रेयी पुष्पा ने एक बात बड़े जोर से कही है जो स्त्रियों की तरफ से एक रटन्त मन्त्र है। वे लिखती हैं–"कितनी बार कहें कि हम स्त्रियों की कोई जाति नहीं होती। कोई धर्म नहीं होता। कोई वर्ण नहीं होता।"[26] बात करारी लगती है लेकिन यह सब से बड़े धोखे वाली भी हो सकती है। ऐसे नारों में सारे कपटपूर्ण भेद छिपे हो सकते हैं। बात सही भी है, यदि वे मानती हैं कि स्त्रियों की कोई जाति नहीं होती तो आरक्षण को ले कर सवर्ण स्त्री के पक्ष में क्यों खड़ी हो गई हैं? वे लिखती हैं–"...दलित स्त्री को दलित आरक्षण मिला है, मगर शिक्षा नहीं है। और सवर्ण स्त्री को शिक्षा की मोहलत दे कर आरक्षण नहीं दिया गया।"[27] क्या वे यहाँ दलित स्त्री के पक्ष में बोल रही हैं? क्या यह रास्ता सवर्ण स्त्री के पक्ष में नहीं जा रहा है? वे आगे अपने जहन को और व्यक्त करती हैं–"...यदि सवर्ण स्त्री दलित से विवाह कर लेती है तो उसे दलित पति का आरक्षण नहीं मिलता। साथ ही, दलित पुरुष सवर्ण स्त्री से शादी करता है तो उसका आरक्षण नहीं कटता। दलित स्त्री सवर्ण से विवाह करती है तो आरक्षण नहीं कटता...।"[28] तब उन के इन शब्दों का विश्लेषण किया जा सकता है। उन की चाहना है :

1. दलितों का आरक्षण सवर्ण स्त्री को मिलना चाहिए। वे लिखती भी हैं कि 'शिक्षित स्त्रियों की कमी पड़ जाने पर या कमी दिखा कर आरक्षण का लाभ पुरुष ले जाता है।'[29] उन्हें इस बात की चिन्ता नहीं सताई कि बिना आरक्षण के ही राजकीय सेवाओं के सारे पद सवर्ण पुरुष पहले से ही लिए बैठा है। उन्हें सवर्ण पुरुष

के हिस्से में से अपने लिए मांगने या छीनने की जरूरत महसूस नहीं हुई। उन का सीधा टार्गेट– दलित पुरुष के आरक्षण को हथियाने का है। उन की इस बात को कौन दलित स्त्री मान लेगी?

2. वे चाहती हैं कि सवर्ण स्त्री को आरक्षण मिले। आरक्षण मिले पर इसे वे सवर्ण पुरुष के हिस्से में से क्यों नहीं कटवातीं? पदों का बड़ा भाग वही लिए पड़ा है।
3. वे चाहती हैं कि यदि सवर्ण स्त्री दलित पुरुष से विवाह करती है तो उस सवर्ण स्त्री को आरक्षण मिलना चाहिए।
4. वे यह भी चाहती हैं कि यदि दलित पुरुष सवर्ण स्त्री से शादी करता है तो उस दलित पुरुष का आरक्षण कट जाना चाहिए।
5. उन की यह भी चाहत है कि यदि दलित स्त्री सवर्ण पुरुष से विवाह करती है तो उस दलित स्त्री का आरक्षण समाप्त हो जाना चाहिए।

खुद अपनी बात को काट रही हैं। कह रही हैं कि स्त्रियों की कोई जाति नहीं होती और दलित स्त्री के और उस के पति के आरक्षण के पंख कुतर रही हैं। इन का तर्क है, दलित नारी शिक्षित नहीं है, इसलिए उस का आरक्षण पढ़ी-लिखी सवर्ण स्त्री को दे दो तथा दलित पुरुष पुरुष है इसलिए उस का भी आरक्षण छीन कर सवर्ण स्त्री की झोली में डाल दिया जाए। सवर्ण पुरुष बिना आरक्षण के ही सरकारी सेवाओं पर काबिज है, बचा-खुचा दलित पुरुष और दलित नारी का आरक्षण सवर्ण नारी को दे दिया जाए। यह स्कीम उन की है कि सवर्ण पुरुष बिना आरक्षण के और सवर्ण नारी आरक्षण के द्वारा मिल कर सभी सौ प्रतिशत सरकारी सेवाओं पर कब्जा जमा लें। कौन दलित नारी दिमाग से इतनी फूहड़ होगी जो मैत्रेयी पुष्पा की इस काकदृष्टि को न समझेगी? एक तरफ नारा दे रही हैं कि स्त्रियों की कोई जाति नहीं होती, और दूसरी तरफ अपनी जाति की खुशी के लिए ही आरक्षण के खिलाफ सारी हाय-तौबा मचा रखी है। इस से पता चलता है कि ये सवर्ण लेखिका दलितों को आरक्षण मिलने से कितनी फुँकी पड़ी हैं। अपनी स्कीम में दलित पुरुष और दलित नारी दोनों के आरक्षण छीन कर उन्हें पहले की तरह के पूरे कोरमचट बना रही हैं।

मैं लाख कोशिश करता, इतनी सशक्त अभिव्यक्ति नहीं कर सकता था जो मैत्रेयी पुष्पा ने नारी की तरफ से अपने लेख में कर दी है–"आप को ठिकाने करने के लिए वह (दलित नारी) विरोधी पाले में जा खड़ी हुई तो? ज्यादा ताकत का सहयोग पा कर ज्यादा ताकतवर हो गयी तो?...तो घुट-घुट कर मरते रहिए। उस बेकाबू औरत को न फूँक पायें तो आत्महत्या कर लीजिए। नौ-नौ आँसू रोइये अपना घर पतिव्रता रूपी मैडल

से सजाने के लिए।"[30] ये शब्द स्वर्णाक्षरों में लिख कर दलित पतियों को अपने घरों में सजा कर टांग लेने चाहिए। आखिर, एक नारी के शब्द हैं।

यही हुआ है, तभी दलित कौमों का यह हाल है। देर नहीं लगी। तत्काल धमकी। जमीदार से जा मिली। उदाहरण मिल गया। कबीर की साक्षात साखी। रोकने पर जार से पति का कत्ल करवाती है। ऐसी सीख को जालिम नाम से कौन नहीं कहेगा? सच बात है, ऐसी स्थिति में दलित पति आत्महत्या ही करता है क्योंकि वह जमीदार के मुकाबले में कमजोर है। चेतावनी यही है कि दलित पति तो आत्महत्या कर लेगा, पर जिन से वह मिलेगी, वे रूप को चाट कर घास भी नहीं डालेंगे। बाद में तिगने घसीटती फिरेगी। सीख दी जाती तो यह दी जाती कि दलित नारी जमीदार से विवाह कर ले। रखैल बनाई जा रही है–यह क्या जी जलाने की बात है? विवाह करके दलित पति ने क्या गुनाह किया है? उसे क्यों जलील किया जा रहा है? दलित नारी अच्छी तरह जानती है कि इतिहास में उस के साथ क्या मजाक हुई है। पति ने आत्महत्या की है और जमीदार ने उसे कभी अपनाया नहीं है। अपना घर बिरान करके वह चौपट खड़ी है। उस का कोई नहीं है। इसलिए जरूरत इस बात की है कि कोई दलित नारी इन नई मन्थराओं की इस पुरानी सीख को हर्गिज न माने। अपने पति में और अपने बच्चों में खुश और मस्त रहे। उन्हें पढ़ाए-लिखाए। कामयाब बनाए। घर फोड़ने वाली ऐसी सलाहों को दरकिनार करे। विवाहेतर सम्बन्धों से कुछ नहीं मिलना–दोनों तरफ से लुटेगी। घर ही नहीं बन सकेगा। बच्चे गाली देंगे। रोटी मांगते हुए वे भी भूख से मर जाएंगे। एक दिन चैन से नहीं कटेगा। यह सुहागन का रास्ता नहीं, रोने का रास्ता है जो ऊपर स्वर्णाक्षरों में लिखा जाने वाला बताया गया है।

आखिर, हिन्दू नारी ने मुल्ला बन कर दलित पति के खिलाफ फतवा दे ही दिया–"दलित पति को ठिकाने करने के लिए उस की दलित पत्नी विरोधी पाले में जा खड़ी हो।" पुरुष ने पितृसत्ता में नारी के विरुद्ध बहुत अन्याय और अत्याचार किए हैं, पर मुझे लगता है, नारी ने मातृसत्ता के नाम पर जारसत्ता की हो कर पुरुष के खिलाफ ज्यादा क्रूरताएँ बरती हैं। मैत्रेयी पुष्पा के इस लेख से यही जाहिर होता है। उन के इन शब्दों में जारसत्ता की क्रूरतम धृष्टता बोली है। क्या लेखनी से निकला है? तनिक झिझक नहीं। पर मैंने इतने दिनों से शोर किस बात का मचा रखा है? अब तक मैंने कहा क्या है? मैंने उसी बात की चेतावनी दी है जो यहाँ मैत्रेयी पुष्पा के नारी-चिन्तन में घटित हो चुकी है। उन की दलित नारी को सलाह है–"ऐ, तू अपने जमीदार यार से मिल ले और अपने पति को पिटवा दे।" यह उन का दलित नारी का पक्ष है! ऐसे दलित परिवार आगे बढ़ेंगे!! ऐसे दलितों के बच्चे देश के शासक बनेंगे!!! सलाह में हद हो गई!!!! दलित नारी के हाथ में उसी की मौत का सामान थमा दिया। यही दलितों का रोना है। इतिहास की इसी आवृत्ति का वे उल्टा चाहते हैं।

यदि मैं कह दूँगा कि दलित नारी अपने पति के खिलाफ जमीदार से मिल गई है

तो शोर मच जाएगा। उस एक नारी के बजाय सारी दलित नारियाँ मेरे खिलाफ हो जाएंगी लेकिन जाने अब कितनी दलित नारियाँ मैत्रेयी पुष्पा के खिलाफ बोलेंगी कि यह आप क्या गलत सलाह दे रही हैं। जिस के मन में जो आता है, दलित पुरुष और दलित नारी के बारे में बोल कर चल देता है, चाहे वह सवर्ण पुरुष हो या सवर्ण नारी।

ये आकाश को फाड़ देती हैं। ये जहाँ चाहे, थेकली लगा देती हैं, जिस घर को चाहे, फोड़ देती हैं और जिस समाज को चाहे, तोड़ देती हैं। इन की शक्ति का अन्दाज संसार में कोई नहीं लगा सका। बस, यही कहा जा सकता है कि इन की माया का पार इन्हें भेजने वाला ही जाने।

दलित लोग, वे चाहे जिस धर्म से ताल्लुक रखते हैं, नैतिकता को हर क्षेत्र में कायम रखते हैं। अब्दुल कय्यूम अंसारी बिहार के दलित मुसलमान नेता थे। वे कौम से जुलाहे थे। वे सन् 1952 में डिहरी-डालमिया नगर से विधान सभा के लिए चुनाव लड़े मगर हार गए। उन के खिलाफ बसावन सिंह चुनाव जीत गए। इस बारे में जनाब अली अनवर अपनी किताब 'मसावत की जंग : पसेमंजर : बिहार के पसमांदा मुसलमान' में लिखते हैं—"अंसारी साहब ने चुनाव में हार जाना बेहतर समझा बनिस्बत इस के कि जीतने के लिए कोई अनैतिक तरीका अपनाया जाए।"[31] वे आगे बोल्ड अक्षरों में बकौल मुंगेरी लाल उद्धृत करते हैं—"अंसारी साहब और बसावन बाबू के बीच कांटे की लड़ाई थी। एक साहब बसावन बाबू की पत्नी को उन के गांव से बुला कर अंसारी साहब के पास लाए और कहा कि यह बसावन बाबू से सख्त नाराज हैं और उन के खिलाफ चुनाव में प्रचार करना चाहती हैं। अंसारी साहब ने उस आदमी को बुरी तरह फटकारा और आइन्दा ऐसी हरकत करने से मना किया। साथ ही तुरन्त बाजार से कपड़े-मिठाइयाँ मंगवाई और कुछ पैसें दे कर उस महिला को अपने एक आदमी से उस के घर छोड़ आने को कहा।"[32]

यह एक दलित जुलाहे मुसलमान की नैतिकता है। इस के विपरीत, ब्राह्मण चाणक्य की अनैतिकता देखी जा सकती है कि वह पत्नी को पति के खिलाफ इस्तेमाल करता है। इसी फूटनीति को मैत्रेयी पुष्पा दलित घरों में इस्तेमाल करना चाहती हैं।

दलित नारी ऐसी फूहड़ सीख को कतई न माने कि अपने दलित पति को ठिकाने लगाने के लिए वह दलित-विरोधी पाले में जा खड़ी होगी। ऐसे वह ज्यादा ताकत का सहयोग पा कर ज्यादा ताकतवर नहीं हो सकती। वह ज्यादा ताकतवर केवल तभी होगी जब उस के पति का विरोध करने वाला खेमा कमजोर होगा। वह गाँव के जमीदार को कमजोर करे। साहित्य के क्षेत्र में दलित लेखिकाएँ अपने विरोधी साहित्यिक जमीदार का विरोध करें।

फिर कहा जाए कि दलित पत्नी यदि अपने पति से परेशान है तो पति को ठिकाने लगाने के लिए वह विरोधी पाले में जा कर खड़ी न हो। वह अपने पीहर जाए। उस से उस का दलित बाप या दलित भाई यह नहीं कहेगा कि वह ब्याह के दिन उनके लिए

मर गई थी। वे उस के दुखों को सुनेंगे और उस की हिम्मत बंधाएंगे। वे उस के लिए ब्राह्मण पिता के समान मर नहीं गए हैं।

मैत्रेयी पुष्पा लिखती हैं–"जिस संवाद की यहाँ चेष्टा की जा रही है वह सम्वाद तो सवर्ण और दलित पुरुष के बीच न हो कर सवर्ण एवं दलित स्त्रियों में होना चाहिए था।"[33] पहले मैं आशावान था कि सवर्ण नारी दलित नारी की मददगार हो सकती है लेकिन द्विज नारियों की सीखों को जानने के बाद मेरा विचार बदल गया है। अब मेरी समझ में ये बातें आई हैं :

1. चरित्र के मामले में द्विज नारी के पास दलित नारी को सिखाने के लिए छदाम भी नहीं है।
2. सत्ता में आने पर द्विज नारी दलित नारी का जातीय शोषण जारी रखेगी।
3. हो सकता है, छुआछूत वगैरह बरतने के मामले में द्विज नारी अपने पुरुष के मुकाबले में, दलित नारी से ज्यादा सख्ती से पेश आए।

किसी कौम की गुलामी और उस की स्त्रियों का यौन-शोषण दोनों एक ही बात हैं। भट्टे पर दलितों की बंधुवाई में उन की औरतों की इज्जत भी बंधुवा है। स्वतन्त्रता की लड़ाई में औरत की इज्जत की स्वतन्त्रता जरूर शामिल है। दलितों के लिए ये दो और अलग-अलग लड़ाइयाँ नहीं हैं। बिना कौम को स्वतन्त्र किए यदि कोई दलित नारी यौन की आजादी का नाम ले कर गाँव के द्विज जमीदार की रखैल बनी हुई है तो यह सम्मानजनक और वरेणीय स्थिति नहीं है। बहादुर दलित स्त्री का पहला कर्त्तव्य अपने पति को जमीदार की गुलामी से मुक्त करने का है। पति के गुलाम रहते दलित स्त्री अलग से अकेली कैसे आजाद हो सकती है? यह असम्भव और विरोधाभास है। ऐसे ही, दलित पति घर में बैठा खुद को तब तक स्वतन्त्र कैसे कह सकता है जब तक उस की पत्नी का खेतों में यौन-शोषण हो रहा है? यौन-शोषकों से अपनी नारी की मुक्ति उस की पहली जिम्मेदारी है। कोई कारण नहीं बनता कि दलित पति यह मान कर शान्त हो जाए कि द्विज से जारकर्म में उस की पत्नी की स्वतन्त्रता निहित है। यह अनहोनी है और सम्मान के लिए मर मिटने की जगह है।

III

अन्त में, एक तरफ मैं और दूसरी तरफ रमणिका गुप्ता, प्रभा खेतान और मैत्रेयी पुष्पा–दोनों दृष्टियों में फर्क क्या है? फर्क यह है कि रमणिका गुप्ता, प्रभा खेतान और

मैत्रेयी पुष्पा–तीनों द्विज हिन्दू स्त्रियाँ विवाह की संस्था के खिलाफ हैं। इधर मैं 'विवाह' के खिलाफ न हो कर 'हिन्दू विवाह' के खिलाफ हूँ। इस विश्लेषण में यह भी एक खास बात उभर कर सामने आती है कि ये तीनों द्विज हिन्दू स्त्रियाँ अपने चिन्तन में विवाह का चक्कर काट रही हैं और विवाह के सारे फायदे ले रही हैं। ये तीनों पुरुष को गुलाम बना रही हैं। प्रभा खेतान ने पुरुष के तमाचा मारा ही है कि सैक्स के मामले में वैसा क्यों नहीं करता है जैसा मैं चाहती हूँ। रमणिका गुप्ता भी अपनी सोच में चाँटे लगाने तक आ गई हैं पर डर गई हैं कि सामने वाला पुरुष भी तत्काल उस से ज्यादा सख्त जवाब देगा। और मैत्रेयी पुष्पा के बारे में क्या कहा जाए?–वे भुनी पड़ी हैं। इधर, दलित चिन्तक की सोच यह है कि वह विवाह की जिम्मेदारियों को अपनाता है लेकिन उस की बुराइयों को नहीं–विवाह में जारकर्म और बलात्कार को नहीं।

संदर्भ

1. खूबसूरत दुश्मनों के बीच, देवदत्त, जनसत्ता, दिल्ली, 3 अगस्त, 2003, पृ.-7
2. मान न मान, मैं तेरा मेहरबान, मैत्रेयी पुष्पा, कथादेश, सी-52/जेड-3, दिलशाद गार्डन, दिल्ली-110095, जून, 2003, पृ.-61
3. वही, पृ.-61
4. वही, पृ.-60
5. तीसरा रुख : आलोचना और संस्कृति के बारे में, डॉ. पुरुषोत्तम अग्रवाल, वाणी प्रकाशन, 21 ए, दरिया गंज, नई दिल्ली-110002, प्रथम संस्करण, 1996, पृ.-155
6. Dr. Babasaheb Ambedkar : Writings and Speeches, Vol. 4, Compiled by Vasant Moon, Education Department, Government of Maharashtra, Bombay-400 032, Ist Edition, 2nd October 1987, p.-296
7. मान न मान, मैं तेरा मेहरबान, मैत्रेयी पुष्पा, कथादेश, सी-52/जेड-3, दिलशाद गार्डन, दिल्ली-110095, जून, 2003, पृ.-60
8. वही, पृ.-60
9. मुगल शासन प्रणाली, डॉ हरिशंकर श्रीवास्तव, वोहरा पब्लिशर्स एण्ड डिस्ट्रीब्यूटर्स, 26, महात्मा गांधी मार्ग, सिविल लाइन्स, इलाहाबाद-211001, द्वितीय संस्करण 1989, पृ.-230
10. वही, पृ.-230-31
11. मान न मान, मैं तेरा मेहरबान, मैत्रेयी पुष्पा, कथादेश, सी-52/जेड-3, दिलशाद गार्डन, दिल्ली-110095, जून, 2003, पृ.-59
12. वही, पृ.-61
13. वही, पृ.-60
14. वही, पृ.-59
15. वही, पृ.-59
16. वही, पृ.-59
17. वही, पृ.-59
18. विवाह की मर्यादा एक पवित्र धोखा, मैत्रेयी पुष्पा, जनसत्ता, नई दिल्ली, 15 जून, 2003
19. मान न मान, मैं तेरा मेहरबान, मैत्रेयी पुष्पा, कथादेश, सी-52/जेड-3, दिलशाद गार्डन, दिल्ली-110095, जून, 2003, पृ.-59
20. वही, पृ.-59
21. वही, पृ.-60
22. वही, पृ.-59

23. वही, पृ.-59
24. वही, पृ.-59
25. वही, पृ.-60
26. वही, पृ.-60
27. वही, पृ.-60
28. वही, पृ.-60
29. वही, पृ.-60
30. वही, पृ.-59
31. मसावात की जंग : पसेमंजर : बिहार के पसमांदा मुसलमान, अली अनवर, वाणी प्रकाशन, 21-ए, दरियागंज, नई दिल्ली-110002, प्रथम संस्करण, 2001, पृ.-216
32. वही, पृ.-216
33. मान न मान, मैं तेरा मेहरबान, मैत्रेयी पुष्पा, कथादेश, सी-52/जेड-3, दिलशाद गार्डन, दिल्ली-110095, जून, 2003 पृ.-56

अध्याय—5

'झूलानट' जारकर्म की कहानी है

I

मैत्रेयी पुष्पा के उपन्यास 'झूलानट' का अध्ययन कई तरह से किया जा सकता है। खुद अपने लिए मैं इसे एक केस स्टडी मानना चाहता हूँ। केस स्टडी इसलिए मान रहा हूँ क्योंकि मेरे पास ऐसे अनेक केस हैं जिन में यही कहानी है जो यहाँ पेश की गई है। मुझे उन सच्चाइयों का रत्ती-रत्ती पता है। मेरी जानकारी उन केसों की भ्री है जिन के सुमेरों ने अपनी पत्नियाँ शीलो की तरह नहीं छोड़ रखी हैं। उन में से कई घर से दूर भी नौकरी नहीं करते। वे सुबह दफ्तर जाते हैं और शाम को अपने घर आ जाते हैं। 'झूलानट' में शीलो के जीवन के प्रति दया और सहानुभूति उभर सकती है लेकिन कई दूसरे केस ऐसे हैं जिन में 'झूलानट' की बाद वाली शीलो ही पहली वाली शीलो भी है।

केस स्टडी की मांग यह होती है कि हमारे सामने सारे तथ्य ईमानदारी से और बिना कालक्रम दोष के सही-सही रखे गए हैं। खतरा यह है कि यदि लेखिका ने ऐसा नहीं किया है तो मेरे निर्णय अधूरे और गलत भी हो सकते हैं।

इस उपन्यास में यह पता नहीं चलता कि यह किस जाति की कहानी कही गई है। लेखिका से यह एक खास चूक हुई है क्योंकि जब उपन्यास में सब जगह जाति की, जाति बहिष्कार की और जाति-पंचायत की गूंज मची हुई है तो उस का नाम खोला जाना चाहिए था। अब यही कहा जा सकता है कि समान कानून बनने पर भी विवाह की बातें सारे हिन्दुओं की एक सी नहीं हैं। अब अन्दाजा ही लगाया जा सकता है कि यह किस कौम की कथा है। अन्दाजा नेति-नेति के तर्क का है। यह चमारों की कथा नहीं है क्योंकि इस में उन से दूरी बना कर रखी गई है। लिखा गया है—"अपमान ही अपमान...अवज्ञा ही अवज्ञा....मैतर बसोर चमारों को अब तक कैसा लगता रहा होगा, बालकिशन ने कुछ ही दिनों में जान लिया।" यह ब्राह्मणों की कहानी भी नहीं है क्योंकि इस में बुन्देलखंड के क्षेत्र में 'स्त्री का दूसरा विवाह, बछिया दान कर के सादा रीति से सम्पन्न' कराए जाने की प्रथा है। पता होना चाहिए कि ब्राह्मणों के ब्राह्म विवाह में स्त्री

के दूसरे विवाह के अभी तक कोई मन्त्र नहीं लिखे गए हैं। कोई ब्राह्मण पुरोहित किसी ब्राह्मण स्त्री का दूसरा विवाह सम्पन्न नहीं करा सकता। मेरा अनुमान है कि यह कौम चमार और ब्राह्मण के बीच की कोई कौम है क्योंकि इस में स्त्री के दूसरे विवाह की अनुमति है। जब शीर्षक 'झूलानट' है तो क्या इसे नट जाति की कहानी माना जा सकता है?

II

राजेन्द्र यादव ने पूछा है कि 'पता नहीं 'झूलानट' शीलो की कहानी है या बालकिशन की।' लेकिन सच्चाई यह है कि 'झूलानट' न शीलो की कहानी है और न बालकिशन की, बल्कि 'झूला नट' जारकर्म की कहानी है। इस कहानी में दलित-पिछड़ों का चरित्रवान कानून हारा है और ब्राह्मणों का जार कानून जीता है। आगे हर बात का खुलासा किया जा सकता है।

पूरे उपन्यास में बाल किशन होशो हवास में नहीं है। शीलो ने उस का इस्तेमाल किया है। वह इस उपन्यास का नायक बिलकुल नहीं है। भाभी की गिरफ्त में सुध-बुध खोए हुए है। उस की आँखें अन्धी हो गई हैं। वह इतना अन्धा हो गया है कि एक बार अपनी माँ को शीलो समझ बैठा है। उस रात को उस ने अपनी माँ के साथ कैसा व्यवहार कर डाला, माँ के ही शब्दों में—''नास गए मो बूढ़ी को सीलो.....कलजुगी, लुगाई की इतनी ही सार लगी है, तो यहाँ काए को सोया था? कंस, तैने मेरे सलूका के बटन तोड़ डाले।'' वह खुद ही गैरत में डूब रहा है—''माँ के साथ ऐसा कुकर्म, कलंकी हो गया मैं।''

उधर, कानून ने शीलो का रास्ता रोका है। बिरादरी का कानून शीलो को पत्नी बनाने को तैयार था। लेकिन ब्राह्मणों के कानून ने उसे जार औरत बनाया है। वह लोभ में डाली गई है लेकिन असल में उसे चरित्रहीन बनाया गया है। आधुनिक हिन्दू कानून विवाह को ब्राह्म-विवाह बना कर पति और पत्नी को जारकर्म में लिप्त रखता है। संसद को इस बात का पता है कि शीलो अपने देवर बाल किशन से जारकर्म में रह रही है लेकिन वह सुनना नहीं चाहती। सुप्रीम कोर्ट को इस सच्चाई का पूरा ज्ञान है कि पति सुमेर किसी औरत के साथ सोता है, लेकिन साक्ष्य में वह उसे देखना नहीं चाहती। हिन्दू कानून ने हर पति और हर पत्नी को ब्राह्मण और ब्राह्मणी बना दिया है—अर्थात सब को जार बना दिया है। आधुनिक हिन्दू कानून पति और पत्नी को जार बनाने की कानूनी प्रक्रिया है। ब्राह्मणों की यह प्रक्रिया सन् 1955 से सब पर लागू हो गई है। इस के चलते, हिन्दुओं में एक भी पति और पत्नी का जोड़ा चरित्रवान नहीं बचेगा। यह राष्ट्र की क्षति है। ब्राह्मणी सिविल कानून के लागू होते इस बार हम पूरी सोलह लड़ाइयाँ भी नहीं जीत सकेंगे बल्कि पहली ही में हार जाएँगे। जब सैनिकों की औरतें जारकर्म का कानून बना

कर घरों में दूसरों के जबरन रखवाई जाएँगी तो सीमाओं पर दुश्मनों के सामने कन्धे पर रख कर गोली कौन चलाएगा? हाँ, राज्य को राष्ट्र की बाहरी आक्रमणों से तथा समाज के भीतरी अपराधों से एक साथ रक्षा करनी पड़ती है। सीमाओं पर बन्दूकों और तोपों की तो घरों में चरित्रों और कानूनों की जरूरत पड़ती है। हिमालय की पहाड़ियों पर विदेशी घुसपैठियों से रक्षा का दूसरा अर्थ यह है कि घरों में और गलियों में चोरों और जारों की अभियान के रूप में धर-पकड़ साथ-साथ की जा रही है। जार कानून कौम में कोई ताकत नहीं छोड़ते। वीर्य में शक्ति वैवाहिक-जीवन के चरित्र से आती है, शीलो और बालकिशन के गैर-जिम्मेदाराना जारकर्म से नहीं। आखिर, बिना बछिया कराए शीलो बालकिशन के साथ वेश्यावृत्ति में ही रह रही है। ब्राह्मणों का हिन्दुओं पर लागू हुआ कानून पुनर्विवाह की अनुमति नहीं देता लेकिन कौम की पंचायत शीलो को बछिया का सम्मान देना चाहती है। शीलो को अपने विकल्प में यह पता नहीं कि वह गुलाम ब्राह्मणी बनाई जा रही है और वह जानबूझ कर इस ब्राह्मणी होने की खंदक में गिर गई है। वह जारकर्म में आकंठ डूबी है।

ब्राह्म-विवाह और जारकर्म के अन्तर का पूरा तमाशा शीलो के इन वाक्यों में खुलता है जो वह अपने पति सुमेर से कहती है—"काये के पति-पतनी, बाबू जी? वह अबोध मन का अच्छा है, सो बस.....तुम्हारी ब्याहता होने के बाद भी.....पर छोड़ो उस बात को। बालकिशन तो ऐसे ही है हमारे लिए, जैसे तुम्हारे लिए तुम्हारी दूसरी औरत। बिनब्याही, मनमर्जी की। सच मानो, बालकिशन भी इस से ज्यादा कुछ नहीं।"

बाल किशन जैसा आदमी और शीलो जैसी लुगाई किसी के नहीं होते। यह परिवार की ठीक स्थिति नहीं है जिस में वे खड़े हैं या धकेल दिए गए हैं। विवाह की दृष्टि से दोनों गैर-जिम्मेदार हैं। न इन के अभी तक कोई चूही का बच्चा पैदा हुआ है और न ही ये ऐसा चाहते हैं। इन के कोई अगले-पिछले बच्चे होते तो ये उन की भी परवाह नहीं करते। ऐसे लोगों की दृष्टि मौज-मस्ती की बन कर रह जाती है। संयोगवश, घर की खेती है तो बाल किशन खेत पर चला जाता है वर्ना वह एक पैसा कमा कर नहीं लाता। लेखिका इस चरित्र को उभार नहीं पाई क्योंकि बाल किशन पूरा हरागी और कामचोर भी होना चाहिए। मनोविज्ञान यह है कि सुमेर और बाल किशन में से एक भाई जरूर निकम्मा होना चाहिए। चूँकि, सुमेर एक मेहनती आदमी है, इसलिए बाल किशन निठल्ला होना ही चाहिए।

पति सुमेर खलनायक नहीं है। वह अपनी जिन्दगी में एक कामयाब आदमी है। सुमेर और उस की माँ की बातें पता देती हैं कि सुमेर के मन में क्या है। वह इस औरत को क्यों नहीं चाहता। इस विषय पर माँ-बेटे के संवाद इस प्रकार हैं :

> "बेटा, ब्याह-चलाए की बात और थी बहू से नहीं बोला-बतलाया, न सही, मगर अब तो ब्याह को ढाई-तीन साल....."

"ढाई सौ साल भी हो जाएँ, मैं क्या कर सकता हूँ?"

....

"अन्यायी, मखौल न कर।"

"मखौल तो तुमने किया है अम्मा।"

"ब्याह के पहले ही जता देता अपनी मंसा।"

"मैंने तुम्हारी फूलपरी देखी ही कब थी?"

"देखने की मनाही थी, बेटा?"

"देख कर बदल भी क्या जाता, अम्मा?"

"अरे, कह कर तो देखता।"

"कहते ही तुम मुझे बाप का वचन याद दिलातीं। घर की आबरू-इज्जत ही मेरा कान पकड़ लेती।"

"अब क्या इज्जत की बात नहीं है? जैसे ब्याह कर लाया, तैसे ही निभा।"

"मैं जान बूझ कर दूर रहता हूँ?"

"तो फिर?"

"अम्मा, मेरा मन बड़ा जिद्दी है।"

....

"अरे सुमेर, खुद को देख, नासपिटे, तू कहाँ का चंदा है, सो सिंघल द्वीप की पदमिनी चाहिए।"

"अम्मा, मैंने कब कहा कि पदमिनी चाहिए?"

अन्त में सुमेर माँ से कहता है–"ठंडे दिमाग से सोचो, तुम्हारी छः उंगलियों वाली कल्लू बहू मेरे दोस्त को रोटी परोसने ही आ जाती, तो वह कल के दिन मुझे बोलने न देता। काले गोरे दो रंग....–पर तुम्हारी बहू तो नीली है, बैंगनी।"

यहाँ बताया जा सकता है कि रंग के मामले में सुमेर गेहुएँ रंग का और शीलो साँवले रंग की है।

III

उपन्यास आकार में छोटा होने पर भी अपने विषय और गठन में पूरा है। पूरा इसलिए है क्योंकि इस में सुमेर की हत्या करने का विचार बाल किशन के मन में कौंधा है। उपन्यास में वे शब्द इस प्रकार हैं–"सुलगते-तड़पते बालकिशन ने आखिरी हद तक सोच डाला–इस आदमी को खत्म कर दूँ तो? मुझ से शीलो को छीनने वाला मेरा जानी

दुश्मन....भाई कहाँ रहा यह? माना कि बल के चलते कमजोर बैठता हूँ, लेकिन सोते हुए हँसिया से पेट फाड़ने से कौन रोकेगा मुझे। बाल किशन की कल्पना में मरा हुआ भाई लेटा है—खून से लिथड़ा हुआ और वह खड़ा है हाथ में हँसिया लिए, सन्तुष्ट भाव से। शीलो एक ओर खड़ी देखती रह गई। निर्विघ्न निर्बाध खुला पड़ा है उस का रास्ता।'' सच्चाई यह है कि ऐसे मामलों में ज्यादातर कहानियों का अन्त इसी जगह हो जाता है। सुमेर मौत से इसलिए बचा हुआ है क्योंकि वह अपने घर साल-डेढ़-साल में आता है और घन्टे भर रुक कर चला जाता है। यदि वह घर में एक बार भी दो-चार दिनों के लिए जम कर रुक जाता तो उस की मौत निश्चित थी। फिर उसे शीलो और बाल किशन के गंडासों से कोई बचाने वाला नहीं था।

ऐसा नहीं है कि शीलो बहुत सुन्दर औरत है। मानसिक स्थिति बाल किशन की विक्षिप्त है कि उसे वह परी दीखती है। उसे वह ऐसी इसलिए दीखती है क्योंकि वह दूसरे की पत्नी है। यदि शीलो सच में रूप की जादूगरनी है तो अपने उस रूप के बल पर वह सुमेर को क्यों नहीं लुभा सकी? सुमेर उस के आकर्षण से एकदम मुक्त और बाहर है। इतना ही नहीं, छिंगुली होने के कारण वह उसे कुरूपा भी लग रही है। वह उस की शक्ल तक देखना नहीं चाहता। ऐसी स्थिति में, सुमेर बाल किशन से यही कह सकता है—''अबे, तुझे क्या हो गया है? तू इस औरत का हितैषी कैसे बन रहा है? तू अपना ब्याह कर और अपनी बहू को पाल कर दिखा।'' असल में, बाल किशन मुफ्त में हीरो बन रहा है। सुमेर की सफलताओं के सामने वह पिद्दी न पिद्दी का शोरवा है। आखिर, बारहवीं कक्षा में फेल बाल किशन हुआ है, सुमेर नहीं। उपन्यास में सही लिखा गया है—''अम्मा ने बड़ा समझाया था और ताँसा भी था कि तू चलायमान मर्न का लड़का। ब्याह उस का हुआ, फेल तू हुआ।'' इस पृष्ठभूमि के रहते उपन्यास में यह ठीक नहीं लिखा गया है कि शीलो और बाल किशन के सेक्स-सम्बन्ध उस दिन बने थे जिस दिन माँ ने सोच-समझ कर उन दोनों को एक कमरे में बन्द किया था। ये सम्बन्ध उन के पहले से थे, माँ ने केवल उन्हें इस खास दिन मान्यता दी है।

सास-बहू के झगड़े जग जाहिर हैं। उन के अनेक मनोवैज्ञानिक कारण हैं लेकिन इस का सब से बड़ा पारिवारिक कारण यह है कि माँ अपने छोटे बेटों को बड़ी बहू के चंगुल से बचाने में लगी रहती है। होशियार माँ इस में सफलता प्राप्त करती है और बुद्धू माँ धोखा खा जाती है। माँ बहू से इसलिए लड़ने वाला रूप अखत्यार करती है ताकि देवर-भाभी के अवैध सम्बन्ध न बन जाएँ। जब सास-बहू के झगड़े रहेंगे तो देवर-भाभी के सम्बन्ध नहीं सुधर सकते। आखिर किसी देवर को क्या पड़ी है कि वह अपनी माँ और बड़े भाई के खिलाफ भाभी का पक्ष लेगा? वह क्या घर का सफाई कर्मचारी पैदा होता है? सच्चाई यह है कि भाभी उस का यौन-शोषण करती है। यह तब होता है जब बुद्धू सास धोखा खा जाती है। सास और बहू की लड़ाई इसलिए होती है कि देवर और भाभी में अवैध सम्बन्ध जुड़ रहे हैं।

इस उपन्यास में सब से अच्छी बात यह है कि बाल किशन जोग और संन्यास का नहीं हो सका। वह माँ और भाभी के चंगुल से छूट कर घर से भागा जरूर है लेकिन मठों में जा कर भी उस का मन धूनियों में नहीं रमा। वहाँ उसे कबीर की बात समझ में आती है—"राख-भस्म लपेटे बैठा रहता हूँ, ब्रह्मदर्शन की लालसा में...लेकिन बार-बार यह ख्याल क्यों आता है कि यदि इस जरिए मुक्ति हो जाती, तो कुत्ता सब से पहले भव सागर पार कर जाता, जो राख में ही लेटा रहता है। जल-समाधि से जगत की बाधाएँ कट सकतीं, तो जल की मछलियाँ परमपद पा गई होतीं।" वास्तव में, घर की समस्याओं का समाधान घर से भागने में नहीं है। इन का समाधान पर्सनल कानून को सुधारने और बदलने में है। समाधान स्त्री और पुरुष दोनों के लिए समान स्तर पर पुनर्विवाह की अनुमति का है, जारकर्म और संन्यास का नहीं। लेकिन ब्राह्मणों ने जो समाधान खोजा है, वह स्त्री के पुनर्विवाह पर रोक लगा कर, जारकर्म और संन्यास की असामान्य अतियों का है। स्वीय विधि को ले कर ब्राह्मणों के कानून की स्थिति कभी सम्मानजनक नहीं रही। इन की वैवाहिक स्थिति के आइसबर्ग का ऊपर दीखने वाला एक बटा नौ भाग अटूट विवाह का है तथा न दीखने वाला आठ बटा नौ भाग जारकर्म और संन्यास की विवाह-तोड़ कीचड़ का है।

इस उपन्यास से कुछ निष्कर्ष निकाले जा सकते हैं जो इस प्रकार हैं :

1. इस में दलित-पिछड़ों के बराबरी वाले समाज में द्विजों की जारसत्ता का भोंडापन जोड़ा गया है। इस कारण विवाह के बजाए यह जारकर्म की कहानी पर आधारित उपन्यास हो गया है।
2. इस में सब से ज्यादा नुकसान देवर बाल किशन का हुआ है। माँ बाल किशन और शीलो की शादी करवाने के सीधे रास्ते पर चली थी जो दलित-पिछड़े समाज में अनुमत था। लेकिन शीलो के दिमाग में द्विज कानून का जारकर्म घर कर गया। उस ने जार औरत रहना पसन्द किया। पूरा मौका मिलने पर भी उस ने बाल किशन की सम्मानजनक पत्नी बनना नहीं चाहा। उस ने बाल किशन का पूरा यौन-शोषण किया है। यही वजह है कि बाल किशन की कोई गृहस्थी नहीं बन सकी।
3. सारी गलती हिन्दू नाम में ब्राह्मणों और दलित-पिछड़ों के कानून को एक करने की वजह से हुई है। ब्राह्मण समाज ऐसी समस्याओं के आज भी अपने अलग हल निकालता है। पसन्द न होने पर वह शीलो को जान से मार देता है। उस समाज में किसी शीलो की कोई कहानी इतनी देर तक नहीं चलती। यह 'झूलानट' में दलित-पिछड़ों का समाज है कि सास अपने बेटे के खिलाफ बहू के पक्ष में गई है।

> इसलिए, समाधान यह है कि दलित-पिछड़ा समाज ब्राह्मणों के कानून से जितनी जल्दी पल्ला झाड़ ले उतना अच्छा है अन्यथा हर देवर गुलाम बाल किशन बन जाएगा और हर शीलो पूरे गाँव की द्रौपदी बन जाएगी। बिना विवाह के बाल किशन शीलो को नहीं रोक पाएगा कि वह सत्ते के या रघु के साथ क्यों सोई थी। ब्राह्मणों का ब्राह्म विवाह यही चाहता है। सुना है, ब्राह्मणों के कवि शिरोमणि रवीन्द्रनाथ टैगोर अपनी भाभी के चंगुल से कभी निकल नहीं पाए थे। फिर, द्विजों के इस जारकर्म का कोई अन्त नहीं है। यह उन की जीवन-शैली है।

इस उपन्यास का अन्त क्या है? मुझे नहीं लगता कि इस में समस्या का कोई हल बताया गया है। असल में, यह पारिवारिक समस्या की अन्तहीनता का उपन्यास है। बाल किशन साधु के वेश में उचक्का, बदमाश और बदकार आदमी माना जा कर ओरछे के राम मन्दिर में भक्तगणों द्वारा बुरी तरह पीटा जा चुका है। इस हालत में भी वह एक बार शीलो को और देख लेना चाहता है। 'ये घाव चोट उसी की सौगात....उसी की निशानियाँ....लेकिन पर्दा खिंचा है, पट बन्द है।' लेखिका अपने उपन्यास का अन्तिम पैरा लिखती हैं—"वह मन्दिर के बाहर पटक दिया गया। लँगड़ाता कराहता हुआ चलने लगा आगे, और आगे....मठ-मन्दिर पीछे छूट गए। भीतर कोई निश्शब्द बोल रहा है, मैं आ रहा हूँ....मैं जा रहा हूँ।"

साहित्यिक मूल्यांकन करते हुए समीक्षक कहेंगे कि यह उपन्यास का सुन्दरतम अन्त है—'मैं आ रहा हूँ....मैं जा रहा हूँ।' लेकिन, परिवार-समीक्षक इस से क्या प्रेरणा लेंगे? प्रेरणा की बात बाद की, पहले उन्हें इन शब्दों के अर्थ का तो पता चले—'मैं आ रहा हूँ....मैं जा रहा हूँ।' वह शीलो के पास आ रहा है या मौत के पास जा रहा है।

समझने की बात यह है कि उपन्यास के इस अन्त से ब्राह्मणों के ब्राह्म-विवाह का जार कानून बेहद सन्तुष्ट होगा। इस अन्त में कानून में बदलाव के लिए कोई आग्रह नहीं है। आग्रह और क्रान्ति की बात बहुत दूर की, इस में उन का कोई संकेत तक नहीं है। इधर, उपन्यास-लेखिका—'मैं आ रहा हूँ....मैं जा रहा हूँ'—के चमत्कारिक शब्द-संयोजन करती रह जाएंगी और उधर ब्राह्मणों का जार कानून दलित-पिछड़ों की शीलो के रूप में अच्छी-भली बहू-बेटियों को वेश्याएँ बनाता रहेगा। यदि कल शीलो को गाँव के पण्डित जी पकड़ बैठें तो किसी दलित-पिछड़े के पास उन्हें रोकने का कोई अधिकार नहीं है। ब्राह्मणों का कानून दलित-पिछड़ों की सारी बहू-बेटियों को उन के पतियों से बेदख़ल चाहता है ताकि वह उन का मनमाना और निस्संकोच भोग कर सके। विष्णु पुराण के अनुसार, ब्राह्मण ने शूद्रों की औरतों पर अपना अधिकार जताया है और दलित-पिछड़ों की औरतों को मन्दिरों में देवदासी बना कर नचाया और लूटा है। अब उस का यह वार आधुनिक हिन्दू कानून की मार्फत हुआ है।

इसलिए बाल किशन को उपन्यास का हीरो मानने की कोई तुक नहीं है। वह इस उपन्यास का सब से कमजोर पात्र है। लेकिन द्विजों की चाल होती है कि वे दलित-पिछड़ों के सब से कमजोर पात्र को महत्व देना चाहते हैं। उन के लिए बाल किशन महान नायक है और शीलो महान नायिका। गुप्त साम्राज्य के इतिहास की ध्रुवस्वामिनी वाली कथा में यह घटना घटित हो चुकी है। वहाँ सुमेर को खलनायक बना कर पेश किया गया है। एक ध्रुवस्वामिनी को मोहरा बना कर सुमेर के हाथों से राज छिनवा कर और बाल किशन नाम के तुच्छ प्राणी को सम्राट बनाया गया था। उस में ब्राह्मणों ने बौद्धों से राजसत्ता छीनी थी। कथा के सब से कमजोर पात्र बाल किशन को नाम मात्र को सत्ता दे कर उसे जैसे चाहा, नचाया था। ऐसे समय में शीलो में छिपी ध्रुवस्वामिनी के रूपगान का मतलब क्या रह जाता है जो जाति की नजरों में अब बेहया और चरित्रहीन हो गई है? हाँ, यह व्यवस्था की बाँध होती है कि वह बुरे रास्ते पर जाते हुए लोगों को भले रास्ते की ओर मोड़ दे और चाहे तो भले रास्ते पर चल रहे लोगों को बुरे रास्ते में झोंक दे। ब्राह्मणों के ब्राह्म विवाह का कानून सद्गृहस्थों को जारकर्म में लिप्त कर देता है और दलित-पिछड़ों का पुनर्विवाह की इजाजत का कानून जारकर्म में लिप्त लोगों को सद्गृहस्थ बना देता है। इसलिए समस्या का समाधान–'मैं आ रहा हूँ....मैं जा रहा हूँ'–के उलझाव भरे और बेअर्थ के वाक्य में नहीं है बल्कि ब्राह्मणों के कानूनी और मायावी जाल के फंदे से बाहर निकलने में है। सुमेर के बारे में भले ही कम लिखा गया हो लेकिन इस उपन्यास का असली नायक वही है। सुमेर के घर से बाहर अपना पुनर्विवाह करते ही उपन्यास की शीलो भी इस उपन्यास की नायिका बन सकती है, लेकिन वैसे नहीं जैसे इस उपन्यास में वह जार बना कर बनाई गई है।

सन्दर्भ

1. झूला नट, मैत्रेयी पुष्पा, राजकमल प्रकाशन प्रा. लि., 1-बी, नेताजी सुभाष मार्ग, नई दिल्ली-110002, पहला संस्करण, 1999

अध्याय–6

भाषिक शिष्टता के नमूने?[क]

एक लेखक ने मेरे बारे में लिखा है–"डॉ. धर्मवीर विद्वान विचारक हैं, मगर बात रखते समय वे भाषिक शिष्टता का बिल्कुल खयाल नहीं रखते हैं।" वे मेरी पुस्तक 'प्रेमचन्द : सामन्त का मुन्शी' के बारे में लिखते हैं–"इस विवाद में एक सवाल बहुत शिद्दत से उठा है; क्या दलित लेखकों की भाषा की कोई मर्यादा नहीं होनी चाहिए? नमूने के तौर पर पुस्तक से मैं दो वाक्य उद्धृत करना चाहूँगा। (क) पहली बार 'चूहड़ी' यही सोचती है कि निहाल कर दूँ या न करूँ। (ख) गैर जात के पराए मर्द साहित्यकार बन कर 'चमारियों' को इसी नजर से देखते हैं।"

लेखक ने ध्यान नहीं दिया कि मैं द्विज लेखकों की बात कर रहा था। मेरे वे शब्द इस प्रकार हैं–"अपने कथानकों में द्विज लेखक क्या करते हैं? पात्रों के चयन में और जारकर्म के चित्रण में चूहड़ी के सने हाथों का ध्यान नहीं रखा जाता। लम्पट ब्राह्मण वाममार्गी बन कर कहीं भी निवेदन कर बैठता है। पहली बार चूहड़ी यही सोचती है कि निहाल कर दूँ या न करूँ।"[1] तो ये द्विज साहित्य के शब्द हैं। क्या मैं यह न बताऊँ कि द्विज साहित्य में चूहड़ियों और चमारियों के बारे में किस भाषा का प्रयोग हो रहा है? यदि मैं यह नहीं बताता हूँ तो एक समीक्षक के नाते मेरी ईमानदारी क्या रह जाती है? मैं यहाँ मूल उद्धरण ही दे रहा हूँ जो उस समय पूरे देने से रुक गया था।

मैत्रेयी पुष्पा की एक कहानी 'छुटकारा' शीर्षक से 'हंस' के अगस्त, 1999 के अंक में छपी है। यह छन्नो चूहड़ी और उसकी बेटी रज्जो के बारे में है। उसमें एक पैरा इस प्रकार आया है :

1. "एक दिन (पेशकार ने) एकान्त में बांहों में भर ली छन्नो। अहसान में दबी थी कि अपने ही अन्दर से झुकी हुई? जो उसे छूने से बचते हैं, उनमें से ही कोई उस की देह से लिपटना चाहता है, अरज पर उतर आया। अब छन्नो क्या करे? दिल तोड़ दे या निहाल कर दे।"[2]

क. भाषिक शिष्टता के नमूने, डॉ. धर्मवीर, दलित साहित्य (वार्षिकी) 2005, बी-634, डी. डी. ए. फ्लैट्स, ईस्ट आफ लोनी रोड, दिल्ली-110093, पृ.-128-131; जनसत्ता, दिल्ली संस्करण, 10 दिसम्बर, 2005

यहाँ कुछ और उद्धरण भी दिए जा सकते हैं। वे इस प्रकार हैं :

2. "दिल तोड़ना! छन्नो इस मामले में बड़ी कमजोर निकली, दिल नहीं तोड़ पाती। पेशकार का दिल....।"[3]
3. "छन्नो कशमकश के हिंडोले पर सवार थी। कभी पेशकार को दुत्कार देती, कभी गले लगा लेती। कभी दोनों ही बातें गलत लगतीं। कभी दोनों सही।"[4]

एक जगह छन्नो चूहड़ी पंडितानी से उस के पंडित डम्बर प्रसाद के बारे में कह रही है:

4. "ओ पतिविरता की चोदी। पहले अपने चुटियाधारी खसम से पूछ कि हमने वह रिझाया कि हमें वह रिझा रहा था। मैं कहती हूँ कि क्यों बूढ़े की लंगोटिया खोलूँ।..आज हमारा मुँह देख कर अन्न पानी त्यागे बैठा है, और वहाँ आ कर हमारे चूतर चाटता है।"[5]

कहानी में से कुछ और उद्धरण दिए जा सकते हैं। वे इस प्रकार हैं :

5. "अम्मा तेरी माँ बहनें बड़े नाले पर चूतर उघाड़ कर बैठी हैं।"[6]
6. "इन नासियों के गले तक गू की गंगा इतने दिन में बेशक आ जाएगी।"[7]
7. "तभी सामने मुंशी जी का कबूतरबाज लड़का प्रकट हुआ। कुर्ता और लुंगी पहने हुए। सोया हुआ सा सुस्त बदन। अंगड़ाई लेता हुआ.... झूलता सा बोला, बोल छन्नो क्या हाल हैं तेरी कबूतरी (बेटी रज्जो) के?"[8]
8. "...तो गली के लोंडों का क्या होगा? मेहतरानियों की नस्ल बड़ी शैतान होती है, क्योंकि मिली-जुली होती है। बला का हुस्न क्या ऐसे ही उतरता है? ऊपर से बेशर्म निगाहें। छन्नो की लोंडिया ही कल से इश्क की कबड्डी खेलेगी।"[9]
9. "लड़के तो लड़के, ये सरकशों की खाला बूढ़ों तक का ईमान डिगा दें और इन के मर्द इसी बात पर ऊँची जाति की टांग खींचे।"[10]

इन उद्धरणों के बाद अब क्या बताया जाना शेष है? बताया यह जाना है कि 'हंस' के संस्थापक खुद प्रेमचंद थे। उन्होंने इसे सन् 1930 में शुरू किया था। अब इस के संपादक राजेन्द्र यादव हैं। इसी 'हंस' के अगस्त, 1999 के अंक में मैत्रेयी पुष्पा की यह कहानी 'छुटकारा' छपी है। तो, यह प्रेमचन्द की परम्परा हुई—प्रेमचन्द, राजेन्द्र यादव, मैत्रेयी पुष्पा और 'छुटकारा' कहानी की ऊपर उद्धृत भाषा। प्रमाण दिया जा

सकता है कि खुद इन लेखक ने राजेन्द्र यादव के बारे में लिखा है—"प्रेमचन्द का विकास राजेन्द्र यादव के रूप में हमारे सामने हैं। यह विकास वैचारिक है।"[11] बिलकुल ठीक, मैंने प्रेमचन्द पर लिखी अपनी पुस्तक में प्रेमचन्द को सामन्त का मुन्शी सिद्ध किया है। मन्नू भंडारी ने भी उनकी पत्नी के रूप में राजेन्द्र यादव को यही सिद्ध किया है जब वे लिखती हैं—"सामन्ती संस्कारों से ओत-प्रोत इस पौरुषीय अहम् की कचोट मैं समझती नहीं होऊं, यह बात नहीं थी, पर उसका निराकरण मेरे पास नहीं, राजेन्द्र के अपने पास था। लेकिन उस दिशा में उन्होंने कभी कदम नहीं बढ़ाया....।"[12]

इन लेखक ने मैत्रेयी पुष्पा को प्रेमचन्द से जोड़ते हुए लिखा है कि प्रेमचन्द के 'रचनात्मक विकास के रूप में मैत्रेयी पुष्पा....हैं।"[13] पर यही बात तो ठोक-बजा कर मैं भी कह रहा हूँ कि प्रेमचन्द द्वारा चमारी का चित्रण और मैत्रेयी पुष्पा द्वारा मेहतरानी का चित्रण रचनात्मक स्तर पर दोनों एक हैं। फर्क कहाँ है?—खुद कहें तो ठीक, और मैं उसी बात को कहूँ तो बिदक जाना,—'तुम कौन से पाठ पढ़े हो लला...? और, गैर-जात के साहित्यकार बने पराए मर्दों की दलित नारियों के प्रति नजर के उद्धरण 'प्रेमचन्द : सामन्त का मुन्शी' में पहले ही दिए जा चुके हैं।

और हाँ, मुझ पर भाषिक अशिष्टता का आरोप लगाने वाले खुद इन लेखक की भाषा के बारे में जाना जाए कि वह कैसी है। इन की एक कहानी 'एस धम्म सनंतनो' छपी है। इस कहानी में इनके शब्द हैं—"और....हम हस्तमैथुन में जुटे थे।"[14] खास बात जानने की यह भी है कि यह कहानी भी 'हंस' में छपी है। 'हंस' का यह अंक सितंबर, 2003 का है। आगे अशिष्टता की भरमार से भी परे अश्लीलता के ढूह लगे उद्धरण देने से रोक रहा हूँ; पाठकों का कोई नुकसान नहीं होगा।

कहूँ, कि विवाह-बाह्य सेक्स को ले कर अब तक मेरी निगाह जारकर्म और बलात्कार तक ही गालिब थी। इससे आगे मेरा ध्यान नहीं गया था लेकिन अब मेरे ज्ञान में इजाफा हुआ है। लग रहा है, जारकर्मियों और बलात्कारियों के अलावा अब मुझे एक अध्याय 'हस्तमैथुनियों' पर भी लिखना पड़ेगा। यह भी सोच रहा हूँ कि हस्तमैथुनी संस्कृति जारकर्म और बलात्कार की संस्कृति से आगे है या पीछे। जिस साहित्य-सृजन की शुरूआत हस्तमैथुन से होती है तो उस प्रक्रिया का अन्त कहाँ होगा? आखिर प्रेमचन्द की परम्परा का विचारात्मक, रचनात्मक और कामात्मक विकास चल रहा है—बेचारी हिन्दी की दुर्गति!

और मेरी बात अधूरी रह जाएगी यदि मैं अब इस संबंध में अंग्रेजी की पत्रिका 'तहलका' में छपे लेख 'अमित सेनगुप्ता मीट्स राजेन्द्र यादव' का हवाला न दूँ। राजेन्द्र यादव के बारे में इस साक्षात्कारनुमा लेख का मूल शीर्षक 'द विलेन आफ आवर टाइम्स' है। इस में राजेन्द्र यादव ने कहानी 'एस धम्म सनंतनो' के इन लेखक को 'एक्स्ट्रा ऑर्डिनरी दलित राइटर'[15] कहा है। क्यों न कहेंगे?—हस्तमैथुन में दूसरे लेखक कहां जुटे हैं?

ऐसे लोग मेरे विरुद्ध लामबंद हुए हैं तो मैं समझता हूँ कि मैं एकदम सही रास्ते पर हूँ। मेरी परेशानी का सबब तब बनता जब इस 'मंच' के लोग मेरी प्रशंसा करते। बस, मेरा रंज यह है कि बूढ़ों-बूढ़ियों से ले कर जवानों तक मैं इन्हें सुधार नहीं सका जबकि मैंने पूरी नेकनीयती से कोशिश की थी।

सन्दर्भ

1. प्रेमचन्द्र : सामन्त का मुन्शी, डॉ. धर्मवीर, वाणी प्रकाशन, 21-ए, दरियागंज, नई दिल्ली-110002, प्रथम संस्करण 2005, पृ.-16
2. छुटकारा, मैत्रेयी पुष्पा, हंस, 2/36, अन्सारी रोड, दरिया गंज, नई दिल्ली-110002, अगस्त, 1999, पृ.-33
3. वही, पृ.-32
4. वही, पृ.-33
5. वही, पृ.-35
6. वही, पृ.-36
7. वही, पृ.-37
8. वही, पृ.-39
9. वही, पृ.-30
10. वही, पृ.-31
11. घेरे में रचनाकार, जनसत्ता, दिल्ली, 30 अक्टूबर, 2005
12. देहरि भई विदेस : लेखिकाओं के आत्मकथांश, सम्पादन राजेन्द्र यादव, किताब घर प्रकाशन, 4855-56/24, अंसारी रोड, दरिया गंज, नई दिल्ली-110002, प्रथम संस्करण, 2005, पृ.-203
13. घेरे में रचनाकार, जनसत्ता, दिल्ली, 30 अक्टूबर, 2005
14. एस धम्म सनंतनो, हंस, 2/36, अंसारी रोड, दरिया गंज, नई दिल्ली-110002, दिसम्बर 2003, पृ.-58
15. The Villain of our Times : Amit Sengupta meets Rajendra Yadav, Tehalka, M-76 (M-Block Market), Greater kailash II, New Delhi-110040, 17th September, 2005.

सन्दर्भ साहित्य

I. हिन्दी पुस्तकें

1. उपभोक्ता संरक्षण अधिनियम, 1986, टिप्पणी सहित, सेन्ट्रल लॉ पब्लिकेशन्स, 107, दरभंगा कालोनी, इलाहाबाद-211002
2. कबीर समग्र : प्रथम खण्ड, सम्पादक और लेखक प्रो. युगेश्वर, हिन्दी प्रचारक संस्थान, पो. बा. नं. 1106, पिशाचमोचन, वाराणसी-221010, द्वितीय संस्करण 1995
3. कविता में औरत, अनामिका, इतिहास बोध प्रकाशन, बी-239, चन्द्रशेखर आजाद नगर, इलाहाबाद 211 004, प्रथम संस्करण 2004
4. कामसूत्रम्, वात्स्यायन, हिन्दी व्याख्याकार देवदत्त शास्त्री, चौखम्भा संस्कृत संस्थान, पोस्ट बाक्स नं. 1139, के, 37/116, गोपाल मन्दिर लेन, वाराणसी-221001, सप्तम संस्करण वि. सं. 2060
5. कार्ल मार्क्स और फ्रेडरिक एंगेल्स : संकलित रचनाएँ : तीन खण्डों में, खण्ड-3, भाग-2, अनुवाद और प्रकाशन, 21, जूबोव्स्की बुलवार, मास्को, सोवियत संघ, संस्करण 1978
6. झूला नट, मैत्रेयी पुष्पा, राजकमल प्रकाशन प्रा. लि., 1-बी, नेताजी सुभाष मार्ग, नई दिल्ली-110 002, पहला संस्करण 1999
7. तीसरा रुख : आलोचना और संस्कृति के बारे में, पुरुषोत्तम अग्रवाल, वाणी प्रकाशन, 21-ए, दरियागंज, नयी दिल्ली-110002, प्रथम संस्करण 1996
8. देहरि भई विदेस : लेखिकाओं के आत्मकथांश, सम्पादन राजेन्द्र यादव, किताब घर प्रकाशन, 4855-56/24, अंसारी रोड, दरियागंज, नई दिल्ली-110 002, प्रथम संस्करण 2005
9. प्रेमचंद : कलम का सिपाही, अमृत राय, हंस प्रकाशन, इलाहाबाद, संस्करण, अप्रैल, 1992
10. प्रेम और विवाह, जैनेन्द्र कुमार, पूर्वोदय प्रकाशन, 7/8, दरियागंज, नई दिल्ली-110002, प्रथम संस्करण 1980
11. प्रेमचन्द ने कहा था..., सीताराम खोड़ावाल, प्रकाशन विभाग, सूचना और प्रसारण मन्त्रालय, भारत सरकार, पटियाला हाउस, नई दिल्ली-110 001, प्रथम संस्करण 1983
12. प्रेमचंद : विविध प्रसंग-3, संकलन और रूपान्तर, अमृत राय, हंस प्रकाशन, इलाहाबाद, प्रथम संस्करण, प्रेमचंद स्मृति दिवस 1962
13. प्रेमचंद : सामन्त का मुंशी, डा. धर्मवीर, वाणी प्रकाशन, 21-ए, दरियागंज, नई दिल्ली-110002, प्रथम संस्करण, 2005
14. ब्रह्म वैवर्त पुराण : पूर्व भाग, अनुवादक बाबूराम उपाध्याय, हिन्दी साहित्य सम्मेलन, प्रयाग, 12, सम्मेलन मार्ग, इलाहाबाद, प्रकाशन वर्ष 1981
15. भगवान बुद्ध और उन का धर्म, लेखक डा. भीमराव रामजी आम्बेडकर, अनुवादक भदन्त आनन्द कौसल्यायन, भारतीय बौद्ध शिक्षा परिषद, जेतवन महाविहार, श्रावस्ती, बलरामपुर, उत्तर प्रदेश, द्वितीय संस्करण 1970
16. भारत का संविधान (7 फरवरी, 2003 को यथा विद्यमान) विधि साहित्य प्रकाशन, भारत सरकार,

भारतीय विधि संस्थान भवन, भगवान दास मार्ग, नई दिल्ली-110001, संस्करण 2003

17. भारतीय दंड संहिता, 1860, भाग-2, शैलेन्द्र कुमार अवस्थी, अशोका लॉ हाउस, 16-2/ए, लाउदर रोड, जार्ज टाउन, इलाहाबाद-211002, संस्करण 1992
18. मसावात की जंग : पसेमंजर : बिहार के पसमांदा मुसलमान, अली अनवर, वाणी प्रकाशन, 21-ए, दरियागंज, नई दिल्ली-110002, प्रथम संस्करण 2001
19. मुग़ल शासन प्रणाली, डा. हरिशंकर श्रीवास्तव, वोहरा पब्लिशर्स एण्ड डिस्ट्रिब्यूटर्स, 26, महात्मा गांधी मार्ग, सिविल लाइन्स, इलाहाबाद-211001, द्वितीय संस्करण 1989
20. रंगभूमि, प्रेमचंद, शिवानी बुक्स, 4855/24, हरबंस स्ट्रीट, दरियागंज, नई दिल्ली-110002, संस्करण 2004
21. रहीम के दोहे, कवि अब्दुर्र रहीम 'खानखाना', सम्पादक आबिद रिजवी, रजत प्रकाशन, केदार काम्पलैक्स, देहली गेट, मेरठ-250002, पृ.-29
22. विद्यापति, लेखक डा. शिव प्रसाद सिंह, लोक भारती प्रकाशन, 15-ए, महात्मा गांधी मार्ग, इलाहाबाद-1, तेरहवां संस्करण, 2000
23. सद्गुरु कबीर विरचित बीजक, द्वितीय खण्ड, व्याख्याकार अभिलाष दास, पारख प्रकाशक कबीर संस्थान, प्रीतम नगर, सुलेमसराय, इलाहाबाद-211001, पाँचवीं बार, 1990
24. सीमन्तनी उपदेश, लेखिका - एक अज्ञात हिन्दू औरत, सम्पादन डा. धर्मवीर, वाणी प्रकाशन, 21ए, दरियागंज, नई दिल्ली-110002, संस्करण 2004
25. सूरसागर, पहला खण्ड, सम्पादक नंद दुलारे वाजपेयी, नागरी प्रचारिणी सभा, काशी, पंचम संस्करण, सम्वत 2035 वि.

II. हिन्दी पत्र-पत्रिकाएँ

1. अछूत की नियति, रमणिका गुप्ता, राष्ट्रीय सहारा, 19 अक्टूबर, 2003
2. एस धम्म सनंतनो, हंस, 2/36, अंसारी रोड, दरिया गंज, नई दिल्ली-110002, दिसम्बर 2003
3. खूबसूरत दुश्मनों के बीच, देवदत्त, जनसत्ता, दिल्ली, 3 अगस्त, 2003
4. गोरे नंद, जसोदा गोरी...., डा. धर्मवीर, जनसत्ता, दिल्ली संस्करण, 16 अक्टूबर, 2005
5. घेरे में रचनाकार, जनसत्ता, दिल्ली, 30 अक्टूबर, 2005
6. 'चांद' का 'अछूत अंक' : दलित विमर्श की पूर्व पीठिका?, वीरेन्द्र यादव, तद्भव, 18/201, इन्दिरा नगर, लखनऊ-226016, फरवरी, 2004
7. छुटकारा, मैत्रेयी पुष्पा, हंस, 2/36, अंसारी रोड, दरियागंज, नई दिल्ली-110002, अगस्त, 1999
8. तुम्हारी और मेरी मुक्ति : एक महिला-राजनेता का जेल से लिखा पत्र, रमणिका गुप्ता, हंस, 2/36, अन्सारी रोड, दरियागंज, जनवरी 2002
9. दलित स्त्री का कब्जाकरण, रमणिका गुप्ता, कथादेश, सी-52/जेड-3, दिलशाद गार्डन, दिल्ली-110095, जुलाई 2003
10. बन्द है मेरा कमरा... : एक महिला-राजनेता का जेल से लिखा पत्र, रमणिका गुप्ता, हंस, 2/36, अन्सारी रोड, दरियागंज, नई दिल्ली-110002, फरवरी 2002
11. बेजोड़ है, गोविन्द सेन, कथादेश, सी-52/जेड-3, दिलशाद गार्डन, दिल्ली-110095, जून 2003
12. बेवक्त गुजर गया माली, श्यौराज सिंह बेचैन, हंस, 2/36, अंसारी रोड, दरियागंज, नई दिल्ली-110002, फरवरी 2006
13. भाषण उन के लिए, राशन अपने लिए, सूरज पाल चौहान, कथादेश, सी-52/जेड-3, दिलशाद

गार्डन, दिल्ली-110095, जुलाई 2003

14. भाषिक शिष्टता के नमूने?, डा. धर्मवीर, दलित साहित्य (वार्षिकी) 2005, बी-634, डी. डी. ए. फ्लैट्स, ईस्ट आफ लोनी रोड, दिल्ली-110093; जनसत्ता, दिल्ली संस्करण, 10 दिसम्बर, 2005
15. मान न मान, मैं तेरा मेहरबान, मैत्रेयी पुष्पा, कथादेश, सी-52/जेड-3, दिलशाद गार्डन, दिल्ली-110095
16. 'मैं केवल प्रभा खेतान बन सकती हूँ', प्रभा खेतान, तद्भव, 18/201, इन्दिरा नगर, लखनऊ-226 016, अक्टूबर, 2005
17. रमणिका गुप्ता से डा. शगुफ्ता नियाज की अन्तरंग बातचीत, वाङ्मय, दलित विशेषांक, ई-3, अब्दुल्लाह क्वाटर्स, लाल बहादुर शास्त्री मार्ग, अमीर निशां, अलीगढ़-202 002, जनवरी-मार्च 2006
18. विवाह की मर्यादा एक पवित्र धोखा, मैत्रयी पुष्पा, जनसत्ता, नई दिल्ली, 15 जून, 2003
19. सवर्ण पति बनाम दलित पति, प्रभा खेतान, कथादेश, सी-52/जेड-3, दिलशाद गार्डन, दिल्ली-110095, जून 2003
20. सेक्रेटेरियट सर्विस, केरल सेक्रेटेरियट एम्प्लाइज ऐसोसिएशन, टी. सी. 26/351, तिरुवनन्तपुरम-695039, सितम्बर 2003
21. हम से जाति पूछते हो!, मैत्रेयी पुष्पा, हंस, 2/36, अंसारी रोड, दरिया गंज, नई दिल्ली-110 002, दिसम्बर 2001

III. English Books

1. Ambedkar Code of Conduct, D. R. Jatava, ABD Publishers, B-46, Natraj Nagar, Imliwala Phatak, Jaipur-302005, Rajasthan, India, Ist Edition 2005
2. Ambedkar : Towards an Enlightened India, Gail Omvelt, Penguin Books India (P) Ltd., 11, Community Centre, Panchsheel Park, New Delhi-110017, India, Edition 2004
3. Dr. Babasaheb Ambedkar : Writings and Speeches, Vol. 4, Compiled by Vasant Moon, Education Department, Govt. of Maharashtra, Bombay-400032, Ist Edition, 2nd October, 1987
4. Dr. Babasaheb Ambedkar : Writings and Speeches, Vol. 14, Part One, Dr. Ambedkar and the Hindu Code Bill : General Disccussion on the Draft, Edited by Vasant Moon, Education Department, Govt. of Maharashtra, Mumbai-400032, Ist Edition, 6 December 1995
5. A History of Pre-Buddhist Indian Philosophy, Benimadhab Barua, University of Calcutta, Edition 1921
6. The Mansabdari System and the Mughal Army, Abdul Aziz, Idarah-i-Adabiyat i Delhi, 2009, Qasimjan Street, Delhi, Edition 1972

IV. English Magazines

1. Ultimate Erotica, Sept-Oct. 2003, Creative Publications, Ashina Building, 4-19-A, Ground Floor, Khariwad, Nani, U.T.-396210
2. The Villain of our Times : Amit Sen Gupta meets Rajendra Yadav, Tehelka, M-76 (M-Block Market), Greater Kailash II, New Delhi-110040, 17 September, 2005

V. English Cases

1. Sowmithri Vishnu v. Union of India and another AIR 1985 SUPREME COURT 1618

डा. धर्मवीर के स्त्री सम्बन्धी साहित्य पर बहस

1. अठारवहीं (शब्द 'उन्नीसवीं' होना चाहिए) सदी में उभरा मुक्ति का स्वर, मुकुल प्रियदर्शिनी, जनसत्ता, 16 अप्रैल 1989, नई दिल्ली
2. अनर्गल प्रलाप व असंगतियाँ, विजय मोहन सिंह, इण्डिया टुडे, F-14/15, कनाट प्लेस, नई दिल्ली-110001, 1 मार्च 2006, पृ.-55-6
3. 'अनुगूँज' की गम्भीरता, डॉ. सुकीर्ति गुप्ता, कथादेश, सहयात्रा प्रकाशन प्रा. लि., सी-52/जेड-3, दिलशाद गार्डन, जनवरी 2004, दिल्ली–110095, पृ.-9
4. अपनी बात, सम्पादकीय, देश निर्मोही, पल प्रतिपल, एस. सी. एफ. 267, सेक्टर-16, पंचकूला-134113, हरियाणा, जून-सितम्बर, 2005, पृ.-3-4
5. अपनी भैंस कुल्हाड़ी से नाथूँ, तुम्हें क्या?, बालेश्वर राम, कथादेश, सहयात्रा प्रकाशन प्रा. लि. , सी-52/जेड-3, दिलशाद गार्डन, दिल्ली-110095, जून 2003, पृ.-5
6. अपनी मुक्ति के रास्ते अकेले में नहीं मिलते, सम्पादकीय लेख, द्वारिका प्रसाद चारुमित्र, अनभै साँचा, 148, सेक्टर-9, रोहिणी, दिल्ली-110085, प्रवेशांक, जनवरी-मार्च, 2006, पृ.-3-6
7. अपने गिरेबान में तो झांकिए, अनिता भारती, हंस, अक्षर प्रकाशन प्रा. लि., 2/36, अन्सारी रोड, दरियागंज, नई दिल्ली-110002, नवम्बर 2003, पृ.-10-11
8. अर्धनारीश्वर, विष्णु प्रभाकर (साहित्य अकादमी से पुरस्कृत इस उपन्यास में 'सीमन्तनी उपदेश' का शीर्षक ज्यों का त्यों रखा गया है लेकिन सम्पादक के रूप में मेरा नाम बदल दिया है। मैंने उन से अनुरोध किया है कि इतिहास का विषय होने की वजह से मेरा नाम भी ज्यों का त्यों रखा जाए। उन्होंने मेरा तर्क स्वीकार किया है।)
9. आए थे हरि भजन को..., कमाल अहमद, कथादेश, सहयात्रा प्रकाशन प्रा. लि., सी-52/जेड-3, दिलशाद गार्डन, दिल्ली-110095, नवम्बर 2003, पृ.-7-8
10. अशोक बनाम वाजपेयी का मतलब, हरे प्रकाश उपाध्याय, आजकल, प्रकाशन विभाग, कमरा नम्बर 120, सूचना भवन, सी. जी. ओ. कम्प्लेक्स, लोदी रोड, नई दिल्ली-110003, अप्रैल 2006, पृ.-46-7
11. अशोक बनाम वाजपेयी की समीक्षा, श्यौराज सिंह बेचैन, संवेद-14, बी-3/44, तीसरा तल, सेक्टर-16, रोहिणी, दिल्ली-110085, अप्रैल 2006, पृ.-293-302
12. आओ दलित-ब्राह्मण हो कर खेलें, नियत नायक, जनसत्ता, 01 जनवरी, 2006, दिल्ली संस्करण

13. आकर्षक मुखपृष्ठ, डा. प्रमोद कुमार सिंह, कथादेश, सहयात्रा प्रकाशन प्रा. लि., सी-52/जेड-3, दिलशाद गार्डन, दिल्ली-110095, दिसम्बर 2003, पृ. 6
14. आजादी के मायने, मंजू देवी, हंस, नवम्बर 2004, 2/36, अन्सारी रोड, दरियागंज, नई दिल्ली-110002, पृ.-63
15. आन्दोलन के रूप में शिवमूर्ति, उमाकान्त 'राही', कथादेश, सहयात्रा प्रकाशन प्रा. लि., सी-52/जेड-3, दिलशाद गार्डन, दिल्ली-110095, दिसम्बर 2003, पृ.-4
16. आलोचना की नई प्रवृत्ति, श्री भगवान सिंह, जनसत्ता, 30 अप्रैल, 2006
17. आलोचना के वीर और उन का धर्म, अरुण कुमार त्रिपाठी, हिन्दुस्तान, दिल्ली, 11 दिसम्बर, 2005
18. इतनी हायतौबा क्यों, उद्भ्रान्त, जनसत्ता, नई दिल्ली, 4 जून, 2006
19. इस में गलत क्या है, विद्या लाल, कथादेश, सहयात्रा प्रकाशन प्रा. लि., सी-52/जेड-3, दिलशाद गार्डन, दिल्ली-110095, अगस्त 2003, पृ.-83
20. उन्नीसवीं सदी के स्त्री-स्वर, संजीव, लोकमत समाचार, नागपुर, 26 सितम्बर 2004, पृ.-2
21. एक दौड़ती कड़वी सच्चाई, वेद प्रकाश दुबे, चौथी दुनिया, 16 से 22 जुलाई, 1989, पृ.-14
22. औरतों का नजरिया : सीमन्तनी उपदेश, वीर भारत तलवार, उन की पुस्तक 'रस्साकशी : 19वीं सदी का नवजागरण और पश्चिमोत्तर प्रान्त' में, सारांश प्रकाशन प्राइवेट लिमिटेड, 142-ई, पाकेट-4, मयूर विहार-1, दिल्ली-110091, प्रथम संस्करण 2002, पृ. -221-236, 240, 244
23. औलाद चाहने वाली एक औरत का हाल, दैनिक नवभारत टाइम्स, रविवारीय, 27 नवम्बर 1988, पृ.-3, कालम 3-6
24. कई स्तरों पर चलना चाहिए दलित-आन्दोलन, डा. नंद किशोर नवल से शशांक शेखर की बातचीत, युद्धरत आम आदमी, रमणिका फाउन्डेशन, ए-221, डिफेंस कालोनी, ग्रा. फ्लोर, नई दिल्ली-110024, अंक-81, अप्रैल-जून, 2006, पृ.-52-3
25 'कफन' और 'दलित स्त्री विमर्श', अनिता भारती, कृति संस्कृति संधान, बी-2/51, रोहिणी सेक्टर-16, दिल्ली-110085, अप्रैल-दिसम्बर 2003, पृ.-209-13
26. कामसूत्रों के नायकों से सवाल, मोहन दास नैमिशराय, तीसरा पक्ष, 3734/23 ए, त्रिमूर्ति नगर, दमोह नाका, जबलपुर, मध्य प्रदेश-482 002, जनवरी-मार्च, 2006, पृ.-6-9
27. 'काश पूछो कि मुद्दा क्या है....!' परिभाषाओं का संघर्ष, पुरुषोत्तम अग्रवाल, कथादेश, सहयात्रा प्रकाशन प्रा. लि., सी-52/जेड-3, दिलशाद गार्डन, दिल्ली-110095, नवम्बर, 2003, पृ.-38-43
28. काश! फलक विस्तृत होता, अनिता भारती, कथादेश, सहयात्रा प्रकाशन प्रा. लि., सी-52/जेड-3, दिलशाद गार्डन, दिल्ली-110095, जून 2003, पृ.-63
29. किस मुंह से, उग्रनाथ, जनसत्ता, दिल्ली संस्करण, 25 अक्तूबर, 2005
30. कोई मन्त्र दो गुरु!, योगेन्द्र शर्मा, हंस, 2/36, अन्सारी रोड, दरियागंज, नई दिल्ली-110002, जनवरी, 2006, पृ.-11

31. को बड़ छोट कहत अपराधू, कविता, कथादेश, सहयात्रा प्रकाशन प्रा. लि., सी-52/जेड-3, दिलशाद गार्डन, दिल्ली-110095, अगस्त 2003, पृ.-81-2
32. कौन है दलितों का सगा?, प्रो. रामदेव शुक्ल, वाङ्मय : दलित विशेषांक अंक, सम्पादक डॉ. एम. फीरोज अहमद, ई-3, अब्दुल्लाह क्वाटर्स, लाल बहादुर शास्त्री मार्ग, अमीर निशाँ, अलीगढ़, 202002, जनवरी-मार्च, 2006, पृ.-31-9
33. क्या प्रेमचंद जी की कोई रखैल थी?, डा. कौशल राय, समाचार टाइम्स, संस्मरण कथा विशेषांक, पृ.-2-4
34. क्या स्त्री विरोधी हैं दलित लेखक?, सुमन प्रभा, दलित प्रक्रिया, अक्तू-नवम्बर 1994, पृ.-5-7
35. क्या हम आपकी खेती हैं?, रजनी तिलक, कथादेश, सहयात्रा प्रकाशन प्रा. लि., सी-52/जेड-3, दिलशाद गार्डन, दिल्ली-110095, अगस्त 2003, पृ. -79-81
36. खड़ा करो विवाद और बेचो किताब, विवेक शुक्ला, दैनिक हिन्दुस्तान, दिल्ली, 25 सितम्बर, 2005
37. खूबसूरत दुश्मनों के बीच, देवदत्त, जनसत्ता, दिल्ली, 3 अगस्त 2003
38. गर दलित पत्नी सताए तो डॉ. धर्मवीर को बताएँ, अनीता भारती, युद्धरत आम आदमी, रमणिका फाउन्डेशन, A-2-21, डिफेन्स कालोनी, नई दिल्ली-110024, जनवरी-मार्च 2005, पृ. -74-7
39. गोरे नंद, जसोदा गोरी...., डा. धर्मवीर, जनसत्ता, दिल्ली संस्करण, 16 अक्टूबर 2005
40. घेरे में रचनाकार, जनसत्ता, दिल्ली, 30 अक्टूबर, 2005
41. चित भी मेरी, पट भी मेरी और...., ईश गंगानिया, अपेक्षा-13, 27 घौंडली, कृष्णा नगर, दिल्ली-110051, अक्तूबर-दिसम्बर, 2005, पृ.-48-57
42. चूक गए, जोखिम देवलिया, हंस, अक्षर प्रकाशन प्रा. लि., 2/36, अन्सारी रोड, दरिया गंज, नई दिल्ली-110002, नवम्बर 2003, पृ.-11
43. जमींदार और सामन्त साहित्यकार और कलाकार नहीं होते : डॉ. धर्मवीर की पुस्तक 'प्रेमचन्द : सामन्त का मुंशी' का एक अंश, अम्बेडकर इन इण्डिया, तमकुहीराज, कुशीनगर, उ. प्र. —274 407, अगस्त, 2005, पृ.-31-3
44. जमींदार का कारिंदा, सुमित गौतम, दि संडे पोस्ट, 30 अक्टूबर, 2005
45. जाति चेतना का विकास, कंवल भारती, हंस, 2/36, अन्सारी रोड, दरियागंज, नई दिल्ली-110 002, फरवरी, 2006, पृ.-9
46. जीवन की अनुगूँज, यशवन्त पाल, कथादेश, सहयात्रा प्रकाशन प्रा. लि., सी-52/जेड-3, दिलशाद गार्डन, दिल्ली-110095, दिसम्बर 2003, पृ.-4
47. जेवर-गहने से पीछा क्यों नहीं छूटता!, सम्पादक, चौथी दुनिया, 16 से 22 जुलाई, 1989, पृ.-14
48. टापू नहीं है कोई भी, ललित कार्तिकेय, कथादेश, सहयात्रा प्रकाशन प्रा. लि., सी-52/जेड-3, दिलशाद गार्डन, दिल्ली-110095, सितम्बर-2003, पृ. -60-61
49. ढोल गँवार सूद्र पसु नारी का जवाब, राज किशोर, जनसत्ता, दिल्ली, 9 अक्टूबर, 2005

50. तब लिखने का साहस नहीं हुआ, दलित लेखक सूरज पाल चौहान से अजित राय की बातचीत, राष्ट्रीय सहारा, नई दिल्ली, 24 अप्रैल, 2006
51. तर्क को कुतर्क से मत काटो, प्रो. कमला प्रसाद, प्रगतिशील वसुधा-66, एम-31, निराला नगर, दुष्यंत मार्ग, भदभदा रोड, भोपाल—462 003, जुलाई-सितम्बर 2005, पृ.-24-9
52. तिहरा अभिशाप अर्थात् दलित अस्मिता विमर्श में स्त्री, बजरंग बिहारी तिवारी, हंस, अक्षर प्रकाशन प्रा. लि., 2/36, अन्सारी रोड, दरियागंज, नई दिल्ली-110002, जुलाई 2000, पृ.-91
53. तुलसी का पाठ, प्रवीण कुमार, जनसत्ता, दिल्ली, 6 दिसम्बर, 2005
54. दलित-अस्मिता के लिए गठबन्धन जरूरी, ईश कुमार गंगानिया, 27-घौंडली, कृष्णा नगर, दिल्ली-110051, अप्रैल-जून 2004, पृ.-53-56, 71
55. दलित आन्दोलन : भविष्यदृष्टि का प्रश्न, सुभाष गाताडे, कथादेश, सहयात्रा प्रकाशन प्रा. लि., सी-52/जेड-3, दिलशाद गार्डन, दिल्ली-110095, अगस्त 2003, पृ.-84-6
56. दलित कथाकारों में बंटवारे की रणनीति, मोहनदास नैमिशराय, दलित साहित्य (वार्षिकी) 2005, बी-634, डी. डी. ए. फ्लैट्स, ईस्ट आफ लोनी रोड, दिल्ली-110 093, पृ.-39-47
57. दलित चिन्तन या वितण्डावाद, अरुण माहेश्वरी, जनसत्ता, दिल्ली संस्करण, 7 अक्टूबर, 2005
58. दलित दर्शन या दलित मनुवाद!, सुमन प्रभा, समकालीन जनमत, 16-31 जुलाई 1995, पृ.-29-31
59. दलित दर्शन : सीमित दायरे की बहस, अखिलेश, समकालीन जनमत, 1-15 सितम्बर, 1995, पृ.-26
60. दलित प्रश्न और प्रेमचंद, डा. रामचन्द्र, कथादेश, सी-52/जेड-3 दिलशाद गार्डन, दिल्ली-110 095, जून 2006, पृ.-62-5
61. दलित लेखन ने सारे विमर्श को बदला है : कँवल भारती, कँवल भारती से बजरंग बिहारी तिवारी की बातचीत, कथादेश, सी-52/जेड-3, दिलशाद गार्डन, दिल्ली-110095, दिसम्बर, 2006, पृ.-52-5
62. दलित वार्षिकी 2005—विखंडन का आयोजन, हंस, 2/36, अन्सारी रोड, दरियागंज, नई दिल्ली-110 002, मई, 2006, पृ.-86
63. दलित-विमर्श का इतिहास चक्र, ब्रज कुमार पाण्डेय, आलोचना त्रैमासिक, मैत्री शान्ति भवन, फ्लैट नम्बर 4, डी एम दास रोड, पटना-800 004, बिहार, अप्रैल-जून, 2004, पृ.-59-71
64. दलित साहित्यकार : नयी चुनौतियाँ, राम सनेही 'विनय', स्मारिका स्पन्दन : नारी अस्मिता अंक, डा. अम्बेडकर जन साहित्य संस्थान, एल-381, इन्दिरा नगर, रायबरेली-226001, 2006, सम्पादकीय, पृ.-5-7
65. दलित साहित्य : समर्थन और विरोध के बीच, प्रस्तुति अजित राय, हंस, 2/36, अन्सारी रोड, दरियागंज, नई दिल्ली-110 002, अक्टूबर, 2005, पृ.-82-3
66. दलित साहित्य समीक्षा के नए प्रतिमान : सन्दर्भ 'प्रेमचन्द : सामंत का मुंशी', कृष्णदत्त पालिवाल, अपेक्षा 13, 27-घौंडली, कृष्णा नगर, दिल्ली-110 051, अक्तूबर-दिसम्बर, 2005, पृ.-58-63

67. दलित साहित्य वयस्क हो रहा है, मोहन दास नैमिशराय से ईश कुमार गंगानिया की बातचीत, अपेक्षा, 27-घौंडली, कृष्णा नगर, दिल्ली-110 051, अप्रैल-जून 2004, पृ.-37
68. दलित साहित्य-विमर्श में स्त्री, बजरंग बिहारी तिवारी, कथादेश, सहयात्रा प्रकाशन प्रा. लि., सी-52/जेड-3, दिलशाद गार्डन, दिल्ली-110095, जनवरी 2003, पृ. -39-49
69. दलित स्त्रियाँ किस की सम्पत्ति हैं, राजकिशोर, जनसत्ता, दिल्ली संस्करण, 3 अक्टूबर, 2005
70. दलित स्त्री का कब्जाकरण, रमणिका गुप्ता, कथादेश, सहयात्रा प्रकाशन प्रा. लि., सी-52/जेड-3, दिलशाद गार्डन, दिल्ली-110095, जुलाई 2003, पृ. -61-5
71. दलितों को अकेले न छोड़ें, अरुण कुमार त्रिपाठी, दैनिक हिन्दुस्तान, दिल्ली संस्करण, 17 सितम्बर, 2005
72. दलितों में दलित है स्त्री, पुष्पा विवेक, कथादेश, सहयात्रा प्रकाशन प्रा. लि., सी-52/जेड-3, दिलशाद गार्डन, दिल्ली-110095, जून 2003, पृ. -61-2
73. दृष्टि का दंश, विद्या रानी, हंस, 2/36, अन्सारी रोड, दरिया गंज, नई दिल्ली-110002, अगस्त 1999, पृ.-96
74. देवदत्त क्यों हँसे?, धर्मवीर, जनसत्ता, नई दिल्ली, 6 जुलाई 2003
75. धर्मवीर की नैतिकता, अनिता भारती, कथादेश, सहयात्रा प्रकाशन प्रा. लि., सी-52/जेड-3, दिलशाद गार्डन, दिल्ली-110095, नवम्बर 2003, पृ. -6-7
76. धर्मवीर की पुस्तक के लोकार्पण का बहिष्कार, एजेंसी, राजस्थान पत्रिका, नई दिल्ली और कोलकाता संस्करण, 13 सितम्बर, 2005
77. धर्मवीर के लेखन का विरोध क्यों, अनिता भारती, जनसत्ता, दिल्ली, 25 सितम्बर, 2005
78. नयी जान आ गयी है, पवन कुमार सिंह, कथादेश, सहयात्रा प्रकाशन प्रा. लि., सी-52/जेड-3, दिलशाद गार्डन, दिल्ली-110095, सितम्बर 2003
79. नारी की अन्तर्वेदना की सफल अभिव्यक्ति : सीमन्तनी उपदेश, नगर संवाददाता, दैनिक वीर अर्जुन, नई दिल्ली संस्करण, 24 नवम्बर 1988, पृ.-3, कालम-7-8
80. नारी जागरण का उद्घोष, डा. हरिमोहन, आजकल, जून 1989, पृ.-41-2
81. नारी मुक्तिकाव्य, मंजू देवी, हंस, 2/36, अन्सारी रोड, दरियागंज, नई दिल्ली-110002, अगस्त 1999, पृ.-96
82. नारीवाद बनाम देहवाद, सुभाष धायल, जनसत्ता, नई दिल्ली, 21 अक्टूबर 2004
83. नारी वादिनों को शुभकामनाएँ, सत्यपाल सिंह, कथादेश, सहयात्रा प्रकाशन प्रा. लि., सी-52/जेड-3, दिलशाद गार्डन, दिल्ली-110095, जुलाई 2003, पृ.-65
84. नारी समस्या का जीवन्त दस्तावेज, सुरेश कुमार, समीक्षायन, पृ.-68-9
85. निर्गुण धारा की आलोचनात्मक अभिव्यक्ति, रत्न कुमार सांभरिया, जनसत्ता, नई दिल्ली, 11 जून, 2006
86. निशाने से आगे, देवदत्त, जनसत्ता, दिल्ली, 8 जून, 2003, पृ-7
87. नैतिकताओं का द्वन्द्व, अजय चंद्रवंशी, हंस, 2/36, अन्सारी रोड, दरियागंज, नई दिल्ली-110 002, जनवरी 2006, पृ.-11-2
88. पत्र-प्रतिक्रिया, डॉ. वन्दना मिश्रा, युद्धरत आम आदमी, रमणिका फाउन्डेशन, ए-221, डिफेंस कालोनी, ग्रा. फ्लोर, नई दिल्ली-110 024, अंक-81, अप्रैल-जून, 2006, पृ.-103

89. परछाईं से संघर्ष करती नारी, राज भारती, समकालीन जनमत, 1-15 सितम्बर 1995, पृ.-25-6

90. पाठक प्रतिक्रिया, रमेश निर्मल, अपेक्षा, 27-घौंडली, कृष्णा नगर, दिल्ली-110 051, अक्टूबर-दिसम्बर 2003, पृ .-2-3

91. पाठक प्रतिक्रिया, अंगद किशोर, अपेक्षा-14, 27, घौंडली, कृणा नगर, दिल्ली-110 051, जनवरी-मार्च, 2006, पृ.-3

92. पाठक प्रतिक्रिया, कुसुम मेघवाल, अपेक्षा-14, 27, घौंडली, कृष्णा नगर, दिल्ली-110051, जनवरी-मार्च, 2006, पृ.-4

93. पाठक प्रतिक्रिया, के. के. सिंह, अपेक्षा-14, 27, घौंडली, कृष्णा नगर, दिल्ली-110 051, जनवरी-मार्च, 2006, पृ.-4

94. पाठक प्रतिक्रिया, रामसनेही विनय, अपेक्षा-14, 27, घौंडली, कृष्णा नगर, दिल्ली-110 051, पृ.-3

95. पाठकों को इतना मूर्ख क्यों समझते हैं?, डा. प्रमोद कुमार सिंह, कथादेश, सहयात्रा प्रकाशन प्रा. लि., सी-52/जेड-3, दिलशाद गार्डन, दिल्ली-110095, जून 2003, पृ.-6

96. पार्टनर आप की पालिटिक्स क्या है, सम्पादकीय, हेतु भारद्वाज, समय माजरा, राष्ट्र भाषा प्रचार समिति, हिन्दी भवन, आगरा रोड, जयपुर-302 003, नवम्बर-दिसम्बर, 2005, पृ.-3-5

97. पुस्तकें 2005 : एक सर्वेक्षण, श्रीधरम, हंस, 2/36, अन्सारी रोड, दरिया गंज, नई दिल्ली-110 002, जनवरी 2006, पृ.-88

98. प्रस्तावना, कुसुम चतुर्वेदी, नया मानदण्ड, आचार्य रामचंद्र शुक्ल साहित्य शोध संस्थान, दुर्गाकुण्ड, वाराणसी, अप्रैल-जून 2003, पृ.-9

99. प्रेमचन्द : एक पर्सनल सा सवाल, सुधीश पचौरी, दैनिक हिन्दुस्तान, दिल्ली संस्करण, 8 अक्टूबर 2005

100. प्रेमचंद का नायक दलित नहीं है—श्यौराज सिंह बेचैन, प्रस्तुति सिद्धार्थ, आज, गोरखपुर संस्करण, 28 फरवरी, 2006

101. प्रेमचंद के चरित्र पर उंगली उठाती धर्मवीर की पुस्तक पर विवाद, सहारा न्यूज ब्यूरो, राष्ट्रीय सहारा, नयी दिल्ली, 15 सितम्बर, 2005

102. प्रेमचन्द के निन्दक, वीरेन्द्र यादव, तदभव, 18/201, इन्दिरा नगर, लखनऊ—226016, उत्तर प्रदेश, अक्टूबर 2005, पृ.-69-77

103. 'प्रेमचन्द कोई पत्थर की लकीर नहीं' : धर्मवीर की पुस्तक शृंखला का लोकार्पण, दैनिक हिन्दुस्तान, दिल्ली, 13 सितम्बर, 2005

104. प्रेमचंद को स्त्री विरोधी बताने पर बवाल, वार्ता, पंजाब केसरी, दिल्ली, 13 सितम्बर, 2005, पृ.-5

105. प्रेमचंद को 'स्त्री विरोधी' बताने का विरोध, दैनिक भास्कर, दिल्ली, 13 सितम्बर, 2005

106. प्रेमचन्द दलित अस्मिता के आइने में, शिवनाथ चौधरी आलम, तीसरा पक्ष, 3734/23 ए, त्रिमूर्ति नगर, जबलपुर, मध्य प्रदेश-482 002, पृ.-81-112

107. प्रेमचन्द पर फिर विवाद, वार्ता, डेली हिन्दी मिलाप, हैदराबाद, 2 अगस्त, 2005

108. प्रेमचन्द : सामन्त का मुंशी, डा. धर्मवीर, पल प्रतिपल, एस. सी. एफ. 267, सेक्टर 16, पंचकूला-134 113, हरियाणा, जून-सितम्बर, 2005, पृ.-67-71
109. प्रेमचंद : सामन्त का मुंशी : धर्मवीर की तालिबानी नैतिकता की कसौटी पर!, रमणिका गुप्ता, हंस,2/36, अन्सारी रोड, दरियागंज, नई दिल्ली-110 002, नवम्बर, 2005, पृ.-94-5
110. बंटवारा सम्भव नहीं, हरीश कुमार, हंस, अक्षर प्रकाशन प्रा. लि., 2/36, अन्सारी रोड, दरियागंज, नई दिल्ली-110002, अक्टूबर 2004, पृ.-9
111. बदमाशों की हालत, चौथी दुनिया, 30 जुलाई से 5 अगस्त, 1989, पृ.-14
112. 'बहस, वाह भई, वाह', मुन्नी चौधरी, कथादेश, सहयात्रा प्रकाशन प्रा. लि., सी-52/जेड-3, दिलशाद गार्डन, दिल्ली-110095, सितम्बर 2003, पृ.-6
113. बहस का अन्त स्त्री से होना चाहिए, रजनी तिलक, कथादेश, सहयात्रा प्रकाशन प्रा. लि., सी-52/जेड-3, दिलशाद गार्डन, दिल्ली-110095, नवम्बर 2003, पृ.-6
114. बिजूका नहीं हैं औरतें, सत्येंद्र कुमार, हंस, 2/36, अंसारी रोड, दरियागंज, नई दिल्ली-110 002, जनवरी 2006, पृ.-9
115. बेजोड़ है, गोविन्द सेन, कथादेश, सहयात्रा प्रकाशन प्रा. लि., सी-52/जेड-3, दिलशाद गार्डन, दिल्ली-110095, जून 2003, पृ.-5
116. बेमतलब!..., द्रोणवीर कोहली, हंस, 2/36, अन्सारी रोड, दरियागंज, नई दिल्ली-110002, जनवरी 2006, पृ.-10
117. बेहद मर्मस्पर्शी, गन्धर्व आनन्द, कथादेश, सहयात्रा प्रकाशन प्रा. लि., सी-52/जेड-3, दिलशाद गार्डन, दिल्ली-110095, सितम्बर 2003, पृ.-6
118. ब्राह्मणवाद का दलित सामंत, सम्पादकीय, तेजसिंह, अपेक्षा-13, 27-घौंडली, कृष्णा नगर, दिल्ली-110 051, अक्तूबर-दिसम्बर, 2005, पृ.-5-15
119. भारतीय स्त्री : शोषण का यथार्थ, गौरीनाथ, इंडिया टुडे, 12 सितम्बर 2005, लिविंग मीडिया इंडिया लि., एफ-14/15, कनाट प्लेस, नई दिल्ली-110001, पृ.-72
120. भाषिक शिष्टता के नमूने, डा. धर्मवीर, जनसत्ता, दिल्ली, 10 दिसम्बर, 2005
121. भाषिक शिष्टता के नमूने?, डॉ. धर्मवीर, दलित साहित्य (वार्षिकी) 2005, बी-634, डी.डी.ए. फ्लैट्स, ईस्ट आफ लोनी रोड, दिल्ली-110 093, पृ.-128-131
122. भोंडा 'दलित शास्त्र', अरुण माहेश्वरी, उद्भावना, अंक-69, एच-55, सेक्टर 23, राज नगर, गाजियाबाद, उत्तर प्रदेश, पृ.-115-7
123. मंच और डा. धर्मवीर, महेश चन्द्र पुनेठा, समकालीन जनमत, 1-15 सितम्बर 1995, पृ.-4-5
124. मनमाने की बात, श्रीभगवान सिंह, जनसत्ता, दिल्ली, 25 दिसम्बर, 2005
125. मनुवाद का नया संस्करण, विमल थोरात, कथादेश, सहयात्रा प्रकाशन प्रा. लि., सी-52/जेड-3, दिलशाद गार्डन, दिल्ली-110095, जुलाई 2003, पृ.-66-9
126. मनुवादी परम्परा की अगली कड़ी, डॉ. रजनी दिसोदिया, अपेक्षा-13, 27-घौंडली, कृष्णानगर, दिल्ली-110 051, अक्तूबर-दिसम्बर, 2005, पृ.-74-8
127. मर्यादा का सवाल, अंशुमाली रस्तौगी, जनसत्ता, दिल्ली संस्करण, 5 अक्टूबर, 2005
128. महिला विरोधी लेखन के सामन्त की शल्य-चिकित्सा, अनिता भारती, अपेक्षा-13, 27-घौंडली, कृष्णा नगर, दिल्ली-110 051, अक्तूबर-दिसम्बर, 2005, पृ.-67-73

129. मान न मान, मैं तेरा मेहरबान, मैत्रेयी पुष्पा, कथादेश, सहयात्रा प्रकाशन प्रा.लि., सी-52/जेड-3, दिलशाद गार्डन, दिल्ली-110095, जून 2003, पृ.-58-61
130. मानव विरोधी और फासिस्ट सोच, सुदीप्ति, कथादेश, सहयात्रा प्रकाशन प्रा. लि., सी-52/जेड-3, दिलशाद गार्डन, दिल्ली-110095, जून 2003, पृ.-62-3
131. मुँह में राम...., रमेश निर्मल, कथादेश, सहयात्रा प्रकाशन प्रा. लि., सी-52/जेड-3, दिलशाद गार्डन, दिल्ली-110095, सितम्बर 2003, पृ.-61-4
132. मुझ को डर आतिशे गुल से है....: अस्मिता विमर्श : एक पड़ताल, पुरुषोत्तम अग्रवाल, कथादेश, सहयात्रा प्रकाशन प्रा. लि., सी-52/जेड-3, दिलशाद गार्डन, दिल्ली-110095, फरवरी 2003, पृ.-31-8
133. मुंशी प्रेमचंद फिर विवाद के घेरे में, आलोक पराड़कर, दैनिक हिन्दुस्तान, लखनऊ संस्करण, 28 सितम्बर, 2005
134. मुक्ति-एक सामूहिक आयोजन, रसाल सिंह, अप्रकाशित
135. मुलाकात एक आधुनिक जुलाहे से, सूरज पाल चौहान, 'संतप्त' (आत्मकथा) में एक अध्याय, वाणी प्रकाशन, 21 ए, दरियागंज, नई दिल्ली-110 002, प्रथम संस्करण 2006, पृ.-113-122
136. मेरा दुश्मन मेरा दोस्त, अंशुमाली रस्तोगी, हंस, अक्षर प्रकाशन प्रा. लि., 2/36, अन्सारी रोड, दरियागंज, नई दिल्ली-110002, दिसम्बर 2003, पृ.-14
137. मेरी चिन्ता छोड़ बावरे कर तू अपनी चिन्ता, संजीव चन्दन, पुस्तक वार्ता, नवम्बर-दिसम्बर 2004, महात्मा गांधी अन्तरराष्ट्रीय हिन्दी विश्वविद्यालय, पोस्ट बाक्स नं.-16, पंचटीला, उमरी, वर्धा-442001
138. मैं मूलतः कथा लेखिका हूँ, प्रख्यात मराठी दलित लेखिका उर्मिला पवार से अनिता भारती की बातचीत, कथादेश, सी-52/जेड-3, दिलशाद गार्डन, दिल्ली-110 095, जनवरी, 2007, पृ.-76-8
139. यह किस का कफन है?, बच्चन सिंह, नया ज्ञानोदय, 18, इन्स्टीट्यूशनल एरिया, लोदी रोड, पोस्ट बाक्स नं. 3113, नई दिल्ली-110003, नवम्बर 2006, पृ.-30-35
140. यह ब्राह्मणवादी षडयन्त्र है, अजय नावरिया, कथादेश, सहयात्रा प्रकाशन प्रा. लि., सी-52/जेड-3, दिलशाद गार्डन, दिल्ली-110095, अगरत 2003, पृ.-83
141. रखैल और जार का दलित-पाठ, राजेन्द्र यादव, हंस, 2/36, अन्सारी रोड, दरियागंज, नई दिल्ली-110 002, नवम्बर, 2005, पृ. सं.-4-9
142. रोटी कपड़ा लो, और तुम्हें कुछ अख्तियार नहीं, अरुण प्रकाश, अलाव, पृ.-30-33, साभार, चौथी दुनिया, 20-26 अगस्त 1989, पृ.-13
143. लड़ेंगे कैसे?, चंद्रमौलेश्वर प्रसाद, हंस, 2/36, अन्सारी रोड, दरिया गंज, नई दिल्ली-110 002, मार्च, 2006, पृ.-10
144. लिखा लेने का दंभ, मीनाक्षी सखी, हंस, अक्षर प्रकाशन प्रा. लि., 2/36, अन्सारी रोड, दरियागंज, नई दिल्ली-110002, अक्टूबर 2004, पृ.-11-2
145. लेखन-कला से निकली थी कायस्थ जाति, प्रमोद कुमार, हंस, 2/36, अन्सारी रोड, दरियागंज, नई दिल्ली-110 002, फरवरी, 2006, पृ.-40-43

146. लोकार्पण के दौरान लेखन का विरोध, जनसत्ता ब्यूरो, जनसत्ता, दिल्ली संस्करण, 13 सितम्बर, 2005, पृ.-7, कोलकाता संस्करण, 14 सितम्बर, 2005
147. लोकार्पण समारोह में ही प्रेमचंद की प्रासंगिकता पर उठाया सवाल : प्रेमचंद का लिखा पत्थर की लकीर नहीं : नैमिशराय, दैनिक जागरण, दिल्ली, 13 सितम्बर, 2005, पृ.-5
148. वक्त की बात है, पुरुषोत्तम अग्रवाल, जनसत्ता, दिल्ली संस्करण, 26 दिसम्बर, 2005
149. विचार का विषय, स्वामी नित्यानंद, हंस, 2/36, अन्सारी रोड, दरियागंज, नई दिल्ली- 110 002, फरवरी, 2006, पृ.-7
150. विधवा विवाह क्यों नहीं कर सकती, सम्पादक, चौथी दुनिया, 23 से 29 जुलाई 1989, पृ.-14
151. विरोध सही, तरीका गलत, जनसत्ता, दिल्ली, 25 सितम्बर, 2005
152. विवाद करो और किताब बेचो, हिन्दुस्तान
153. विवाह एक पवित्र बन्धन, प्रतिभा अग्रवाल, जनसत्ता, दिल्ली, 2 जुलाई 2003
154. विवाह की मर्यादा एक पवित्र धोखा, मैत्रेयी पुष्पा, जनसत्ता, दिल्ली, 15 जून 2003
155. विवाहेतर सम्बन्ध मुक्ति का स्वर्गद्वार नहीं, सुदीप्ति, जनसत्ता, दिल्ली, 29 जून 2003
156. विवाह-संस्था अन्यायपूर्ण, यशदेव शल्य, जनसत्ता, दिल्ली, 29 जून 2003
157. विवेकानन्द के माहौल में...., शैलेन्द्र कुमार त्रिपाठी, हंस, 2/36, अन्सारी रोड, दरिया गंज, नई दिल्ली-110002, नवम्बर 2002, पृ.-62-3
158. वे वहाँ कैद हैं, सम्पादकीय, देवेश चौधरी, तीसरा पक्ष, 3734/23A, त्रिमूर्ति नगर, दमोह नाका, जबलपुर, मध्य प्रदेश-482002, संयुक्तांक जुलाई-दिसम्बर, 2005
159. वैवाहिक बन्धन अगर धोखा हो तो नकार देना चाहिए, उमाकान्त राही, कथादेश, सहयात्रा प्रकाशन प्रा. लि., सी-52/जेड-3, दिलशाद गार्डन, दिल्ली-110095, अगस्त 2003, पृ.-4
160. सच कहने का साहस, वैद्यनाथ मिश्र, कथादेश, सहयात्रा प्रकाशन प्रा. लि., सी-52/जेड-3, दिलशाद गार्डन, दिल्ली-110095, जनवरी 2004, पृ.-7
161. संघर्ष का बँटवारा नहीं किया जा सकता, शरण कुमार लिम्बाले से बजरंग बिहारी तिवारी की बातचीत, कथादेश, सहयात्रा प्रकाशन प्रा. लि., सी-52/जेड-3, दिलशाद गार्डन, दिल्ली-110 095, अगस्त 2004, पृ.-55-7
162. सन्त को नमन, वोल्गा, कथादेश, सहयात्रा प्रकाशन प्रा. लि., सी-52/जेड-3, दिलशाद गार्डन, दिल्ली-110095, दिसम्बर 2003, पृ. 5-6
163. समय, सवाल और सरोकार, रमणिका गुप्ता, युद्धरत आम आदमी, रमणिका फाउन्डेशन, A-2-21, डिफेन्स कालोनी, नई दिल्ली-110 024, अक्तूबर-दिसम्बर 2005, पृ.-5-6
164. सम्पादकीय, डा. जयप्रकाश कर्दम, दलित साहित्य (वार्षिकी) 2005, बी-634, डी. डी. ए. फ्लैट्स, ईस्ट आफ लोनी रोड, दिल्ली-110 093, पृ.-5-12
165. सम्पादन की गलत मिसाल, डा. धर्मवीर, जनसत्ता, नई दिल्ली, 28 मई, 2006
166. सवर्ण पति बनाम दलित पति, प्रभा खेतान, कथादेश, सहयात्रा प्रकाशन प्रा. लि., सी-52/जेड-3, दिलशाद गार्डन, दिल्ली-110095, जून 2003, पृ.-53-8
167. साक्षात्कार : राजेन्द्र यादव, अम्बेडकर इन इण्डिया, तमकुट्टीराज, कुशीनगर, उत्तर प्रदेश-274407, अगस्त 2006, पृ. 23-8

168. सागर का कथा-संसार, सुशीला पुरी, हंस, 2/36, अन्सारी रोड, दरियागंज, नई दिल्ली- 110 002, जनवरी, 2006, पृ.-10
169. सामंत का मुंशी या कलम का सिपाही, अरुण आदित्य, पल प्रतिपल, एस. सी. एफ. 267, सेक्टर-16, पंचकूला-134113, हरियाणा, जून-सितम्बर, 2005, पृ.-72-5
170. सार्थक बहस, नरेन्द्र, कथादेश, सहयात्रा प्रकाशन प्रा. लि., सी-52/जेड-3, दिलशाद गार्डन, दिल्ली-110095, सितम्बर 2003, पृ.-6
171. सार्थक सम्बन्ध सेतु, डा. अजय तिवारी, राष्ट्रीय सहारा, नई दिल्ली, 19 फरवरी, 2006
172. साहित्य का मातृशिशु कल्याण विभाग, अनामिका, जनसत्ता, दिल्ली संस्करण, 23 अक्टूबर, 2005
173. साहित्य की राजनीति, कमल नयन चौबे, जनसत्ता, दिल्ली, 26 नवम्बर, 2005
174. साहित्य में जूते-चप्पल, उग्रनाथ, जनसत्ता, दिल्ली संस्करण, 3 अक्टूबर, 2005
175. साहित्य में संवाद चले या चप्पल जूते?, श्यौराज सिंह बेचैन, जनसत्ता, दिल्ली, 18 सितम्बर, 2005, पृ.-7
176. सीमन्तनी उपदेश, समीक्षक हरीश भादानी, नया शिक्षक, टीचर टुडे, जनवरी-मार्च, 1989, पृ.-89, 101
177. 'सीमन्तनी उपदेश' पुस्तक पर चर्चा, नवभारत टाइम्स, नई दिल्ली संस्करण, 24 नवम्बर, 1988, पृ.-1, कालम-1
178. सीमन्तनी उपदेश लेखिका : एक अज्ञात औरत, समीक्षक डा. मो. दि. पराडकर, हिन्दी संघ समाचार, अखिल भारतीय हिन्दी संस्था संघ, नई दिल्ली, मार्च, अप्रैल, मई, 1989, पृ.-56-7
179. स्त्रियों की मर्यादा निर्धारित करने वाले चौधरी धर्मवीर, कौसल्या बैसन्त्री, हंस, 2/36, अन्सारी रोड, दरियागंज, नई दिल्ली-110002, दिसम्बर 2004, पृ.-60-62
180. स्त्रियों की स्थिति पर अनाम औरत की टिप्पणियाँ, मृणाल पांडे, हिन्दुस्तान, नई दिल्ली, 27 जून, 2004
181. स्त्रियों में आत्मसजगता जरूरी है, उत्तिमा केशरी, कथादेश, सहयात्रा प्रकाशन प्रा. लि., सी-52/जेड-3, दिलशाद गार्डन, दिल्ली-110095, सितम्बर 2003, पृ.-6-7
182. स्त्री और दलित प्रश्न, सुदेश तनवीर, कथादेश, सहयात्रा प्रकाशन प्रा. लि., सी-52/जेड-3, दिलशाद गार्डन, दिल्ली-110095, सितम्बर 2003, पृ.-5-6
183. स्त्री-कुंठा, ध्रुव प्रकाश सिंह, कथादेश, सहयात्रा प्रकाशन प्रा. लि., सी-52/जेड-3, दिलशाद गार्डन, दिल्ली-110095, जुलाई 2003, पृ.-7
184. स्त्री मुक्ति का अराजक दस्तावेज, प्रभात कुमार मिश्र, कथाक्रम, जुलाई-सितम्बर 2005, 4 ट्रान्जिट हास्टल, वायरलैस चौराहे के पास, महानगर लखनऊ-226006, पृ.-110-12
185. स्त्री विमर्श का शुरुआती पाठ, संजीव ठाकुर, राष्ट्रीय सहारा, 9 अगस्त 2004, www. rashtriyasahara.com
186. स्त्री विमर्श के केन्द्र में देह, मनोज कुमार झा, कथादेश, सहयात्रा प्रकाशन प्रा. लि., सी-52/जेड-3, दिलशाद गार्डन, दिल्ली-110095, दिसम्बर 2003, पृ.-5
187. स्पष्टीकरण का इच्छुक, शेखर, कथादेश, सहयात्रा प्रकाशन प्रा. लि., सी-52/जेड-3, दिलशाद गार्डन, दिल्ली-110095, दिसम्बर 2003, पृ.-5

188. हंगामा खड़ा करने के लिए, हरे प्रकाश उपाध्याय, जनसत्ता, दिल्ली, 25 सितम्बर, 2005
189. हर अवसर के लिए गांधी, देवदत्त, जनसत्ता, दिल्ली, 13 जुलाई 2003
190. हमें आप के फतवे की परवाह नहीं, प्रोमिला, कथादेश, सहयात्रा प्रकाशन प्रा.लि., सी-52/जेड-3, दिलशाद गार्डन, दिल्ली-110095, जुलाई 2003, पृ.-69
191. सौन्दर्य के नए प्रतिमान, दिनेश राम, जनसत्ता, दिल्ली संस्करण, 16 जुलाई, 2006
192. 'हिन्दी' 'साहित्य' के 'इतिहास' की 'राजनीति', डा. धर्मवीर, अम्बेडकर इन इण्डिया, तमकुहीराज, कुशीनगर, उत्तर प्रदेश-274 407, अगस्त, पृ.-16-20
193. हिन्दू शास्त्र बतर्ज दलित शास्त्र, कुमार मुकल, सम्पादकीय, संप्रति पथ, 3/102A, प्रथम तल, ललिता पार्क, लक्ष्मी नगर, दिल्ली-110 092, नवम्बर-दिसम्बर 2005, पृ.-4-5

•••